CANCIONERO SEVILLANO DE LISBOA

Poesias Varias de Diversos Authores em Castelhano

CANCIONERO SEVILLANO DE LISBOA

Poesias Varias de Diversos Authores em Castelhano

(LN F.G. Cod. 3072)

Edición de

JOSÉ J. LABRADOR HERRAIZ
RALPH A. DIFRANCO
ANTONIO LÓPEZ BUDIA

Prólogo de

BEGOÑA LÓPEZ BUENO

UNIVERSIDAD
de SEVILLA

SECRETARIADO DE PUBLICACIONES
UNIVERSIDAD DE SEVILLA

SEVILLA, 2003

Serie: Literatura
Núm: 73

© SECRETARIADO DE PUBLICACIONES
   DE LA UNIVERSIDAD DE SEVILLA, 2003
   Porvenir, 27 - 41013 Sevilla.
   Tlfs.: 954 487 446; 954 487 451; Fax: 954 487 443
   Correo electrónico: secpub2@us.es
   http://publius.cica.es

© JOSÉ J. LABRADOR HERRAIZ, RALPH A. DIFRANCO
   y ANTONIO LÓPEZ BUDIA (eds.) 2003

Impreso en España-Printed in Spain
I.S.B.N.: 84-472-0795-1
Depósito Legal: SE-3.854-2003
Impresión: Pinelo Talleres Gráficos, S.L. Camas-Sevilla

Para nuestro amigo Arthur L-F. Askins

Grandeza de ánimo. *Realza el gusto, engrandece el corazón, eleva el pensamiento, ennoblece la condición y confiere la dignidad.*

Baltasar Gracián

ÍNDICE

PRÓLOGO de Begoña López Bueno 11

I. ESTUDIO PRELIMINAR 15

II. TEXTOS 41

III. NOTAS 277

IV. BIBLIOGRAFÍA 365

V. ÍNDICES 387

    Índice de autores 389

    Índice de poemas que comparte con otras fuentes 391

    Índice de nombres propios 397

    Índice de primeros versos 407

LÁMINAS 423

PRÓLOGO

Con ocasión de ser este cancionero también sevillano, José J. Labrador tiene por segunda vez la deferencia de encargarme unas palabras iniciales. Resulta difícil corresponder a las varias gratitudes que el gesto merece sin que parezca retórica del exordio. Por lo demás, el elogio es aquí un deber ineludible al responder a la verdad monda y lironda. Los que formamos este pequeño –y a la vez grande– mundo de interesados por la lírica del Siglo de Oro, sabemos que de un tiempo acá se repite, en foros públicos y en conversaciones privadas, la magnitud e importancia de la tarea que el equipo formado por José J. Labrador y Ralph A. DiFranco viene realizando y que ahora justamente cumple una trayectoria de veinte años. El viejo anhelo de don Antonio Rodríguez-Moñino comienza a hacerse realidad palpable; y reconforta que por una vez, en lugar de lamentar carencias (coro al que resulta fácil, y hasta rentable, sumarse), unos investigadores se pongan manos a la obra en una labor continuada y de largo alcance, en tiempo y en propósitos. Unos investigadores entregados a una tarea –reconozcámoslo– ingrata en muchos aspectos, para la que se necesita tanta pericia como tesón y entusiasmo. Esa actitud es la que hace posible la que acaso sea su virtud más encomiable: no dormirse en los laureles, según reconocen en el preliminar de su última entrega a la imprenta, el *Cancionero manuscrito mutilado (RAE 5371)*, quedan muchos sietes por zurcir para aclarar atribuciones y para llegar a establecer un mapa de difusión de poemas. Admirable el siempre empeño de futuro de quienes podrían por derecho reclamar méritos por lo pasado.

Porque la labor realizada hasta ahora por Labrador y DiFranco (con la feliz costumbre de incorporar en cada caso a otro colaborador asociado) ha sido enorme. Sólo me permitiré recordar como dato global la publicación hasta el momento –si mis noticias son buenas– de catorce cancioneros, la mayoría voluminosos, con un acompañamiento crítico que atesora toda clase de datos e índices, y en especial unas notas jugosísimas en referencias cruzadas de fuentes manuscritas e impresas. Acompañamiento crítico que, conforme se van dando a conocer más cancioneros, resulta más exhaustivo, y por tanto más riguroso, constituyendo cada eslabón de la cadena un difícil ejercicio de superación.

Al lado de lo realizado hay que contemplar los proyectos en cartera, algunos ya casi ultimados. Entre ellos, dos sevillanos más, el *Cancionero de Fuenmayor* del CSIC y el muy conocido y petrarquista *Sevillano de Toledo (506 de la Biblioteca de Castilla-La Mancha)*. También el de *Wolfenbüttel,* el *Cartapacio de Pedro de Penagos,* además de inventariar –como tarea previa– el *Cancionero Vaticana, Patetta 840.* Es decir, la confirmación de un proyecto sistemático de publicaciones sucesivas.

Pero no sólo infunde respeto el aspecto cuantitativo de la tarea de Labrador y DiFranco. Reparemos en el avance cualitativo que supone la recuperación que están llevando a cabo del códice manuscrito *per se* y al completo, y no como mero almacén de textos al que se acude para exhumar piezas de poetas concretos, o para publicar lo considerado inédito. Cada cancionero, por más que adolezca de la heterogeneidad propia de los manuscritos "de varios" y por lo mismo sea la mayor parte de las veces –aunque en distinto grado– *facticio,* tiene su propio carácter; carácter que nos ilustra en primer lugar sobre los gustos del recopilador, pero también del contexto en el que se genera. Por ello, del conjunto de cancioneros, agrupados por categorías (popular o culto, universitario o no, con determinadas tendencias temáticas y formales o indefinido en su variedad, etc.) se podrá algún día establecer con cierta fijeza el panorama de esa producción lírica que con tanta profusión circulaba en los siglos XVI y XVII y que tenía su forma favorita en el manuscrito "de varias poesías" recopilado por alguien en el que casi nunca entrevemos más allá del simple aficionado y raras veces la mano más profesional del experto.

Lo de seleccionar obra de un solo autor siempre fue más exclusivo. El cancionero colectivo responde básicamente a gustos más extendidos, más generalizados, y más populares por tanto. De ahí su tendencia permanente a la variedad, que viene a ser tónica dominante: versos castellanos junto a italianos, poesía religiosa (mucha contrahecha a lo divino) junto a amatoria (incluso a veces provocadoramente erótica), tono desenfadado junto a áulico elogio en cantos de efemérides, composiciones completas junto a fragmentos, textos famosos junto a perfectos desconocidos, etc. etc. Y todo ello en una abigarrada mezcolanza de la que podría ser cifra el curioso género de la *ensalada,* logrado batiburrillo poético que permite, por su hábil engarce de unas piezas con otras (ejemplo perfecto de intertextualidad) rastrear por vía indirecta la pervivencia de poesía antigua o medieval, esa poesía tan bien estudiada y catalogada por Brian Dutton, que constituye un filón permanente en el Siglo de Oro, como Labrador y DiFranco se han encargado de subrayar en varias ocasiones (entre ellas en su colaboración en el *Homenaje* al propio Dutton).

La variedad se constituye así en el santo y seña de los cartapacios poéticos manuscritos. Porque, aunque alguno sea más selecto en gustos (como el universitario y salmantino de Morán de la Estrella), lo suyo es estar abiertos a un público heterogéneo en gustos que distrae sus ratos de ocio con pasatiempos poéticos. Un público que debemos suponer mayoritariamente popular, aunque eso no signifique necesariamente amplio si se compara con otros géneros, en especial los narrativos, cuya difusión por la imprenta es incomparable a la vía manuscrita, por mucho que ésta prolifere en los textos poéticos, tanto en estas recopilaciones de varios autores, que podríamos considerar hasta cierto punto populares, como en otras más exclusivas, sobre todo en los llamados cancioneros "de autor". La transmisión manuscrita siempre requiere un público limitado, aunque los cancioneros "de varios" supongan una mayor apertura del compás. En lo que, sin embargo, estos cartapacios poéticos cumplen rigurosamente las expectativas de la transmisión manuscrita es en el fragmentarismo (los poemas como piezas breves intercambiables) inherente a dicha transmisión. De hecho, ese fragmentarismo propio del género es el que fundamenta la razón de ser de los cartapacios poéticos, colectivos en autores y variados en temas y formas. De todo ello están dando cumplida cuenta los publicados por Labrador y DiFranco.

Junto a la tarea de estudio y edición de cancioneros, es preciso destacar otra faceta, importantísima, de la labor estos investigadores. Los cancioneros publicados les han ido aportando un minero de información que ellos, sabiamente, han volcado en dos instrumentos impagables para la república de las letras. Uno es la *Tabla de los principios de la poesía española. Siglos XVI-XVII,* que con sus 118 fuentes vaciadas, es mucho más que la "humilde herramienta auxiliar" que ellos dicen. El otro, en curso de realización, es la inconmensurable *Bibliografía de la Poesía Áurea (BIPA),* que debe andar por cerca de cien mil entradas de primeros versos, con más de millar y medio de fuentes manuscritas e impresas referenciadas de unas setenta bibliotecas: monumental banco de datos, que cuenta, entre otras excelencias, con los ficheros de Arthur L-F. Askins, y que anuncia, junto a su difusión digital, una versión impresa.

Precisamente la *BIPA* ha puesto ya a prueba su utilidad en la edición del cancionero que prologamos (como antes lo había hecho con las *Poesías de Fray Melchor de la Serna y otros poetas del siglo XVI),* lo que ha permitido identificar nada menos que la mitad del *corpus* (consistente en 256 poemas) en otras fuentes compartidas, de las cuales 134 son manuscritas y 85 impresas. Verdadero modelo de aparato crítico, que esconde tras sí el trabajo sistemático de muchos años.

Con la pericia y la experiencia acumulada, no ha resultado difícil a los editores –a quienes aquí se suma Antonio López Budia– asegurar el carácter sevillano del cancionero. Muy emparentado con el *Sevillano de Nueva York* en piezas (comparten 30 poemas) y en espíritu (ambos son muy variados, pero su tono dominante es festivo y vital), este *Sevillano de Lisboa* tiene la peculiaridad de contener interesantes muestras de la poesía que llamamos "culta", que si bien puede resultar fronteriza a la vertiente popularizante en los ejemplos que recoge del curioso género de los *enfados y agrados,* es inequívocamente culta en los poemas de Herrera que copia (61, 63, y –por lo que parece– también el 62). Aparte del interés de las piezas, que tienen toda la apariencia de ser primeras versiones (siempre en Herrera el fantasma de las sucesivas redacciones), el cancionero transparenta en alguna composición siguiente (la 67) el mundo de rencillas trenzado en torno al Divino y en el que tanto tuvo que ver Juan de la Cueva, al parecer también representado (64).

Que Sevilla fue un foco poderosísimo de producción poética durante todo el XVI, en particular en el último cuarto del siglo, no es novedad para nadie. Por eso no es de extrañar que proliferen cancioneros poéticos asociados a la ciudad del Betis. De hecho, tras éste que hoy se publica, otros dos sevillanos figuran en la lista de novedades anunciadas por Labrador y DiFranco, quienes han tenido el buen tacto de contar con dos investigadores sevillanos para colaborar en la tarea de edición, José Manuel Rico para el *Fuenmayor* y Juan Montero para el de *Toledo 506*. Larga vida y anchos éxitos para esta colaboración sevillana, y que el catálogo de Publicaciones de la Universidad Hispalense se siga enriqueciendo con tan valiosas aportaciones.

Todo gracias a la labor de dos investigadores que desde sus respectivas universidades norteamericanas (Cleveland y Denver) están revolucionando el panorama de nuestros conocimientos sobre la lírica del Siglo de Oro.

BEGOÑA LÓPEZ BUENO
agosto de 2003

I. ESTUDIO PRELIMINAR

José Lara Garrido, a quien tanto debemos todos los que nos dedicamos a esta entretenida labor de editar y publicar poesía del Siglo de Oro, concluye que el "entendimiento" del "continente lírico" depende de un "proceso de larga duración" mediante el cual conocemos los "fragmentos", los textos, sin los cuales —añadimos— las teorías de moda tendrán poca raigambre; añade Lara Garrido que ese entendimiento es fruto de un "proceso colectivo donde cuenta la suma de aportes", de la contribución de todos, y señala también un tercer proceso "que se ha venido traduciendo en saltos cualitativos para una hermenéutica histórica de la poesía áurea". Estos procesos dan, en efecto, "el paso a una verdadera arqueología en el sentido foucaltiano del término", y así se obtiene un "efecto…multiplicador…distinguiendo las muchas capas sedimentarias con que afloran desplazamientos y transformaciones históricas concretas, modos y tiempos de duración variados, recurrencias y singularidades."[1]

La edición que hoy presentamos refrenda, hasta donde nos es permitido alcanzar en este inmenso mar de la lírica áurea, el vaticinio del catedrático malagueño. Tras muchos años de trabajo en la compilación de una base de datos de la lírica áurea, todavía incompleta, hemos echado el cuarto a espadas en la elaboración del complejísimo aparato crítico que acompaña a la mitad de los poemas que se copiaron en este manuscrito sevillano; la otra mitad son textos nuevos. En cuanto nos ha sido posible, hemos buscado el tronco de cada poema y hemos explorado cada una de sus ramificaciones para ilustrar la complicada urdimbre que entreteje a unos poemas con otros, hallando, con frecuencia, relaciones donde aparentemente antes no las había. El poder esclarecedor que nos ofrecen fuentes dispersas por todo el mundo sobrepasa el hasta ahora accesible confinamiento a una biblioteca determinada, a unos cartapacios más o menos al uso y a ediciones pulcramente preparadas, pero víctimas de la carencia de medios con que contaban quienes nos han precedido. De esta forma, en los folios del manuscrito se percibe el afloramiento de gustos y temas, como ese inagotable manantial que no cesa de la poesía popular de tipo tradicional que tan bien casa con el guiño erótico y desenfadado de algunas obras; en otros folios, se nota la fatiga, o el olvido, y de ahí la necesidad de renovar, con abundancia de

---

[1] Prólogo, *Poesías de Fray Melchor de la Serna y de otros poetas del siglo XVI. Códice 22.028 de la Biblioteca Nacional de Madrid.* Ed. José J. Labrador Herraiz, Ralph A. DiFranco, Lori A. Bernard. Málaga: Anejos de *Analecta Malacitana*, 2001, pág. xviii.

recursos y fervoroso apresuramiento, las consignas de fe tridentinas: más villancicos y más canciones a la virginidad de María, al Nacimiento y a santos y santas esclarecidos; en otras hojas —para no extendernos— salta una poesía de tinte social inconfundible, como aquí es el caso de "la mal maridada" (y la "mal empleada", 179), con sus abundantes glosas, labor intencionada del compilador, que justo será entenderla como exponente de una realidad social que transciende la pura anécdota, [2] expuesta con la facilidad del pendolista avispado que opta por sobrepasar el puro alarde de hacer una nueva glosa. [3] A este rico aporte se suma, cómo no, la prevalente transformación de la poesía humana en divina, modalidad ésta que invade tanto la lírica impresa como la manuscrita. Hay en el códice, como en tantos otros de finales de siglo, una clara intención de cristianizar la herencia pagana, hasta llegar a límites tan atrevidos como la mutación del garcilasiano Leandro en el Jesús animoso de un poeta desconocido. Contrahechos a lo divino, jocosos disparates y alguna que otra sátira personal, se agrupan con *preguntas* doctrinales que se negaron a desaparecer al extinguirse los cancioneros cuatrocentistas. Poesía divina que convive con versos de la lírica humana trovadoresca, y ambas prolongándose en nuevas creaciones, nuevas coplas y glosas, que son los pasos de la poesía de finales del XVI hacia otras nuevas modalidades propias del siglo XVII. Algún día sabremos el por qué y el cómo de estos "poesías varias" que intentan darnos una síntesis poética que refleja los

---

[2] Los manuscritos líricos del Siglo de Oro brindan preciosa documentación para poder estudiar esta situación social. Aportamos dos testimonios más que ilustran el tema de la mujer desdichada en su matrimonio, pero sobrada de enamorados pretendientes:

De veros, casada,	*Casada, ¿dónde dormistes*
la que más quería.	*que tan mala noche me distes?*
¡O vida penada!,	
¡O penada vida!	*A ser con vuestro marido,*
¡Qué será la mía!	*o sola y sin compañía,*
	fuera la desdicha mía
El que concertó	*no tan grande como ha sido.*
vuestro casamiento,	*No por lo que habéis dormido,*
viva como yo	*mas por lo que no dormistes*
con pena y tormento	*tan mala noche me distes.*
y sin alegría.	
¡O vida penada!	
¡Qué será la mía!	

Son textos del *Cancionero de Wolfenbüttel*, cuya edición hemos preparado y está a punto de aparecer. El copista de MN 22.852, 4v, del XVII, introdujo con el epígrafe "Canción de una malmaridada" la popular "Madre, la mi madre / guardas me ponéys, / que si yo no me guardo / mal me guardaréys." Nada indica que la "fuerza amorosa" de la joven encerrada fuese casada o mal casada.

[3] Como contrapartida, también hallamos testimonios de "mal maridados" en otros manuscritos. Góngora, por ejemplo, se hace eco de la cuestión en uno de sus romances burlescos: "Mas largo / que una noche de diciembre / para un hombre mal casado", vv. 94-96 del romance "Murmuraban los rocines", núm.39 de la ed. de Antonio Carreira, *Luis de Góngora. Romances*, 4 vols. Barcelona: Quaderns Crema, 1998.

poliédricos aspectos de las vidas de las gentes cuyas preocupaciones y alegrías nos transmiten. Hoy, en cada uno de ellos encontraremos tendencias más o menos pronunciadas, como es en este caso el aspecto religioso, jesuítico, de la colección que está presidida por el Padre Tablares, tan cercano al poder y tan amigo de Ruy Gómez da Silva, al cual no se cansa de recordarle que "favor, privanza, imperio y grande asiento / bien como espuma crece y se deshace". Se incluyen también muestras de obras de Herrera, figura "llena de incitantes enigmas, tanto en su dimensión humana como en la literaria".[4] Este manuscrito, compilado cuando todavía vivía Herrera, puede que sirva para esclarecer algo "las profundas diferencias entre los textos poéticos publicados en vida del poeta y los publicados póstumamente",[5] además de que puede aportar nuevos aspectos para conocer mejor la poesía del *Divino* que circulaba manuscrita por Sevilla y de la que Pacheco se sirvió para preparar su edición.[6] Sin duda añade algo más al conocimiento de la *Controversia* herreriana. Otro segundo rasgo sobresaliente del manuscrito es su carácter sevillano, del que hablaremos más adelante. Y envolviéndolo todo, la poesía de este códice nos transmite hasta hoy un tono festivo, vital y triunfante, ya sea recordando la victoria sobre el turco o la victoria sobre la muerte misma, como en el caso de la defunción de Carlos V. Para ello, en sus folios se han recogido muestras de canciones que se habían extendido de la mano de compositores como Mateo Flecha, Miguel de Fuenllana, Luis Milán, Montemayor y Silvestre a las que se suma un amplio repertorio de coplas y letras del dominio público que se cantaban en el ambiente urbano de las riberas del Guadalquivir, como también —y tan bien— ha dejado documentado el *Cancionero sevillano de Nueva York*.[7]

Poesias Varias De Diversos Authores em Castelhano

El códice, como se encuentra hoy, está formado por dos manuscritos distintos entre sí que han sido encuadernados juntos. El primero, sevillano, se extiende de los folios 1 al 132v, y lo datamos entre 1580-1590. Del segundo, portugués, titulado "Poezias Varias" y numerado "D.5.11", no nos ocupamos en esta ocasión. El manuscrito primero lleva por título *Poesias Varias De Diversos Authores em Castelhano*. El cuño redondo de la página titular indica que pertenece a la Biblioteca Nacional de Lisboa. Desconocemos la fecha de su ingreso y cómo llegó a formar parte de la colección de manuscritos, excepto que otro cuño ovalado, con corona real y las iniciales "BRL", atestigua que ha formado parte de la Biblioteca Real de Lisboa. Debemos agradecer a Doña Teresa Duarte Ferreira, Directora del "Área

---

[4] Begoña López Bueno, *La poética cultista de Herrera a Góngora*. Sevilla: Ediciones Alfar, 1987, pág. 36.

[5] *Ibid*, pág. 38.

[6] *Ibid*, pág. 39.

[7] *Cancionero sevillano de Nueva York*. Ed. Margit Frenk, José J. Labrador Herraiz, Ralph A. DiFranco. Sevilla: Universidad, 1996.

de Manuscritos da Divisão de Reservados", su amable acogida y habernos dado todo tipo de facilidades que nos han permitido examinar el manuscrito y habernos enviado la siguiente explicación:

1. O códice é constituído por dois manuscritos distintos, o primeiro con numeração recente f. 1-132, e o segundo de f. 133-143. Apresentam, cada um, o carimbo da Real Biblioteca Pública da Corte, denominação da biblioteca desde 1796 (data da sua fundação), até 1836 (a nova designação, Biblioteca Nacional de Lisboa, foi fixada por decreto de 7/12/1836).
2. O segundo manuscrito, "Poezías varias", é proveniente da Doação do Dr. António Ribeiro dos Santos (1745-1818), 1º Bibliotecário-Mor desta biblioteca (1796-1816), como o atesta a nota manuscrita autógrafa na f. 133v. Esta doação ter-se-á efectivado nos princípios do séc. XIX (até 1816). São igualmente datáveis deste período, as cotas antigas alfa-numéricas, D-3-36 e D-5-11, atribuídas a cada um dos dois manuscritos do códice, e que foram registradas nas respectivas folhas de rosto, onde também figuram os respectivos títulos atribuídos, em letra da mesma mão.
3. Atendendo talvez à semelhança, os dois manuscritos foran encadernados juntos nos princípios do séc. XIX, em data posterior à Doação de António Ribeiro dos Santos, tendo sido nessa altura atribuída ao códice uma única e segunda cota alfanumérica: L-1-38. [8]

El manuscrito está muy deteriorado por la carcoma y los efectos de la humedad. A la izquierda, unos 35 mm del papel de las esquinas superior e inferior está agujereado. Los folios están desencuadernados, varios se hallan sueltos y en el pasado alguno ha desaparecido. El personal de la biblioteca guarda con celo el manuscrito y, cuando lo sirve recomienda al lector que extreme el cuidado. Por ser su tamaño pequeño (105 x 155 mm), con los folios doblados en cuarto, la marca de agua ha caído justo en el doblez superior izquierdo, lo que dificulta su identificación; además, al haberse despachado a sus anchas la polilla, sólo se puede ver unos restos, una especie de ángulo en "V" y una "I".

Está protegido por pastas de cartón duro de mediana calidad con jaspeado negro y sonrosado. Debido al deterioro de los folios, alguna vez ha sido restaurado el lomo con un refuerzo duro de papel engomado, imitando cuero marrón, en el que se ha pegado un marbete de papel blanco con marco rojo donde se puso la signatura 3072. El color de la tinta varía: marrón del folio 1 al 47, negra del 48 al 80, marrón del 80v al 96, grisácea del 96 al 132v. Se ve con claridad un cambio de tintero en el folio 88v y la tinta, más fuerte, ha recalado el papel de esos folios hasta el 92, lo que dificulta la lectura.

---

[8] Maria Luísa Cabral, Directora de Conservación de la Nacional de Lisboa, en carta del 14 de enero de 2003 nos autoriza la publicación del manuscrito.

La colección es obra de un solo copista que con cuidado ha sabido distribuir el espacio de los folios para copiar los versos castellanos a dos columnas y a una los italianos, más largos. No hay señales de que el copista fuera también el compilador. La ausencia de enmiendas a los textos, por lo común obra del autor, no nos permite ver si alguno de los dos es el autor de tantos poemas anónimos como se han reunido. Tampoco podemos decir, sin aventurar alguna hipótesis de poco peso, si tanto las versiones únicas como los poemas "exclusivos" salen de la misma pluma; esto es, si piezas que no hemos podido hallar todavía en otras fuentes, pertenecen al compilador que, además, podría ser el poeta. Avaro en epígrafes, apenas se diferenciaron sus poemas con el socorrido "Otras", y con mucha frecuencia ni se molestó el escribano en trazar una rayita divisoria entre los poemas, lo que, sin duda, obliga a poner mucho más cuidado a la lectura de los textos. Estos pequeños desaliños, y el que carezca de tabla, de foliación antigua (hay una moderna) y de reclamos, nos indican que el manuscrito no se preparó para la imprenta y que es obra de un aficionado culto sevillano, el cual fue copiando poemas guiado por varios criterios. Uno de ellos, común a casi todas las colecciones del XVI, fue reunir poesía castellana e italianizante, la cual se mezcla sin orden definido, aunque suele haber folios en que se nota mayor abundancia de sonetos en unos o de redondillas o quintillas en otros. Otro criterio seguido fue juntar obras del "cuasi infinito número de poetas, extravagantes, estudiantes, paseantes, farsantes, pedantes...que cantan en la plazas las obras nuevas, milagros de la Madre Virgen"[9] y transmitir las versiones de las piezas que más circulación alcanzaron en la ciudad.[10] Se aprecia también una marcada intención de seleccionar aquellas obras que a través de años y años no habían perdido su vigencia y continuaban vivas mediante la música y la constante elaboración de nuevas glosas. Según estos criterios, tenía que entrar en el códice, por conocida, cantada y diseminada, la antigua lírica que venía arropada en glosas y en *ensaladas* modernas. Finalmente, podemos añadir que el compilador se dejó llevar por una fuerte inclinación hacia la poesía religiosa, algo inevitable si tenemos en cuenta que a finales del XVI y principios del XVII este género tuvo un enorme desarrollo, claramente fomentado por la devoción moderna postconciliar. No fue aficionado a los romances nuevos (Lope, Góngora o Liñán brillan por su ausencia) tan del gusto de la época, ni se dejó arrastrar por la moda de los sonetos, tan floreciente en los años en que se recopilaron estos poemas; prefirió, sin embargo, la poesía popular, vuelta a lo divino, y la poesía de tradición culta, cultista, y conocida, contrahecha o no, que continuaba los temas de la poesía amatoria trovadoresca. De Montemayor, de Silvestre sobre todo, y del linarense Pedro de Padilla, aunque éste en menor medida, da buen testimonio esta colección. Rara vez, algún epígrafe destaca el interés particular del compilador, como es el caso de "Tablares el teatino, a lo divino", jesuita muy

---

[9] *Apud.* López Bueno, pág. 69.

[10] La Sevilla "inundada de miles de copleros y oficiantes poetas", como escribe Begoña López Bueno, queda también plasmada en el jocoso poema 39 *A un hombre que hacía muchas coplas y sonetos muy malos y mandaba al autor que las alabase.* Véase la nota 3 (arriba), *La poética cultista*, pág. 68.

allegado a la poderosa familia Gómez da Silva-Mendoza y de La Cerda y, en concreto, a Ruy, fiel consejero de Felipe II, como apuntábamos arriba.

Desconocemos quién pudo ser el compilador, pero aseguramos que sería de Sevilla, como lo prueban su interés en la poesía que circulaba por esa ciudad y también por reunir obras de poetas hispalenses. No cabe duda que el amanuense lo era, por el zezeo que a menudo encontramos en el traslado de los textos: "á zido" ("á sido"), "azes" ("ases"), "berços" ("versos"), "segado" ("cegado"), "centarse" ("sentarse"), "rez" ("res"), "sesto" ("cesto"), "selo" ("celo"), "sierra la puerta" ("cierra"). Aunque el códice se halla en Lisboa, no lleva de portugués más que el título moderno en una hoja de la guarda. Como otro conocido emigrante, el *Sevillano de Nueva York*, con el que está muy emparentado en piezas y sobre todo en espíritu, es un buen documento para conocer qué poesía se leía en Sevilla y qué interesaba a los lectores de esa gran ciudad a finales del siglo XVI.

De comienzo incierto, el manuscrito arranca con "la vida retirada", difundido poema de Fray Luis de León en esas fechas,[11] y continúa con una prosa que cuenta "el caso que un caballero estubo amancebado con una señora tiempo de doze años".[12] El poema que se copió a continuación, sin olvidar el anterior del conquense, es un atisbo de lo que el compilador se propuso hacer en su miscelánea: reunir poemas muy específicos que se caracterizaran, ante todo, por su enorme difusión. Esto hace que el manuscrito tenga un parentesco con esas otras grandes e importantísimas colecciones de finales del XVI, en concreto, el *Cartapacio de Francisco Morán de la Estrella*, el *Cancionero sevillano de Nueva York*, los parisinos y algunos códices más hoy dispersos por varias bibliotecas europeas. Siguen a la poesía de Fray Luis unos poemas de otro corte, esta vez eróticos: de nuevo esas "malas compañías" de las que se quejaba el agustino. Se copió otro poema, ahora de un nombre importante y sevillano, las *Coplas a un impotente* de Baltasar del Alcázar, poema jaleadísimo como podrá verse por los testimonios que damos en la nota 3, nuevo indicio del origen hispalense del manuscrito. Las *Coplas a un capón*, que así también se las conocía, además de estar muy difundidas, llevan ocho fragmentos de romances que andaban tanto en la corriente "popular" como en la que José M. Alín llama "tradición culta",[13] "saber culto", según indica en otro artículo más reciente.[14] Ya hemos apuntado que el acopio de poesía popular es otra característica que nos descubre los gustos del compilador y queda reflejada en su trabajo. Por eso no sorprende que tropecemos

---

[11] Véase su transmisión textual en Helena García·Gil, *La transmisión manuscrita de Fray Luis de León. El texto de las poesías originales en las ediciones de Quevedo, Merino, C. Vega, y Macrí*. Salamanca: Diputación, 1988, y *Fray Luis de León. Poesía completa*. Ed. José Manuel Blecua. Madrid: Gredos, 1990, pág. 157.

[12] De ésta y otras prosas al final del manuscrito no nos ocupamos en esta edición.

[13] José María Alín, "Francisco Salinas y la canción popular del siglo XVI", en *Lírica popular/lírica tradicional. Lecciones en homenaje a Don Emilio García Gómez*. Ed. Pedro M. Piñero Ramírez. Sevilla: Diputación, 1998, pág. 137-157.

[14] José María Alín, "Romancero y cancionero: préstamos textuales", en *La eterna agonía del romancero*. Ed. Pedro M. Piñero Ramírez. Sevilla: Fundación Machado, 2001, pág. 117-137.

a la vuelta del folio con un villancico de tono popular y, en este caso, también de tinte erótico. El códice documenta, aunque ya comprobada en otros autores, como en Góngora, la inusitada rima en "-ux" en el desenfadado poema erótico "Dungandux, dungandux, / mozuelas, con el dungandux" (5), pretexto que el poeta anónimo usa para salir con una glosa fresca y graciosa de la que transcribimos aquí una copla que sirva de botón de muestra:

> Una moza de esta villa,
> criada del hortelano,
> entre las sus piernas tiene
> un repollico murciano. (6)

Como casi siempre, se repite un fenómeno que ya no sorprende a quienes se adentran en la poesía del Siglo de Oro: a renglón seguido se puso un largo villancico religioso, en quintillas, dedicado a cantar la maternidad de María. Se colocó, además, ente otros poemas trovadorescos y cancioneriles que no hemos podido documentar todavía en ninguna otra fuente. Después, versos endecasílabos, modernos. Pronto un paso atrás en busca del metro antiguo y corto de la poesía castellana: un inocentón poemita, popular y malicioso, con ecos de cuento de don Juan Manuel:

> *¡Ay de mí, desventurada!,*
> *mi gallina se murió,*
> *con cinco pollos echada,*
> *¡cómo no me muero yo!*
>
> La mi gallina murió
> con su buen entendimiento,
> y sus alas extendidas
> y con el su pico abierto.
> Dábale mantenimiento,
> respondióme clo, clo, clo,
> *con cinco pollos echada,*
> *¡cómo no me muero yo!*

Pronto se descubre la apicarada gracia que parece salir entre las plumas de tan ardorosa gallina, y el poema se sumará no sólo al género erótico sino que añadirá también una dosis de anticlericalismo:

> Mi gallina, cuando polla,
> un güevo so me ponía,
> tan grande como una bolla,
> que un gentil cuarto valía.

El cura me lo pedía,
y así se le daba yo:
con cinco pollos echada,
¡cómo no me muero yo! (13)

A continuación, en liras, otro poema, una mirada al cielo, una meditación sobre el angustioso peregrinar por esta vida, el pesado vivir encadenado a las pasiones, y el consabido ruego a Dios para que con la muerte se termine el suplicio (14).

A medida que la recopilación avanza, aumentan las obras sevillanas, y entre ellas no podía faltar la conocida polémica que se entabló entre Juan de Alcalá y Jorge de Montemayor por el quítame allá esas pajas de "no sé qué disparate por lo que le vedaron" (19-21). El "disparate" era un verso de la *Pasión de Cristo*, composición en quintillas del *Cancionero* de Montemayor (1554). El verso que encandila la polémica, "y estando allí el Uno y Trino / con su compañera real", fue enmendado en otras versiones posteriores, como dan fe MP 973 (1586), para que rezara "Estando allí el rey begnino", y el *Thesoro de divina poesía... recopilado por Esteuan de Villalobos* (1587) donde leemos "Estando allí el rey diuino", donde también se dice que la composición fue "sacada a la luz por Fray Pedro Juan Micón". El debate fue bastante conocido en los últimos veinte años del siglo, lo que le vendría de perlas al compilador, que lo tendría en Sevilla a la vuelta de la esquina. Mucha falta hace que se reúnan todas las versiones para fijar el texto definitivo y poder así estudiar el "disparate" vedado dentro de la interesante discusión teológica sobre la Trinidad enmarcada en un contexto de conversos. [15]

Si de copiar obras conocidas se trataba, debía incluirse la que durante muchos años ocupó tantos folios y fue pretexto para escribir un sin número de glosas humanas y divinas. Son las octavas "A su albedrío" atribuidas a Juan de Orta (22). Alberto Blecua suponía bien en 1967 que "la causa principal de su difusión debió ser la transmisión cantada". [16] En efecto, hacia 1570, y con simultaneidad, se pueden fechar dos testimonios, acaso los primeros, de estas octavas: son los manuscritos MP 617 y el *Musical de Medinaceli*. En éste se guarda la música polifónica compuesta para los cuatro primeros versos de las octavas. Un pliego de 1572 es, que sepamos hoy, el primer contrahecho a lo divino, prueba grata de que la transmisión impresa, aunque en este caso particular es menos abundante, tenía un ojo puesto en la manuscrita. Es a partir de la década de los ochenta cuando floreció el poema de forma extraordinaria. Ni Silvestre ni Padilla se resistieron a dejar el texto en paz sin volcarlo a su gusto, aunque sus glosas sucumbieron ante la popularidad de otra nueva, extendidísima

---

[15] En otros dos manuscritos, RAV 1635, 56 (1570-1580) y MP 1580, 229 (*ca.*1590) se copiaron las primeras cuatro quintillas de la *Pasión* de Montemayor y la réplica "que sobre ella el calçertero enbió sentienda mejor". En ambos casos los versos copiados repiten al *Cancionero* de 1554, esto es, copian el verso "y estando allí el Uno y Trino". Juan Montero está preparando una nueva edición de estos textos.

[16] Alberto Blecua, "*A su albedrío y sin orden alguna*: Nota al *Quijote*". BRAE 48 (1967), págs. 511-520, ver pág. 517.

en esos años: "Al claro rayo de la blanca luna". A pesar de eso, Francisco Morán de la Estrella, con fino criterio, no la incluyó en su cartapacio, aunque sí optó por las de aquéllos, sin duda guiado por la fama de los autores. [17]

Una preciosa canción pastoril de la mejor hechura tradicional, "Una serranica / su mano me diera, / y salióse afuera" (23), acaso incrustada en esa columna, a modo de ripio, por su brevedad, y sólo documentada en este manuscrito, sirve de hilo conductor para seguir trenzando piezas tan conocidas como la glosadísima de Boscán "Quien dice que la ausencia causa olvido" (24), "Cuando Menga quiere a Bras" (26), "Siéntome a las riberas destos ríos" (30), las coplas a "La bella mal maridada" (33, 35, 145, 215), con especial predilección por las glosas "Qué desventura ha venido" (34), de Silvestre, y "Bien acertara natura" (36), de Montemayor, que se viera impresa en 1554 en su *Cancionero*. A éstas se suman también en esta antología: "Hanse en mi favor mostrado" (216), cuya paternidad se la disputan Pedro de Lemos, Bernardino de Ayala y Juan Sánchez Burguillos, y "Cuando nos quiso mostrar" (146) que se documenta desde mediados, aunque, a finales de siglo, con atribución más que dudosa a Diego de Carvajal. Sorprendería no hallar las glosas de la canción de Rodríguez del Padrón "Vive leda si podrás" (37, 223), que también desde mediados de siglo continuaba manteniendo el interés de los aficionados. Este manuscrito recoge, además, una glosa nueva (38) y aún otra más que estuvo en candelero por los años 1585 a 1595 (224).

Tema para tenerse en consideración es el de los *enfados*. El copista reúne tres poemas de mucha utilidad para la comprensión de este importado género que se impuso gracias al conocido poema de Cetina (40, 115, 234). El manuscrito contiene la sevillana versión de Iranzo: "No os parezca, señor, gran maravilla" (40), que es también la del manuscrito sevillano TC-LM 506, 64v. Ni éste ni LN F.G. Cod. 3072 nos han dejado los siete últimos tercetos, pero éstos pueden hallarse en la versión más larga del *Cancionero sevillano de Nueva York* (427). Cuando al copista del LN F.G. Cod. 3072 se le acaban los tercetos, curiosamente a la misma altura que en la versión de TC-LM 506 (a éste por pérdida del folio, tal vez porque a alguien no le gustó su ligero tinte erótico), echó mano de los *enfados* originales, es decir, de los de Cetina, y los copió a continuación, aunque dejó después inacabado su trabajo. Los impresores de pliegos, siempre atentos a las últimas modas, pronto se aprovecharon del poema "mezclando tercetos de Cetina con otros de autores anónimos", como ha indicado Lapesa. [18] En 1579 López de Úbeda incluye en su *Cancionero*

---

[17] La coincidencia de gustos poéticos en la colección de Morán de la Estrella y en esta miscelánea, nacidas una junto al Duero y otra junto al Guadalquivir, no carece de importancia, aunque es imposible sacar ningún tipo de conclusión hasta que se estudien más las relaciones entre cartapacios y la poesía "compuesta por los 'poetas menores', que permanece casi toda ella desparramada en manuscritos y que tan interesante resultaría para conocer cómo trabajaban los poetas del XVI, sus grupos poéticos y la transmisión textual, más complicada, a veces, que aquella de los grandes poetas", en palabras de A. Blecua, *ibid*, pág. 520.

[18] Rafael Lapesa, "*Enfados* y *contentos* en la poesía española del siglo XVI". *Filología* 20 (1985), págs. 75-109, ver pág. 96.

dos *enfados* a lo divino, con intención moralizante; a pesar de que uno no tuvo difusión, "Enfádame vivir en este mundo" (f. 100), el segundo, "Enfádame decir lo que me enfada", según él, "fue muy bien recibido en todas partes" y en consecuencia vuelve a imprimirlo en su libro. La contrahechura a lo divino fue negocio que pronto aprovecharon los impresores de sueltos. Algún ejemplar de aquel exitoso pliego de López de Úbeda debió haber caído en manos de la Madre María del Santísimo Sacramento que se acordaba de nueve de los 25 enfados impresos y pasaron al *Libro del Carmelo de Valladolid*. Desventura similar a la ocurrida con "La bella mal maridada" debió darse con estos *enfados* que llegaron a oler a pebete. No es López de Úbeda "el último cultivador de *enfados*", como pensaba Lapesa (p. 105), porque este manuscrito lisboeta que hoy nos ocupa aporta dos composiciones más que enriquecen el tema. La primera es "Enfádame una dama tan golosa" (115), de 10 tercetos y dividida en dos partes, cinco *enfados* y cinco *agrados*, en la línea de los *contentos* de Garijo, aunque la diferencia de estilos sea muy notable; la segunda, "Agrádanme las hebras de oro fino" (234) consta de 14 tercetos, *agrados,* dirigidos a diversos santos y de siete *enfados*, de Cristo, que son los Pecados Capitales.[19] Rafael Lapesa suponía bien: "Es de suponer que con el tiempo se encuentren poemas desconocidos", y acertó al concluir, desdiciendo los gratuitos comentarios de Rodríguez Marín, que: "De todos modos, el cultivo de este género fue algo más que una moda pasajera y vulgar: a pesar de la acogida popular que tuvo, nunca dejó de contar con poetas doctos" (p. 108). Cetina, Alcázar, Iranzo, Garijo, Timoneda y López de Úbeda, así como el espíritu culto de TP 506 y de LN F.G. Cod. 3072, no son poetas, ni cancioneros, que se ajusten precisamente al "paladar del vulgo".[20]

"De Tablares el teatino, a lo divino". Así introduce el manuscrito cuatro sonetos y una canción del jesuita Padre Pedro Tablares en uno de los pocos epígrafes que tiene esta miscelánea. Se percibe una clara intención de reunir varios de sus poemas; alguno, como "Amargas horas de los dulces días", le resultaría ineludible si el compilador, fiel a sí mismo, se ciñe al criterio de juntar obras conocidísimas.[21] Repetido en el códice (41, 76), este soneto tuvo gran aceptación desde 1555 cuando lo documentamos por primera vez. López de Úbeda, al glosarlo en 1582, lo llamó "soneto antiguo", a pesar de su relativa juventud. Su difusión se debe a la adaptación musical, pues a partir de 1570, con el *Cancionero musical de Medinaceli*, y unos años más tarde, en 1584, con la música de Navarro, según el *Cancionero Musical del Museo Lázaro Galdiano*, se puede notar mayor abundancia de testimonios, incluso en la poesía del país vecino tras la anexión de Portugal a España con Felipe II, precisamente en esos años que reflejan el contenido del manuscrito que estamos

---

[19] El juego de oposiciones nos trae ecos de aquellos otros *gustos* y *disgustos* descaradamente eróticos que circulaban en el XVI. Hemos preparado un estudio sobre estos temas.

[20] *Poesías de Baltasar del Alcázar*. Ed. Francisco Rodríguez Marín. Madrid: RAE, 1910, págs. 159-160, 265-266.

[21] Arthur L-F. Askins dio noticia de este soneto: "The sonnet is one of the most often found works of Father Pedro de Tablares". Tablares murió en 1565. En su nota da testimonio del manuscrito que hoy nos ocupa. "Amargas horas de los dulces días". *MLN* 82 (1967), págs. 238-240.

estudiando. Dedica Tablares, antes de 1565, dos sonetos al portugués Ruy Gómez da Silva, esposo de la cifontina Princesa de Éboli, poderosa figura política, amigo de Felipe II: "El fresco aire del favor humano" (59) y "Favor, privanza, imperio y grande asiento" (71), que tuvieron bastante difusión. Todos ellos fueron copiados en los folios donde se concentran los endecasílabos, por lo que estos poemas vienen mezclados con obras de Hurtado de Mendoza, Montemayor, Silvestre, Herrera, Cuevas, algún contrahecho inspirado en Garcilaso, muchos anónimos, y siempre, eso sí, sin distinción de temas profanos o religiosos. Acaso algún poema más copiado en estos folios y sin atribución sea también del jesuita; no queda la menor duda, sin embargo, de que el manuscrito LN F.G. Cod. 3072 añade una novedad a la lírica que conocemos de Tablares: se trata de la canción a lo divino, "Si mi suäve canto" (70), que trae ecos manriqueños. Hasta hoy sólo conocemos esta versión.

El metro italiano, abundante en estos cuadernillos, se interrumpe con una rica *ensalada* (42), sin documentar en otras fuentes, que engasta once préstamos de viejas canciones y romances. Qué enorme el contraste entre el lirismo exquisito de las canciones, con sus coplas glosando penas y dolores, y el contexto, con su realismo vivo y populachero, no carente de gracia, y tan chocante, de las *ensaladas* en que se engastan tan hermosas cancioncillas. Le sigue una canción, "Niña, si por vos suspiro" (43, 172), que con algunas de sus coplas exclusivas vienen a enriquecer la evolución glosística del cantar (44, 173), a su vez vuelta a lo divino en el *Vergel*, glosada por Morán de la Estrella y también por el soriano Laýnez.

El espíritu religioso del manuscrito renace con el contrahecho de la conocida canción tradicional "Zagala, más me agradáis" (45), cuya glosa única se suma a tantas otras de la profana que entre 1575 y 1595 circulaban por España. Sin embargo, es con las glosas al *Paternóster* (46, 53) cuando el copista recoge una tradición que se documenta en el *Cancionero general* de 1511 y que, de glosa en glosa y según los tiempos que corrían, ha servido para alabar a Dios, engrandecer a Felipe II y castigar a Felipe IV.[22] Se hallan dos glosas al *Padre nuestro* en esta sección que continúa aportando más poemas religiosos, cuya proliferación determinará que esta miscelánea acabe siendo preferentemente religiosa, dentro, claro, de que los "poesías varias" tienen la tendencia, como ya se sabe y hemos dicho, a mezclar lo humano con lo divino, práctica que parece no irritó a los lectores de entonces. "Rey alto a quien adoramos" (46) se imprimió por primera vez en el *Cancionero general* de 1514 con atribución a Salazar, y sobrevive en las ediciones toledanas y de Amberes. Esta glosa pasó también al *Dechado de galanes* (1514-1524), según los datos suministrados por Fernando Colón, y a finales del siglo varios manuscritos dejan constancia de diversas versiones. La segunda glosa, "Inmenso Padre eternal" (53), es de Gregorio Silvestre y púsose de moda a partir de 1582 cuando salieron impresas

---

[22] Para otros aspectos de la oración, véase José M. Pedrosa, "*Padrenuestros mayores y pequeños*: Fuentes antiguas y difusión románica moderna de algunos conjuros mágico-religiosos". *Annali dell'Istituto Universitario Orientale*, Napoli, 36 1 (1994), págs. 29-48.

en sus *Obras* y en el *Vergel de flores* de Úbeda. Tanto el *Paternóster* como una glosa al *Ave María* (54), también de Silvestre, circulaban juntas por esos años.

Separan las glosas del *Padre nuestro* otros dos poemas de cosecha propia. El primero, donde se iba a copiar un poema al "Rey nuestro señor" (f. 39v), y que por la falta de anchura de la columna el copista retrasó hasta disponer de mayor espacio para plantar un solemne endecasílabo, se copió con la glosa espiritual "Sin Dios, sin quien un momento" (48), cuya cabeza "Sin Dios, y con el pecado" diviniza "Sin vos, y con mi cuidado" y "Con amor y sin dinero", repetidísimas éstas en la tercera parte del XVI y la primera del XVII. "Sin Dios, y con el pecado" es una de esas breves letras —"herejías" las llamaban— que tantos folios han ocupado especialmente en el XVII. El segundo (49), también religioso, es un contrahecho curioso que aporta nueva luz a la pervivencia y percepción del viejo romance "Oh Belerma, oh Belerma" (y también fragmento "Muerto queda Durandarte"): un *contrafactum* más que añadir a los que ya conocemos. El poema se introduce como *Romance* y en él Belerma se transforma en la Naturaleza humana y Durandarte en Cristo:

> Humana naturaleza,
> esposa y hermana amada,
> treinta y tres años por ti
> tuve vida fatigada.
> Desde el día que partí
> de mi casa tan preciada,
> ahora, por tu amor,
> muero yo en esta batalla.

Y Montesinos se encarna en San Juan:

> ¡Oh, Juan, dulce primo mío!,
> lo que yo más te rogaba,
> que desque yo sea muerto
> y mi ánima arrancada,
> que según son mis dolores
> presto es mi muerte llegada,
> tú lleves toda mi sangre
> a donde mi esposa estaba.

Después de enumerar Cristo todos los bienes que a su amada ha de llevar el "Apóstol-Durandarte", concluye el poema con la siguiente amonestación, no exenta de ecos literarios:

> Que olvide el amor del siglo
> porque es polvo, sombra y nada,

pues a los pastos de vida
por mi muerte es convidada.

Entre estos poemas octosilábicos, el compilador coloca dos piezas (ff. 41v-42).
Una, un soneto, que es el que había querido copiar antes pero no le cupo en la apretada
columna: "Ya se acerca, señor, o es ya llegada" (51). Aunque no da señal alguna
en el epígrafe, no hacía falta, es "el más estudiado y difundido poema de Acuña",
como ha afirmado Díaz Larios.[23] Hoy no se duda de que está dedicado a Felipe II,
con motivo de la victoria en Lepanto. Como veremos más adelante, es uno de los
pocos poemas con referencias históricas que contiene esta colección. El segundo
poema son "tercetos esparsos" (52) sólo copiados en este manuscrito, que sepamos
hasta la fecha.

Con estas glosas a oraciones religiosas muy populares, el cancionero continúa
en la vena divinizadora, y, siguiendo muy de cerca a Silvestre, cuyas *Obras* del año
1582 no distan de la fecha de ejecución de este códice, copia una versión a lo divino,
aprovechándose de la popularidad de "Las tristes lágrimas mías" (55) que hacían
su agosto en la última década del siglo.[24] Fue letra socorrida hasta tal punto que
sirvió, incluso, para llorar las penas de "una sotana vieja y rota". En este punto el
manuscrito, nunca más sevillano que en estos folios, recoge dos obras del *Divino*
Fernando de Herrera, acaso primeras redacciones que circularían por academias,
entre amigos (o enemigos, como veremos), a juzgar por la brevedad de la canción—es
copia parcial— y por sus significativas variantes. Juan Montero, en un importante
artículo, ha estudiado las cuatro versiones conocidas de esta canción *Al sueño* (61),[25]
a las que ahora habría que añadir la de este manuscrito.[26] El soneto "Por un camino
solo, al mundo abierto" (63), también ofrece variantes de interés para los editores
de Herrera.[27] Varias piezas anónimas en endecasílabos cubren estos folios, y entre
ellas al copista se le antoja introducir una *villanesca* atribuida a Juan de las
Cuevas (64) —Juan de la Cueva de las Cuevas,[28] quien desde México sufría la
nostalgia de su Sevilla, a la que regresó en 1577—. Juan Montero ya había notado
que los nombres de éste y de Herrera "andan frecuentemente entrelazados en los
manuscritos e impresos poéticos del Siglo de Oro". Separado en el códice por otra

---

[23] *Hernando de Acuña. Poesías*. Ed. Luis F. Díaz Larios. Madrid: Cátedra, 1982, pág. 328.

[24] Las coplas de "la bella" serían otras que ocuparon también muchos folios en estos años. Véase
nuestra nota al poema 33.

[25] Juan Montero, "Una versión inédita (con algunas variantes) de la canción *Al sueño* de F. Herrera".
Cuadernos de Investigación Filológica, 12-13 (1986-1987), págs. 117-132.

[26] Juan Montero, "Dos textos poéticos de Fernando de Herrera con variantes y un posible soneto
desconocido (más una lira antiherreriana)". En prensa.

[27] *Fernando de Herrera. Algunas Obras*. Ed. Begoña López Bueno. Sevilla: Diputación, 1998,
pág. 246. *Fernando de Herrera. Poesías*. Ed. de Victoriano Roncero López. Madrid: Castalia, 1992,
págs. 233-235, 422-423.

[28] José María Reyes Cano escribe que "el poeta sevillano pudo ser conocido por el apellido 'de la
Cueva' o 'de las Cuevas' indistintamente". *La poesía lírica de Juan de la Cueva*. Sevilla: Diputación,
1980, págs. 60-61.

villanesca (65) y un soneto (66), salta una lira breve y cortante, injuriosa contra Herrera, de autor desconocido:

> Hernando de Herrera
> destruye la bondad, estudio y arte
> con su poesía fiera,
> mostrando en toda parte
> que Febo a solo él su ser reparte. (67)[29]

Juan Montero ha estudiado los roces y enemistades de Herrera con otros poetas, como Juan de la Cueva, "cuya epístola se convierte así en un testimonio más de la mala acogida que sufrieron las *Anotaciones* en determinados ambientes literarios",[30] y Damasio de Frías, que por su actitud revela "cierta inquina de Frías contra Herrera, cuyo origen no es fácil precisar".[31] Aunque el manuscrito no se la atribuye, la topografía podría indicar que es obra del mismo autor que el *Ejemplar poético*.

A los poemas que tienen un referente histórico, como los de Tablares a Ruy Gómez y el canto a Lepanto que ya hemos mencionado, hay que añadir alguno más. Hay dos poemas compuestos específicamente para enaltecer a otras dos figuras que hacía tiempo habían desaparecido, la reina Juana y el Emperador Carlos, su hijo. Reviste especial interés el rarísimo poema en dobles quintillas *A la Serenísima Princesa de España,* "Doña Juana de Castilla / princesa de las mugeres" (31). Nunca habíamos encontrado una composición dedicada a cantar la belleza de Doña Juana I la Loca (1479-1555). Ella y su esposo Felipe fueron jurados por príncipes de Castilla y León en la iglesia Mayor de Toledo, en presencia de los Reyes Católicos, el día 22 de mayo de 1502, lo que explicaría el título de princesa que se le da en el epígrafe. Doña Juana murió el año 1555, apenas tres años antes de su hijo Carlos V, a cuya muerte en 1558 se dedica el poema copiado a continuación. *A la muerte del Emperador Carlos V* (32), así reza el epígrafe del poema construido con el mismo metro que el anterior, acaso compuesto por el mismo poeta. El soneto "Las blancas clavellinas son hermosas" (82), anónimo y exclusivo, canta la belleza y virtudes de Catalina: "tal sois vos, Catalina, tal tu frate", que pudiera aludir a Catalina Micaela (1567-1597) y a su hermano Felipe III (1578-1621). La canción exclusiva, "Fiero baja de la gran Turquía" (124), remedo de Ero y su torre, ensalza con unos mediocres versos la batalla

---

[29] Esta villanesca no se halla en la ed. parcial de José María Reyes Cano, *La poesía lírica de Juan de la Cueva.* Sevilla: Diputación, 1980. Tampoco queda el poema refrendado en BIPA todavía. Juan de la Cueva fue aplaudido por Cervantes, y su madre se apellidaba Juana de las Cuevas. Pero había otros poetas con semejante apellido.

[30] Juan Montero, "Otro ataque contra las anotaciones herrerianas: la epístola 'A Cristóbal de Sayas de Alfaro' de Juan de la Cueva". *Revista de Literatura*, 48, no. 95, Enero-Junio (1986), págs. 19-33.

[31] Juan Montero, "Damasio de Frías y Herrera: Nota sobre unos roces literarios". *Archivo Hispalense* 206 (1984), págs. 115-121, ver pág. 120. También Begoña López Bueno, "El Brocense atacado y Garcilaso defendido. (Un primer episodio en la polémica de los comentaristas)", en *Homenaje a Alonso Zamora Vicente.* III-2. Madrid: Castalia, 1992, págs. 159-174.

naval de Lepanto. Algo más afortunado es un ardoroso panegírico al "hermano del rey de España, / hijo del Emperador", Juan de Austria (1545-1578), famoso por la "batalla tan sin segunda" (202). Por último, un soneto anónimo, "Estando con Apolo en su ejercicio" (221), jocoso y satírico, es queja de un "Diego Moreno" contra un "fauno trovador novicio", y nos lleva a El Pardo, palacio reconstruido por Carlos V, donde se reunía la corte de Felipe II con todos los cargos palaciegos, y en cuyos montes se organizaban frecuentes cacerías de ciervos y gamos, circunstancia que no desaprovecha el autor para sacarle punta. [32]

Sin apenas distracciones, en los folios 59 al 67, el copista fue enlazando poemas de metro italiano, correspondiéndole ahora la vez a una docena de sonetos, algunos sacados de la obra impresa de autores conocidos, como Silvestre y Montemayor, otros copiándolos de fuentes manuscritas contemporáneas, otros que andaban en cancioneros musicales y otros, en fin, salidos de plumas todavía por identificar. Su afán es copiar sonetos, sin preocuparle la temática religiosa o profana de los mismos, o, incluso, como "Amargas horas de los tristes días", de Tablares (76), sin recordar que ya lo había hecho antes. Está claro que el tema, a lo divino y a lo humano, de "Leandro el animoso" es el que despunta en estos folios (78, 79, 80). [33]

Una graciosa canción pastoril, en diálogo, inicia esta parte en la que abunda el metro castellano y los contrahechos de tema religioso, algunos inspirados en villancicos populares (89-90, 96, 99, 100) y una *ensalada* (103), hermosa composición formada con versos de conocidos romances y de canciones tan difundidas como "Las tristes lágrimas mías", y tan antiguas como "Si amores me han de matar", "Miraba de Campoviejo" o "Triste estaba el padre Adán" que circulaba impresa en 1519. Mención sobresaliente debe darse al testimonio que del romance del XV, "Castellanos y leoneses / tienen grandes divisiones" ha dejado la *ensalada*. [34] Dos *preguntas* (105, 110) y una *adivinanza* (107), separadas por un villancico navideño (109), recuerdan que la vieja poesía del XV se resiste a desaparecer. [35] "Por que estoy en grave pena… suplicándole, señor… pregunto qué debo hacer…Aunque yo no lo merezca, / le suplico me despligue." (105) Las archiconocidas fórmulas epistolares aquí están tan frescas como lo estuvieran en el *Cancionero* de Juan Alfonso de Baena, y vuelven a repetirse en la *pregunta* siguiente:

---

[32] José M. Alín explica en la nota 473 la figura de Diego Moreno, marido cornudo. Ver *Cancionero tradicional*. Madrid: Castalia, 1991, pág. 300. Allí se encontrará más bibliografía sobre el tema.

[33] Edward Glaser publicó el soneto "Pasando el mar Jesús el animoso" (78) en su artículo *"El cobre convertido en oro*: Christian *refacimentos* of Garcilaso's poetry in the Sixteenth and Seventeenth Centuries". *HR* 37 (1969), págs. 61-76, ver pág. 65.

[34] Brian Dutton y Charles B. Faulhaber. "The 'Lost' Barrantes *Cancionero* of Fifteenth-Century Spanish Poetry." *Florilegium Hispanicum. Medieval and Golden Age Studies Presented to D. Clotelle Clarke*. Madison: Hispanic Seminary, 1983, págs. 179-202, ver pág. 196.

[35] Véase nuestra documentación en: "Del XV al XVII: doscientos poemas", *Nunca fue pena mayor. Estudios de literatura española en homenaje a Brian Dutton*. Ed. Ana Menéndez Collera y Victoriano Roncero López. Cuenca: Universidad de Castilla-La Mancha, 1996: 367-418; "Continuidad de la poesía del XV en cancioneros del XVI", en *Juan Alfonso de Baena y su cancionero*. Ed. Jesús L. Serrano Reyes y Juan Fernández Jiménez. Baena: Ayuntamiento, 2001, págs. 213-258.

Fiel y muy noble, amigo y señor,
razón me convida a os la dirigir,
a esta pregunta quiera definir
no perjudicando su sciencia y honor. [36](110)

Varios sonetos, unas octavas y unos *enfados divinos* devuelven el manuscrito
a los últimos años del siglo XVI. Sin embargo, el recuerdo de la lírica antigua no
se desvanece con facilidad, a pesar de la enorme avalancha de versos italianizantes
que ya empiezan a caer en el formulismo manierista. La canción "Aquel caballero,
madre" (118), aquí en versión que aclara ciertos versos oscuros de la *Flor de
enamorados*, además de concluir con una copla distinta, vuelve otra vez la mirada
al XV y se pierde en él con la tradicional "Ya no me porné guirnalda" (122) que
floreció, principalmente, en *ensaladas* manuscritas e impresas entre 1580 y 1625.
Comentan Antonio Rodríguez-Moñino y Daniel Devoto en su edición que la *Flor
de enamorados* recibió "el aplauso general [que] iba un poco a destiempo, y festejaba
en un cancionero del 1562, muchas cosas que llevaban la fecha de los primeros años
del siglo, si no de los primeros del siglo anterior".[37] Pues este manuscrito lisboeta,
treinta años, al menos, más joven que la *Flor*, continúa conservando parecidos
intereses, fiel reflejo, en efecto, de que el gusto público hallaba enorme regocijo
repitiendo las viejas canciones puestas al día por las nuevas glosas y *ensaladas*.

Tal vez nunca podamos —como ha dicho Margit Frenk— "ponerle punto final
a nuestro conocimiento de las viejas canciones populares que se cantaban en la España
del siglo XVI",[38] pero sí podemos establecer que con la exploración de documentos
inéditos afloran más textos que enriquecen el campo de la antigua lírica popular
y arrojan nueva luz para el entendimiento de la poesía áurea. En este manuscrito,
además de las archiconocidas piezas de la lírica antigua, enriquecen las miles ya
catalogadas[39] una docena todavía por catalogar: "Dungandux, dungandux" (5), "Una

---

[36] Antonio Chas Aguión, *Juan Alfonso de Baena y los diálogos poéticos en su cancionero*. Baena:
Ayuntamiento-Centro Juan Alfonso de Baena, 2002. Del mismo autor, *Preguntas y respuestas en
la poesía cancioneril castellana*. Madrid: Fundación Universitaria, 2002. Valeria Tocco, "Note sulle
preguntas e repostas del *Cancioneiro Geral de Resende*", en Testi, generi e tradizioni...vol. II. *Studi
Mediolatini e Volgari* 48 (2002), págs. 171-184. José J. Labrador Herraiz, *Poesía dialogada medieval.
La "pregunta" en el Cancionero de Baena*. Madrid: Maisal, 1974.

[37] *Flor de enamorados*, págs. xlvi-xlvii.

[38] Margit Frenk, "Diez cancioncitas populares en un manuscrito valenciano del siglo XVI". *NRFH* 40
(1992), págs. 187-198, ver pág. 187.

[39] Otras, consideradas de la antigua lírica por Margit Frenk o tradicionales por José María Alín,
pero discrepando ambos en la selección, son: "La bella mal maridada" (33), "Quédate a Dios, alma
mía" (42), "Zagala, más me agradáis" (45), "Las tristes lágrimas mías" (55), "Si amores me han de
matar" (103), "Aquel caballero, madre" (118), "Ya no me porné guirnalda" (122), "Madre, al amor
quiérole" (128), "Falsa me es la espigaderuela" (132), "Llamábale la doncella al hombre vil" (143),
"Vide a Juana estar lavando" (177), "El melón y el casamiento / todo es acertamiento" (refrán convertido
en cantarcillo, 185), "Si mi padre no me casa" (185), "Quien se casa por amores" (185), "Sea bienvenido"
(185), "Olivar, olivar verde" (194), "Los ojos de la niña" (194), "Nadie no diga" (206).

serranica / su mano me diera" (23, 131), preciosa composición sobre un desengaño amoroso, "Ya fuera, fuera, / Lucifer, de la verde junquera" (96), "Ya está vencido el perro moreno, / que siempre me dixo malo y no bueno" (99), "Si mal me quisiere Menga, / eso le venga" (134), "La dama que no es briosa" (142), "Salga la verdad / salga de la tierra" (184), "Lucifer cayó de la jaca, / dalde matraca" (192), "Floresicas, la mi madre, / dentro de Belén nacen" (194), "Volaba el azor nuevo, / solas alas lleva el vuelo" (194), "Que no son para vos, casada, / mangas de seda y saya de grana" (194), "En el monte sagrado" (231), las cinco últimas contrahechas a lo divino, y, para terminar, "Recordad hora, linda dama" (200), pareado con una copla que sólo hemos encontrado en este manuscrito.

Una buena muestra de poemas musicados nos ha dejado este manuscrito. Del *Cancionero musical de Medinaceli* (1570), proceden "A su albedrío", "Amargas horas de los dulces días", "El fresco aire del favor humano", "Pasando el mar Leandro el animoso" y "Estábase Marfida contemplando"; del elvense de 1560 salen "Quien dice que la ausencia causa olvido", "Las tristes lágrimas mías", "Ay, Fortuna cruel" y "Cómo te va, di, carillo"; "Si amores me han de matar" está en el índice del *Cancionero musical de Palacio* que después, con música de Mateo Flecha, pasa a la *Orphenica Lyra* de Fuenllana (1554) y al *Uppsala* (1556) con otra versión. Debió ser muy conocida en la corte valenciana de los Duques de Calabria, a juzgar por la mención que de sus dos primeros versos hace el vihuelista Luis Milán.[40] En los últimos veinte años del siglo, varios manuscritos dan testimonio de su popularidad y del interés que suscita entre los poetas que aún continúan glosándola. Nuestro manuscrito enriquece el tema cuando el villancico entra a formar parte de una *ensalada* con su nueva copla:

> *Si amores me han de matar,*
> *ahora tienen lugar.*
> Ahora que estoy ausente,
> que cuando presente estaba,
> ser presente me sanaba
> tanto afán. (103)

Vázquez en 1560 y Daza en 1579 recogen "Quédate a Dios, alma mía" (42); el mismo *Libro de música* de Daza incluye también "Ay, Fortuna cruel. Ay, ciego Amor" (86); "La bella" figura en el parisino *Beaux Arts*; y "Madre, al amor quiérole" (128) y "Falsa me es la espigaderuela" (132) se remontan a 1528, *Second Livre* de Caietain; "Vuestro amor, Señora" (97), según el *Sevillano* se cantaba al tono de "El tu amor, Juanita", y las liras "En el claro oriente" (230) al tono de "Verde prado".

---

[40] Ignacio López F. Alemany, "Construcción de un cancionero y romancero efímero en la corte del III Duque de Calabria", *Estudios de literatura oral*, 6 (2000): 139-154.

Un buen puñado de piezas de mucha difusión culmina la labor del compilador. Destacaremos aquí sólo unas cuantas, como la glosa de Padilla a la letra ajena "Afuera, consejos vanos" (140), que compitió con "Quitáos allá, desengaños"; la vieja canción "Vide a Juana estar lavando" con su glosa "Al pie de un monte escabroso" (177, 178) rodó durante cincuenta años junto a "Andando con el calor" de Burguillos; la glosa exclusiva "De amores combatida" (219) mantiene en vivo al famoso soneto "Estábase Marfida contemplando" (218) que se incluyera en la edición del *Cancionero general* de 1557; "Puesto ya el pie en el estribo" (225) es pretexto para "En verme tan peligroso" (226), nueva glosa de la tan traída y llevada canción; las estancias a la Virgen "No viéramos el rostro al Padre eterno" (246) cuya autoría se la disputan Juan de Herrera y la Madre María de San Alberto, mantienen el carácter religioso del manuscrito. También religioso es el juego del *chilindrón* (227), ingenioso pasatiempo de naipes en el que intervienen los personajes de la Pasión.

No es éste un cancionero propenso a copiar romances, aunque sea en folios dispersos, ni de esos otros que designan a ellos unos apretados cuadernos a modo de romancerillo (MP 617), o que tenga una sección que diferencie con claridad las canciones, los sonetos y los romances (MN 22.028). Tiene, sin embargo, la riqueza extraordinaria de transmitirnos mediante las *ensaladas*, noticia de dos docenas de romances, por lo común dos o tres versitos con que se rematan las estrofas,[41] o nos trae recuerdos de un viejo romance, como el de Durandarte y Belerma (49), el cual nos llega envuelto en ropajes divinos, según decíamos antes.

Interesa resaltar dos romances. El primero, "Triste estaba el caballero", por su interés para documentar, a modo de ejemplo, una de las variadas formas de transmisión textual y de relación entre impresos y manuscritos. El segundo, "Del aposento de Amón" (195), lo subrayamos por su singularidad. El primero, lo incluyó Castillo en el *Cancionero general* de 1511, de donde pasó al *Cancionero de romances* y a las *Silvas* de 1550. A finales de siglo recupera nuestro manuscrito la vieja composición de Cardona:[42]

---

[41] "Mira Nero de Tarpeya" (3), "Morir vos queredes, padre" (3), "Durmiendo está el conde Claros" (3), "Media noche era por filo" (3), "Muerto yace Durandarte" (3), "Por aquel postigo viejo" (3), "Fontefrida, fontefrida" (3), "Doliente se siente el rey" (3), "La mañana de San Juan" (4), "Mal hubiese el caballero" (42), "A caza va el emperador" (42), "De vos el duque de Arjona" (42), "Paseábase el buen conde" (42), "Pésame de vos, el conde" (42), "Rosa fresca, rosa fresca" (42), "Domingo era de Ramos" (42), "Oh Belerma, oh Belerma" (8), "Riberas del Duero arriba" (103), "Triste estaba el padre Adán" (103), "Miraba de Campoviejo" (103), "Castellanos y leoneses" (103), "Por Guadalquivir arriba" (103), "Paseábase el rey moro" (193), "Retraída está la infanta" (193), "Eneas, pues que te vas" (193), "Quién hubiese tal ventura" (193).

[42] Quirós tiene también otra versión que circuló en los mismos impresos que la de Cardona:

> Triste estaba el caballero, / triste y sin alegría,
> pensando en su coraçón / las cosas que más quería.
> Lloraua de los sus ojos, / de la su boca dezía:
> "¿Qué's de ti, todo mi bien, / qué's de ti, señora mía?
> Mi alma te va buscando, / yo solo, sin compañía,
> quedo triste desseando / dos mil muertes cada día.

> Triste estaba el caballero, / triste está y sin alegría,
> con lágrimas y suspiros / desta manera dezía:
> "¿Qué fuerza pudo apartarme / de veros, señora mía?
> ¿Cómo vivo siendo ausente / de quien tanto yo quería?
> Con los ojos de mi alma / os contemplo noche y día,
> y con éstos que os miraba / lloro el mal que padecía.
> Aquí se aviva mi pena, / esfuerza la mi porfía
> el fuego de mi deseo / que en mis entrañas ardía." (166)

El cancionero nos guarda una interesante sorpresa. En el sitio más insospechado, entre versos endecasílabos, el copista nos dejó el precioso testimonio de un fragmento de un romance que es todavía hoy –pensamos– desconocido. Pertenece al tema *Tamar y Amnón*, del que se han ocupado Manuel Alvar, Samuel G. Armistead, Joseph H. Silverman, Israel Katz, Paloma Díaz-Mas y Paciencia Ontañón, la cual publicó la versión que se halla en el NH B 2486 (o *Sevillano*), códice cuyo índice había dado a conocer Margit Frenk y que después fue nuestra edición (Sevilla, 1996). Todos estos datos tienen especial significado cuando se entiende que ambos manuscritos son sevillanos y que el LN F.G. Cod. 3072 comparte 30 poemas con el de Nueva York, igual que con MP 1580 (*ca* 1590), aunque menos que con el extenso *Cartapacio de Francisco Morán de la Estrella* (*ca* 1585). El romance, que transcribimos más abajo, está asonantado en *í-a* por lo que, en cuanto a la rima, no es un fragmento desprendido de la versión en rima *á-a* de Sepúlveda. Comienza en el pasaje cuando el romance de la *Silva* relata cómo Amnón, después de haber forzado a su hermana Tamar, la expulsa de la recámara y ésta sale enfurecida "como rabiosa leona / cuando le quitan la cría", y pide a gritos venganza.[43] Absalón, que dormía en la sala, se levanta sobresaltado por las voces de su hermana y le pregunta la causa de su dolor y de su rabia:

> Del aposento de Amón
> la hermosa Tamar salía,
> como rabiosa leona

Tuyo soy, a ti me di, / pues dime a quien me desuía
de ventura tan loada / como la que yo tenía…

No debió agradar al autor de nuestro manuscrito la versión de Quirós y la dejó fuera. Sin embargo, formando parte de una *ensalada* (103) se copiaron dos versitos de un contrahecho que circulaba en pliegos, atribuido al reverendo Diego de Torres: "Triste estaua el padre Adán, / cinco mil años hauía" (103).

[43] El romance de Sepúlveda en este pasaje dice así:

> Llamando allí a vn su moço / que la eche le mandaua
> y que cierre bien la puerta / quando la tuuiere echada.
> Echóla el moço de allí / hizo lo que le mandaua...
> sus manos en la cabeça / yva y grandes bozes daua. (f. 256v)

Romances nuevamente sacados de la crónica de España, Amberes, 1566.

quando le quitan la cría.
Mesa sus rubios cabellos,
sus blancas manos torcía,
llorando de los sus ojos
desta manera decía:
"¡Venganza, hermano, venganza!,
de quien robó mi alegría,
que el traidor de Amón, mi hermano,
me robó la que tenía.
Cumplió en mí su voluntad,
no siendo voluntad mía".
Oído lo había Absalón
en la sala do dormía.
"¿Qué es esto, señora hermana?,
¿qué es aquesto, hermana mía?" (165)

El poema se interrumpe en este momento por razones que desconocemos: cualquier suposición podría darse por válida. Los especialistas en el tema disponen ahora, gracias a este manuscrito, de un fragmento más que viene a enriquecer su tradición romancística.

Subrayemos otra aportación de este manuscrito; son unas quintillas (180) que se imprimieron en distintas ediciones de la *Flor sexta* y pasaron al *Romancero general* de 1600, con la particularidad de que la versión manuscrita tiene cuatro estrofas más desconocidas hasta ahora.[44] Por último, conviene anotar la refundición en este manuscrito de dos glosas, la de Alcaudete y otra anónima, de las *Coplas de la dama y el pastor* (143), cantar "popularísimo en la primera mitad del siglo".[45]

Por claro diseño del compilador, los folios 98v al 106 (núms. 184 al 199) están principalmente dedicados a la poesía religiosa. Aunque a veces se interrumpe la temática, en una ocasión con los *disparates* de Gabriel de Sarabia (193), son composiciones dedicadas preferentemente a la Virgen María. Se reunieron *Coloquios para la Navidad* (185), *Chansonetas* (186), villancicos a la Navidad y al Sacramento, unas *alegrías* de gran riqueza poética (194) y unas redondillas de gusto popular (204). Una de las coplas que glosan la letra "Hermosísima pastora" nos remonta a la estrofa 19 de los *Milagros* de Berceo:

Dios y hombre es el cordero,
vuestro casto pecho el prado,

---

[44] Recuperamos además con este códice el texto del poema 194, de cuya existencia da fe su *incipit* en la tabla de MRAE RM 6226, 308, pues el folio ha desaparecido. También ganamos la totalidad del poema 204 que se copió en MP 1335, 226v, ahora incompleto por la pérdida del folio.

[45] Arthur L.F. Askins, *Pliegos poéticos de la British Library*, I, pág. 147.

> un pesebre es el apero
> y la cruz será el cayado. (188)

El compilador, como era de esperar, se ocupa también de reunir poemas de la tradicional lírica cancioneril, copiando, él mismo, acaso, poemas que recorren toda la gama del juego amoroso; a veces son poemas muy conocidos, aunque en su manuscrito tienen otras versiones; otras, son poemas cuyo origen desconocemos y que llamamos "exclusivos" del manuscrito: no hay indicios para saber si salen de su pluma o si eran obras de otros. La mezcla de versos italianos con sus ecos petrarquistas, los sonetos garcilasianos y las redondillas y quintillas castellanas, añadiendo nuevas glosas que buscan explicar los misterios del juego del amor, forman una amplia parte de esta colección: algo más de 200 piezas se juntaron en estos cuadernillos, 150 son todavía anónimas y casi todas de tema amoroso.

No podían faltar, a pesar del tinte religioso que tiene el manuscrito, algunos poemas eróticos, como los ya mencionados (5-6, 13), a los que hay que añadir las difundidas *Coplas a un impotente* (3), las octavas "Si queréis ver dos arcos muy lucidos" (69), la canción "Nadie no diga / que he de ser del fraile amiga" (206) —que también se copió en el *Sevillano*—, los *enfados* (48) con sus insinuaciones, y "Mire, que le digo" (210-211), versión que departe de otra copiada en MN 3915.[46]

El *poesías varias* que nos ocupa tiene en nuestra edición 256 poemas, número que hemos dado nosotros a los poemas por razones prácticas. Justo la mitad de ellos son piezas únicas, composiciones que no hemos encontrado todavía en otras fuentes. En muchos casos podríamos afirmar que son "exclusivas" de este manuscrito, obras del mismo poeta-compilador de la miscelánea —o creaciones de algún conocido o amigo— que él copio junto con las suyas propias. La otra mitad son poemas que hemos podido documentar en otras fuentes. Algunas versiones son casi idénticas, otras llevan variantes de importancia, otras empiezan de la misma forma aunque en determinada estrofa se introducen versiones completamente nuevas y exclusivas. Sin pretender llegar a conclusión alguna, señalaremos que existe una tendencia en la transmisión manuscrita a nutrirse más de piezas que circulaban manuscritas que de impresas. En este caso, en este manuscrito lisboeta, la mitad de los poemas se documenta en manuscritos, como ya dijimos más arriba, y una tercera parte en impresos. En cuanto a los impresos, no hay ninguno que se destaque especialmente por compartir un buen ramillete de composiciones, todo lo contrario: el punto de tangencia, salvo en pocas ocasiones, es de uno o dos poemas. Apenas siete fuentes impresas se destacan, y no mucho, por compartir varias piezas. Con el *Cancionero general* de 1557 coincide en cinco poemas, pocos, si consideramos la longevidad y la extensión del cancionero; tres con el *Guisadillo de amor* de Timoneda, y cuatro con la *Flor de romances y glosas* y con el *Thesoro* de Padilla. Según nos vamos

---

[46] Éstos y otros textos que hemos estado reuniendo aparecerán en una antología de la poesía erótica que estamos preparando y de la que dimos noticia en el Congreso de la *Society for Renaissance and Baroque Hispanic Poetry* organizado por la Prof. Elizabeth Davis en OSU, Columbus, 2001.

acercando a las fechas de recopilación de este *poesías varias*, y debido también a la fama alcanzada por ciertos autores, los puntos de contacto aumentan; así tenemos que con el *Vergel de flores divinas* y con las *Obras* de Romero de Cepeda, ambas de 1582, coinciden en cinco poemas con cada una, lo que no indica que esos diez poemas sean todos ellos distintas composiciones, pues ciertas piezas de Silvestre se propagaron ampliamente y, de hecho, se copiaron en ambos libros. Más que con ninguna otra fuente impresa, se relaciona con las *Obras* de Silvestre (1582) con las que tiene en común nueve poemas, no todos de Silvestre.

Faltan las enmiendas de autor en los folios del manuscrito, lo que podría indicar que hubo un posible poeta-recopilador y un copista ducho en buena caligrafía. Excepto por las indicaciones de que Tablares, Alcalá, Montemayor, Cuevas son los autores de ciertas composiciones, o que un poema se dedica a la Princesa de España, a la muerte del Emperador o a Ruy Gómez da Silva, pocas noticias nos abastece, como ya se ha dicho. Sin embargo, hemos podido comprobar que reúne piezas de Hernando de Acuña, Alonso de Alcaudete, Baltasar del Alcázar, Juan de Almeida, Juan Boscán, Alonso de Cardona, Gutierre de Cetina, Licenciado Dueñas, Diego Hurtado de Mendoza, Juan de Iranzo, Fray Luis de León, Juan de Orta, Pedro de Padilla, Juan Rodríguez del Padrón, Gabriel de Sarabia y Gregorio Silvestre. Un poema (216) se lo disputan Bernardino de Ayala, Juan Sánchez Burguillos y Pedro de Lemos.

Termina el códice con varios folios en que se ha copiado prosa: una *Carta* solicitando favores a alguien y *Cierta digresión entre el pensamiento y el hombre...quasi quexándose de los disfavores que le había hecho una dama*, donde se ilustran las penas del enamorado con unos desangelados poemas que se insertaron en la prosa (247-256), todos "exclusivos", como podría esperarse, menos uno, siempre hay sorpresas, que se salvó del olvido gracias a un manuscrito de finales del XVI que lo volvió a copiar.

El criterio que hemos aplicado a la edición ha sido numerar todos y cada uno de los poemas de los que hemos podido obtener algún dato. Para mayor abundamiento, hemos dado toda la información que tenemos a nuestra disposición para aquellos otros poemas relacionados con los copiados en este manuscrito. Hemos transcrito los textos tal y como se trasladaron al manuscrito, excepto cuando hemos hallado pequeños errores de copista, mínimas torpezas u olvidos que dificultan el sentido de los versos. Hemos anotado los cambios al pie de cada poema. Cuando nos ha sido imposible leer un verso, hemos tratado de reconstruirlo mediante otras versiones; si los poemas no se dan en otras fuentes, hemos dejado los espacios en blanco. Siempre que hemos podido documentar en otras fuentes la cabeza, o letra, separada o inspirando una glosa distinta a la aquí copiada, por considerar ambos poemas obra de distintos autores, los hemos separado, facilitándonos así las anotaciones. En las Notas seguimos el orden topográfico, y damos al final de la edición la Bibliografía pertinente, los Índices de autores, onomástico, concordancias y de primeros versos. Ilustramos la edición con unas láminas.

Agradecemos al *College of Arts and Sciences* de CSU que nos ha apoyado para ir de viaje a bibliotecas; a la *University of Denver Office of Internationalization*, a su *Rosenberry Fund* y al *Program for Cultural Cooperation Between Spain´s Ministry of Education, Culture, and Sports and United States Universities* porque su ayuda nos ha permitido comprar materiales; a M.G. Fox, de ILL, por su infinita paciencia hallando libros y datos donde no se encuentran; a la *National Endowment for the Humanities*, sin cuyo apoyo el aparato crítico hubiese sido más limitado; a Teresa Duarte Ferreira por su solícita ayuda y a Maria Luísa Cabral por su puntualidad y buen hacer; también agradecemos el intercambio de datos que hemos tenido con los amigos José M. Alín, Antonio Carreira, Juan Montero y Julián Martín Abad. Especial agradecimiento a Begoña López Bueno que con sus Prólogos a nuestras ediciones unifica la labor de equipo que estamos desarrollando. Que la Universidad redima del olvido los manuscritos líricos sevillanos dispersos por bibliotecas del mundo, es motivo de alegría para todos los que conocemos la importante contribución de Sevilla a la lírica de los siglos de oro.

II. TEXTOS

1

[*VIDA RETIRADA*, DE FRAY LUIS DE LEÓN]

2

    ¡Qué descansada vida
la del que huye el mundanal ruÿdo
y sigue la abscondida
senda por donde an ydo
5   los pocos sabios que nel mundo han sido!

    Que no se enturuia el pecho
de los soberbios grandes el estado,
ni del dorado techo
se admira, fabricado
10   del sabio moro, en jaspes substentado.

    No cura si la fama
canta con boz su nombre pregonera,
no cura si encarama
la lengua lisonjera
15   lo que condemna la verdad sincera.

    [¿Qué presta a mi contento
si soy del vano dedo señalado;
si, en busca deste viento,
ando desalentado,
20   con ansias vivas, con mortal cuidado?]

    ¡O campo, o monte, o rrío!
¡O secreto seguro deleytoso!,
2v   roto quasi el nabío,

a tu almo rreposo
25   huyo daqueste mar tempestuoso.

Vn no rompido sueño,
vn día puro, alegre, libre quiero;
no quiero ver el ceño
vánamente sereno
30   del que la sangre sube, o el dinero.

Despiértenme las aues
con su cantar suäue no aprendido;
no los cuidados graues
de que anda combatido
35   quien al ageno arbitrio está atenido.

[Vivir quiero conmigo,
gozar quiero del bien que devo al cielo,
a solas, sin testigo,
libre de amor, de zelo,
40   de odio, de esperanças, de rezelo.]

Del monte en la ladera,
por mi mano plantado tengo vn huerto,
que con la primavera,
de bella flor cubierto,
45   ya muestra en esperança el fruto cierto.

3   Y como cudiciosa
de ver y acrescentar su hermosura,
donde la cumbre airosa
vna fontana pura
50   hasta llegar corriendo se apressura.

Y luego, sossegada,
el passo entre los árboles torciendo,
el suelo, de passada,
de verdura vistiendo
55   y de diuersas flores va esparziendo.

El ayre el huerto orea
y offresce mil olores al sentido;
los árboles menea

con vn manso rruïdo
60   que del oro y del cetro pone oluido.

Ténganse su thesoro
los que de vn flaco leño se confían;
no es mío ver el lloro
3v   de los que desconfían,
65   quando el cierço y el ábrego porfían.

La combatida antena
cruxe, y en ciega noche el claro día
se torna; al cielo suena
confusa bozería,
70   y la mar enriquecen a porfía.

A mí vna pobrezilla
mesa, damable paz bien abastada,
me baste; y la baxilla
de fino oro labrada,
75   sea de quien la mar no teme ayrada.

Y mientras miserable-
mente se están los otros abrasando
con sed insaciable
del no durable mando,
80   tendido yo a la sombra esté cantando.

4   A la sombra tendido,
de yedra y lauro eterno coronado,
puesto el atento oýdo
al son dulce, acordado,
85   del plectro sabiamente meneado.

16-20 y 36-40 No se copiaron. Usamos la ed. de C. Cuevas.

2

[LETRA]

He dado en tener en poco
todas las penas de amor,
y vame tanto mejor
quanto va de cuerdo a loco.

3
[COPLAS A UN IMPOTENTE,
DE BALTASAR DEL ALCÁZAR]

¿Quién os engañó, señor,
en acetar desafío,
donde el premio es el honor?
Sin fuerça, talle ni brío
5   para batallas de amor,
confiastes de animoso,
y fuéraos más prouechoso
bibir menos confiado,
que no venir desarmado
10   a campo tan peligroso.

¿Qué pensáuades sacar
que todo no os afrentase,
8   no pudiendo acaudalar
armadura que os armasse
15   ni lança para encontrar?
Y pues tal os hizo Dios,
de concierto entre los dos,
fuera bueno auerle dado
al enemigo vn soldado
20   que combatiera por vos.

Natura os quitó el arnés,
quedaste sin armadura,
y vos quesistes después
pelear contra natura,
25   siendo el disparate que es.
¡Qué cosa tan torpe y fea
para quien honra desea!
¿No veis que no vale vn higo
el desarmado enemigo
30   para entrar en la pelea?

Consideros de la suerte
que estáuades en aquel
trance peligroso y fuerte,
8v   más amargo que la hiel,
35   con mil sudores de muerte,

entrando y saliendo en vano,
con vuestra derecha mano
por esforçaros, y al fin,
vuestro cançado rrocín
40   tendido en el verde llano.

Mostrauádesle al robusto
el blanco pecho delante,
el pie calçadico y justo,
la pierna lisa bastante
45   para prouocarle a gusto.
Mostráuadesle a porfía
la casa del alegría,
que es el secreto minero:
todo lo miraua Nero
50   *y él de nada se dolía.*

¡Qué vsaríades con ella
de rregalos y rretoço!
¡Qué de sovalla y molella
con qüentos de quando moço,
55   para sólo entretenella!
Al fin, quanto en vos se alla,
¿pudo en algo contentarla
y darle algún gusto humano,
ojos, boca, lengua y mano?
60   *Sólo don Sancho que calla.*

Por lo que al fin subcedió
de la mísera jornada,
la muger os engañó
y quedó desengañada
65   de lo que de uos creyó.
Pintáuaos fuerte varón
allá en su ymaginación,
pero ya la triste entiende
que fue thesoro de duende
70   que se conuertió en carbón.

Pues de la dama leal,
¿quién duda que no hiziese
algún acto cordial

9

para ver si le pudiesse
75 recordar de vn sueño tal?
Y al estruendo y bosear,
al jemir y suspirar,
a las ansias y tocaros,
durmiendo está el conde Claros
80 *la siesta por descansar.*

¡Oxalá fuera dormir!
Todo se compadesciera,
tiempo pudiera venir
en que el galán no durmiera
85 para poder combatir;
pero más mal ay que suena,
que entre Torres y Ximena,
elado de parte a parte,
muerto jaze Durandarte,
90 *ved qué lástima y qué pena.*

De muerte ques de llorarla,
que a morir como guerrero
peleando en la batalla
no fuera dolor tan fiero
95 para la que çufre y calla.
Vuestra dama está llorando
no su muerte sino el quándo,
que quisiera la traidora
muriera dentro en Çamora
100 *por su patria peleando.*

Hezistes vna salida
por aver prouecho y fama,
y a poca tierra corrida
captiuastes essa dama
105 que se os echó de rrendida.
Y dad mil gracias a Dios,
que no podrán otros dos,
avnque os armasse celada,
quitaros la caualgada
110 porque no lo fue de vos.

9v

10

De aquí se concluye, al fin,
que es honrado en gran manera,
no rroýn, ni Dios lo quiera,
porque si fuera rrocýn,
115   al rrogalle, se estendiera.
Mas ella, por otros fines,
no se le da dos quatrines:
rrocýn le fuera mejor,
porque está hecha en amor
120   a contratar con rocynes.

Pues no os ha sido fiel,
avnque se os aga de mal,
hazedle cierta señal,
no se engañe más con él
125   la que no os tiene por tal.
Cortalde, si os paresciere,
vna oreja, o lo que fuere,
como posta que cayó,
que sepa que desmayó
130   quien a correrla viniere.

Entre los siete durmientes
podéis contarle y ponerle,
él rrecordará sin verle
quando ni Dios ni las gentes
135   no tengan que agradecerle.
Y de la necessidad

10v   mostrará ferocidad
sin para qué, ¡ved qué rabia!,
como el piloto en la gauia,
140   passada la tempestad.

El árbol que tanto os cuesta
al fin fin se os ha secado.
Cortalde cosa es honesta
que vn tronco seco, pelado,
145   sin flor, ni fruto, ¿qué presta?
Para alcándara es mejor
de tórtola o ruiseñor,
quando a su marido pierde,
que ni posa en rramo verde
150   *ni en árbol que tenga flor.*

No entiendo vuestra costumbre,
si por la bondad de Dios
los mansos tienen la cumbre,
¿cómo estáis tan baxo vos
155   siendo todo mansedumbre?
Viendo esto la mesquina
con los humildes se indigna
y a soberbios da fabores,
porque le mata de amores
160   lo que la soberbia empina.

      A Samsón fuistes opuesto:
él bellicoso, vos manso;
él en mil trabajos puesto,
vos en perpetuo descanso,
165   pero no mejor por esto.

11   Ambos descubierto hauéis
a damas lo que valéis:
él, el lugar que sabía
donde la fuerça tenía,
170   vos, donde no la tenéis.

      La candela que no ardía
en la mano la tomaua,
y en su lumbre trabajaua
de ensenderla, y no podía
175   porque el páuilo faltaua.
Contemple todo christiano,
quál estáuades, hermano,
con los pies hazia el oriente
y la mísera paciente
180   con la candela en la mano.

      ¡Qué rocín tan de mal talle!
¡Qué harón, qué flaco y feo,
que no baste espolealle
con occasión y deseo
185   para poder leuantalle!
Pues, señor, de mi consejo,
a rrocín tan flaco y viejo,
que se cae sin cargalle,

　　　　　mejor es dejarretalle
190　　y seruiros del pellejo.

　　　―――――――

147 "de tortola buen señor", en ms. Enmendamos según
MP 531, 13.

4

[CANCIÓN]

11v　　　　　Ana de mí tan amada,
　　　　　¡ay!, quién pudiesse abraçaros
　　　　　y tantas vezes besaros
　　　　　que os cançasse y, descançada,
　　5　　tornar luego a más cançaros.
　　　　　Y la noche viniesse,
　　　　　y el sueño no lo ympidiesse,
　　　　　juntar mi boca con bos
　　　　　y el aliento de los dos
　　10　　el mismo juego hiziesse.

　　　　　Ana, del gusto de amaros
　　　　　esto es lo que se grangea,
　　　　　que assí gozándoos me vea,
　　　　　que otra cosa que gozaros
　　15　　mi alma no la desea.
　　　　　Avnque con todo, Ana mía,
　　　　　mayor gozo me sería
　　　　　si pudiesse ser assí,
　　　　　que gozássedes de mí
　　20　　como yo de vos querría.

　　　　　Ana, ¿queréisme besar?
　　　　　Bésame ya, si quisierdes.
　　　　　Ana, y si os arrepintierdes,
　　　　　a fe, de os boluer a dar
　　25　　tantos quantos vos me dierdes.
　　　　　Y si acaso os descontenta
　　　　　pagaros por ygual qüenta,
　　　　　no por eso os engañéis,
　　　　　que por vno os daré seis
　　30　　y por seis otros sesenta.

Ana, no ay dolor tan fino
que no lleuasse mi seso
por muy dulce y fácil peso,
si para ajuda al catiuo
35   me diéssedes solo vn beso.
No porque esté mi contento
ni el aliuio del tormento
en vn beso, aunque es gran bien,
sino en el refrán que "quien
40   haze vn cesto, ará ciento".

Ana, sabéis que querría,
quando a besaros viniesse,
que todo el mundo sintiesse
lo que yo en la boca mía,
45   porque de enbidia muriesse.
Pero qué vanos cuidados,
los que fueren auisados,
en mi contento verán
el gran gusto que me dan
50   besos de tal boca dados.

Ana, queréis os [   ]
yo os prometo que [   ]
que cien mil besos os [   ]
12   *la mañana de San Juan*
55   *al tiempo que alboreaua.*
Y amor fueme tan cruel,
que siendo despierto dél
en medio daqueste gozo,
cayó "su gozo en el pozo"
60   yo estuue por yr tras él.

5

OTRAS

Dungandux, dungandux,
moçuelas, con el dungandux.

6

[GLOSA]

Moças, si os queréis olgar
con vn dungandux que yo tengo,
él es gordo y él es luengo,
y en esto no ay que dudar;
5 y si lo queréis prouar
veislo aquí, sacaldo a luz:
[dungandux, dungandux,
moçuelas, con el dungandux.]

Vna moça desta villa,
10 criada de vn ortelano,
entre las sus piernas tiene
vn rrepollico murciano.
Venga acá, rriégale, hermano,
assí Dios te dé salud:
15 *[dungandux, dungandux,*
moçuelas, con el dungandux.]

Pues soy moça de manera,
y tú lo sabes, hermano,
pónmelo en aquesta mano
20 pues estás puesto en primera.
Dame en esta delantera,
haremos entre ambos flux:
[dungandux, dungandux,
moçuelas, con el dungandux.]

25 Señora Ynés de Morales,
quánto ha que sois casada,
nueue años y va para diez
y no os hezistes preñada,
y agora se os antojaua
30 de carne de vn abestrús:
dungandux, dungandux,
moçuelas, con el dungandux.

7

[PIE]

Todo es poco lo possible.

8

GLOSA

Yo lo imposible pretendo,
y quien ama ha dentender
que aquello que va pidiendo
lo pierde en podiendo ser
5   lo que vale no podiendo;
qualquiera plazer visible
ningún prouecho me tiene,
que para mal tan terrible,
si lo ymposible no viene,
10   *todo es poco lo possible.*

9

[CANCIÓN]

12v   La Virgen Sancta María,
con sus entrañas de amor,
oy nos á dado al Mexía.
Amansó Dios su furor,
5   cumplióse la profecía.

Con el parto virginal
fue nuestro gozo cumplido,
la clemencia celestial,
de caridad concendida,
10   hizo perdón general.

En vna noche muy fría
nació de oueja el pastor,
[   ] mal no merecía,
por que cese mi dolor,
15   en vn pesebre plañía.

       Á sanado nuestro mal
como estaua prometido,
haziéndose Dios mortal;
vna virgen lo á parido,
20   ¡quién ymaginara tal!

       Por sola su cortesía,
por saluar al peccador,
pagó lo que no deuía
echo hombre el Criador
25   con amor que nos tenía.

       Con [   ]
siendo virgen escogida
porque nos lo prometió;
Lucifer va de vencida
30   quando al hombre rresgató.

       Remedió nuestro peccado
desta nuestra madre Eba,
por aquel caro bocado
hizo Dios tan sancta prueua
35   de su clemencia forçado.

       La que Virgen concibió
fue causa de nuestra vida,
do mi [   ]
con amor que le conbida
40   aquel Beruo que encarnó.

       Siendo de gracia dechado,
porque su amor más nos mueua,
aquel león figurado
salió manso, figurado,
45   encogido y abreuiado.

       A todo el mundo libró
con caridad nunca oýda;
porque no perdiera ẏo
la magestad offendida,
50   con sí mismo se aplaçó.

13   Del modo que conuenía
     á parido al Rredentor
     para nuestra mejoría:
     ¡auéis bisto tal primor!,
55 no será como solía.

     Dando de su amor señal
     rrecuperó lo perdido,
     fue paga más que caual,
     en vn pesebre metido
60 con affición paternal.

     Como norte que nos guía
     quitándonos el temor,
     ya, pues, pecador, confía,
     sale Dios por mi fiador
65 venciendo al que nos vencía.

     Vistióse de mi sayal
     de puro amor costreñido;
     en saluo está mi cuidado,
     Lucifer queda vencido,
70 hecho mi Dios temporal.

     Siendo, pues, la culpa mía,
     [   ] trata de rrigor,
     lloraua estraña alegría
     [   ] el mesmo sacerdote
75 [   ] el hombre no podía.

     Nuestro peccado pagó
     por leuantar mi caýda;
     vmilde por mí nació,
     quedó la Virgen parida:
80 ¡ya mi suerte se trocó!

     En vn pesebre echado,
     el que nuestros males lleua,
     en mi carne disfrazado,
     por que Luzbel no se atreua,
85 Dios se puso en el estado.

A buen puerto nos sacó
con tal vmilde vencida,
pues Dios tanto se abaxó,
hizo pago muy cumplido
90   por el hombre que peccó.

El Sacro Verbo encarnado
rremedió la culpa de Eba;
teniendo tal abogado,
avnque más él lo tuuiera
95   porque ya quedó pagado.

Con nosotros conuersó
la magestad conoscida,
cesó el mal que Eba causó,
sobrepuxó la medida
100   el grande preçio que dio.

13v   Siendo de tan gran quantía
y tan supremo valor,
pues Dios Padre assí lo enbía,
mostrándonos su valor,
105   esforçó mi couardía.

Nuestro Cordero pascual,
de carne vmana vestido,
ha nacido en vn portal,
nuestro defensor ha sido
110   tomando nuestro metal.

¡O dichosa compañía!,
aquel caudaloso azor
mira qué buelo daría,
como sabio caçador,
115   quando al mundo decendía.

Haziéndolenos ygual
el mesmo que fue ofendido
compuso esta belial,
porque Dios dexó cumplido
120   las costas y el principal.

En Bethelén nasció este día
niño Dios y gran señor,
con su gran sabedoría,
para saluar al deudor
125   de su casa lo ponía.

---

38 No se terminó de copiar.
85 "se puso en el estado", en ms.

10

OTRAS

Dama de gran hermosura,
si yerro en este dezir,
no lo tengáis a locura,
porque no puedo çufrir
5   en mí tanta desuentura.

Que sintiendo el grande oluido
que déste vuestro tenéis,
estoy fuera de sentido,
la causa no se qué ha sido
10   porque ver no me queréis.

No lo meresce mi fee,
mas en vos firme estaré;
quién lo haze no lo see,
mas, cierto, de mí entiendo
15   que jamás me mudaré.

Que donde ay perfeto amor
jamás puede ser mudado,
yo desto tengo dolor
que por otro seruidor
20   a mí me auéis oluidado.

14   Pues me auéis oluidado,
señora, en vos se ha cumplido
aquel prouerbio prouado
de vn amador desamado
25   *quel absencia causa oluido.*

Hasta aquí tenía entendido
causarlo no auer lugar
de las vezes que he venido
y no me queréis ablar,
30   la causa no sé qué ha sido.

Mas entiendo, de malicia,
que tenéis los senos llenos,
si os amo y tengo cobdicia,
rrazón es y gran yusticia
35   que lo más priue a lo menos.

Y pues no supe seruir
no es rrazón que yo me alabe,
esto os diré sin mentir:
de mí se podrá dezir
40   "quien tal haze, que tal pague".

¿Señora, qué te ha mouido
de azerme andar tal jornada?
¿Qué prouecho te ha traído?,
¿piensas quedar más vengada
45   en averme a mí perdido?

Y si por esso lo as hecho,
yo luego dél desengaño,
y quedo muy satisfecho,
y no me quexo del daño
50   que acarrea tal prouecho.

Bien tendrás en la memoria,
avnque eres mal acordada,
los principios de vitoria
con que tú me diste gloria
55   para mi pena doblada.

¡Ay, señora, por quererte
quántos trabajos passé!,
y con temor de offenderte:
agora descansaré,
60   si descanso ay en la muerte.

14v   Tierras mías do nascý,
                    tierras de promissión,
                    ¡qué congoxa, qué passión
                    sentirá mi coraçón
          65   apartándoos vos de mý!

                    Escrita en el alma mía
                    te lleuaré donde voy,
                    a do será mi alegría
                    pensar en la pena mía,
          70   señora, pues tuyo soy.

                    Sólo vna cosa te pido:
                    pues que sabes mi passión,
                    que no me eches en oluido,
                    señora, questoy metido
          75   en grande tribulación.

                    Según que paresce i suena,
                    que por darme a mí tormento
                    os mostrastes ser agena,
                    pensastes de darme pena,
          80   tuuistes mal pensamiento.

                    Pues que si tuue contento
                    en el tiempo que te amaua,
                    no por mi merescimiento,
                    mas por darte a ti contento
          85   mudé mi fe donde estaua.

                    Y la causa vuestra fue,
                    disconoscida, ymportuna,
                    que como se fue la fee
                    luego de vos me aparté
          90   sin tener pena ninguna.

                    No penséis que desespero
                    por más feo que lo viere,
                    que de galardón no espero:
                    los rreliebes que no quiero,
          95   lléuelos quien los quisiere.

Y pues me distes tal trato
en el tiempo que os seruý,
a quien dais agora alago
también le daréis el pago
100 como lo distes a mý.

15 　 Pues que deuiendo quererme
por lo bien que te he querido,
en lugar de socorrerme
tienes por mejor perderme,
105 yo olgo de ser perdido.

Bien pudiera no lo ser
si tú, señora, quisieras,
mas, pues me quieres perder,
porque sepas qués querer,
110 *plega a Dios que alguno quieras.*

Y en él alles desamor
y no firmeza ni fee,
al qual tengas tanto amor
como yo, tu serbidor
115 te tuue, tengo y tendré.

Y pues rrescibo la muerte
por serte tan verdadero,
amor te quiera de suerte
le quieras, sin quererte,
120 *como yo, mi bien, te quiero.*

Y pues que me desesperas
assí como desespero,
desesperes del que quieras,
porque sepas que, de veras,
125 por tu sola causa muero.

¿Quién os oyó publicar
ser vuestra fee tan cumplida,
que no pudiera pensar
que no se pudiera acabar
130 si no fuera con la vida?

Y si otro amador tenéis
a quien nueuamente amáis,
suplícoos no me neguéis,
pues claramente sabéis
135   lo que perdéis o ganáis.

No quiero significarte
lo que pudiera escreuir
y de mugeres dezir,
pero creo que con dexarte
140   esto se ha de concluyr.

---

15 "jamas se mudare" en ms.

11

[LETRA]

15v   *Ruego a Dios, la mi pastora,*
que lo que vsaste conmigo,
si amares algún pastor,
esso mismo vse contigo.

5   No dudes, pastora mía,
sino que suele acaescer
en pago de aborrecer
ser, después, aborrecida.
Si fueres de amor vencida
10   como lo heziste comigo,
nunca te falte vn pastor
que ansí lo aga contigo.

Conbidaste a desear
con mirar, ablar, reýr,
15   sin querer considerar
lo que yo podré sentir.
En pensar quieres partir
el tu coraçón comigo,
pues no faltará vn pastor
20   *que ansí lo aga contigo.*

Todas las muestras que dauas
al principio era querer,
mas después diste a entender
ser falso lo que mostrauas.
25   Y todo quanto ablauas
era por burlar conmigo,
pues no faltará vn pastor
que aga ansina contigo.

Ruego a Dios que aya vn pastor
30   por quien pierdas el sentido,
y él por otra ande perdido
porque gozes mi dolor.
Y te dee tal disfauor
y tal dolor como el mío,
35   *si amares algún pastor,*
esso mismo vse contigo.

Quién viesse tu coraçón
en vn gran fuego abrasado,
para que fuesse ablandado
40   esse más cruel [   ]

16

Y fuesse tal la passión
que quedasse sin sentido,
· *si amares algún pastor,*
esso mismo vse contigo.

45   Como tú, pastora mía,
quieres más a otro pastor,
nunca sentiste el dolor
que me diste a mí aquel día.
Antes era tu alegría
50   verme triste y afligido,
pues no faltará vn pastor
que ansí lo vse contigo.

No dexaré de te amar
avnque el premio sea morir,
55   que mayor mal es biuir
y tal tormento passar.
Acaba de me acabar,
que la muerte es mi abrigo,

que no faltará vn pastor
60   *que ansí lo vse contigo.*

12

OTRAS

Ya mi coraçón se vido
con arto contento estar,
y agora se ve afligido
do su descanso es llorar.

5   Es tan grande el sentimiento
que tiene mi coraçón,
que su gran afligimiento
rrompe en lágrimas passión.
Y no es mucho su aflición,
10   que la vida es poco dar,
por verse tan afligido
do su descanso es llorar.

        Quando veo rregozijar
las gentes con alegría,
15   de dolor querría llorar
por ver la desdicha mía.
Y assí el día del alegría
es para mí de pesar,
por verme tan afligido
20   *do mi descanso es llorar.*

16v   Es tan crudo mi tormento
y tan grande mi dolor,
que tomara por mejor
la muerte que el descontento.
25   Y con mi gran sufrimiento
doblo mi mal con callar,
por verme tan afligido
do mi descanso es llorar.

13

OTRAS

¡Ai de mí, desuenturada!,
mi gallina se murió,
con cinco pollos echada,
¡cómo no me muero yo!

5 La mi gallina murió
con su buen entendimiento,
y sus alas estendidas
y con el su pico abierto.
Dáuale mantenimiento,
10 rrespondióme clo, clo, clo,
con cinco pollos echada,
¡cómo no me muero yo!

  ¡Ay triste de mí, mesquina!,
si mi gallina viuiera,
15 por la más rrica vizina
vn cornado no me diera.
Criad[or]a y ponedera,
¿cómo se fue y me dexó?,
con cinco pollos echada,
20 *¡cómo no me muero yo!*

  Mi gallina, quando polla,
vn güeuo so me ponía,
tan grande como vna bolla,
que vn gentil quarto valía.
25 El cura me le pedía
y assí se le daua yo,
con cinco pollos echada,
¡cómo no me muero yo!

  Los pollicos quando vieron
30 que la madre se moría,
sus piquitos estendieron
alçando gran gritería.
Mirad, pues, qué sentiría
la madre que los parió,

35   *con cinco pollos echada,*
     ¡cómo no me muero yo!

---

3 "con cinco pollicos" en ms.

14

OTRAS

17   Si a mi Dios pluguiesse
       se acabasse mi andar perigrinando,
       y que yo te siruiesse,
       el mundo ya dexando,
5   y sus falsos plazeres oluidando.

       Véome encadenado,
       no me puedo librar de las prisiones
       que causa en mí el peccado,
       y danme mil passiones
10   por ynclinarse a mal mis aficiones.

       Veo el alma mía
       más inclinada a males que a lo bueno,
       y es esta porfía
       para mí vn veneno,
15   y digo con dolor ¡ay, tiempo bueno!

       En el tiempo passado
       ya yo me vide libre de passiones,
       sin darme cuidado
       uanas aficiones,
20   yo diera por mi Dios diez coraçones.

17v Arto lo he llorado,
       que en vn rregno muy rrico y generoso
       me vi sin cuidado,
       con harto rreposo
25   sólo procurando eterno gozo.

       Véome estar ayslado,
       quitado en mí el sossiego y la quietud,
       de muchos juzgado

　　　　no tener virtud,
30　　diziendo no ser Pablo en rectitud.

　　　　Y assí en esta tierra
　　　　murmuran de los buenos y los malos,
　　　　dando a todos guerra
　　　　como vnos tyranos
35　　con tinta y con la lengua y con las manos.

15

OTRAS

　　　　Muy bien rrescebida fuera
　　　　la muerte en esta posada,
　　　　luego fuera aposentada
　　　　y possesión se le diera.
18　　5　　Tristeza, su compañera,
　　　　presta estaua a le ayudar,
　　　　por verme tan afligido
　　　　do mi descanso es llorar.

　　　　Según que de mý he mirado
10　　mi mal va de mal en peyor, [*sic*]
　　　　y siguiendo este thenor
　　　　el viuir fuera escusado.
　　　　Pues viuo tan lastimado
　　　　muy mejor fuera acabar,
15　　que viuir tan afligido
　　　　do mi descanso es llorar.

　　　　Nadie sespante de ver
　　　　quencaresco mi passión,
　　　　que no me falta rrazón
20　　para darlo assí a entender.
　　　　Pues que quise el bien perder
　　　　y en trueque dél mal tomar,
　　　　bien es que biua afligido
　　　　do mi descanso es llorar.

18v　　25　　Eres en lo natural
　　　　dotada de tal nobleza,

que tienes por mayor mal
morir que hazer vileza.
Y assí, el premio desta empreza
30   no se te puede negar,
que es parar essa lindeza
en bubas o otro algún mal.

Eres en magnificiencia
tan cumplida para dar,
35   que no te sabes negar
ni poner en rresistencia.
Y assí, sabrás que en tu absencia
no falta que murmurar,
que dizen con eloquencia
40   que a todos quieres prouar.

No sé que signo o planeta
es el en que eres nascida,
que te juro, por mi vida,
que no te entiendo, beleta.
45   Pues por humo de bragueta
darás la honra y la vida,
prouando vna y otra bela
la darás por bien perdida.

16
[CANCIÓN]

19   *No me pudo dar ventura*
cosa más graue ni buena,
que fue darme hermosura
mesclada con ser morena.

5   Ventura, ¿qué pudo dar
a mi ser, ni más primor,
que fue darme la color
la qual no puede faltar?
Y pues Ventura lordena
10   y por my bien lo procura,
yo alabo la hermosura
que es mesclada con morena.

La morena yo la alabo
ques vna color preciada,
15 y entre todas estimada,
si no es mucha, por el cabo;
a lo qual bien se condena
la blanca con su blancura,
pues no vale hermosura,
20 *si le falta ser morena.*

[   ] la blanca dexafina
en sabor y qualidades,
mas la morena, es verdad,
que en color es siempre biba;
25 y assí esta color condena
a todas sobre natura,
pues no vale hermosura,
si le falta ser morena.

La blanca, con poco frío,
30 la veréis ponerse lacia,
la morena, con su gracia,
entonces muestra su brío;
por lo qual bien se condena
la blanca con su blancura,
35 *pues no vale hermosura,*
si le falta ser morena.

Del moreno perdenal
se haze vn tal elemento
que en todo el firmamento
40 se tiene por principal;
y assí esta color condena
a todas sobre natura,
pues no vale hermosura,
si le falta ser morena.

17

OTICE

OTRA

—*¡Qué linda que eres, Pascuala!*
—¡Quán gracioso que eres, Gil!
¡Viua tan linda zagala
para pastor tan gentil!

18

[GLOSA]

      —Dessos [tus] rubios cabellos
se enlazó mi libertad.
—Tú, Gil, me tienes por ellos
sin forçar mi voluntad.
5   —Dellos me tienes, Pascuala.
—Por ellos me lleuas, Gil.
¡Biba tan linda zagala
para pastor tan gentil!

      —Essos ojos adornaron
10   de beldad el alma mía.
—Essos tuyos me rrobaron
todo quanto bien tenía.
—Essos me matan, Pascuala.
—Por essos muero yo, Gil.
15   *¡Biba tan linda zagala*
para pastor tan gentil!

      —Yo quería enloquecer
por celebrar mi ventura.
—Y yo tener más cordura
20   para saberte querer.
Que yo estoy loco, Pascuala.
—Yo cuerda en quererte, Gil.
¡Biba tan linda zagala
para zagal tan gentil!

19

COPLAS DE ALCALÁ, SASTRE, A JORGE DE
MONTEMAYOR RREPREHENDIÉNDOLE
VNA COPLA

Monte fértil lusitano,
donde se crían laureles
en la cumbre y en el llano,
palmas y lignaloeles
5   y arboledas de verano.
Todas tus hermosas matas
son tus metros castellanos,
elegantes y cristianos,
mas mira cómo los atas,
10   no los tuerças con tus manos.

Mirando en tu cancionero
la pasión que compusiste,
20   vi vn descuido que dexiste
donde a Christo verdadero
15   vno y trino le heziste.
Ni aquí mouiere questión
arguyendo tu eloqüencia:
yo te demando perdón
avnque ya tengo licencia
20   de la fee y de la rrazón.

Que si es tu voluntad
conforme a lo que hemos visto,
mal sientes de la verdad
que la persona de Christo
25   no es toda la Trinidad.
Hombre y Dios yo assí lo canto
sin contrario y sin reués,
mas de las personas tres,
Padre e Hijo, Espíritu Santo,
30   segunda persona es.

Y si dizes que se entiende
que Dios es vno y es trino,
tu metro no lo defiende

ni lo declara, ni es digno
35   de pasar sin que se emiende.
Porque Christo es vno aquý,
hijo de Dios que encarnó,
a quien el Padre engendró
de la substancia de sý,
40   ygual al que lo embió.

De los dos es procedente
el espíritu ques Dios,
no menos omnipotente,
mas no tres dioses ni dos,
45   sino vn Dios tan solamente.
Distinto Dios en personas
y vno es Dios sin diuisión,
y esta sacra distinción
no es assí, como blasonas,
50   porque hazes confusión.

Pues monte el más singular
que sigue al nuestro orizonte,
vélate bien en trobar,
porque con su leña el monte
55   se suele a vezes quemar.
Con charidad te lo digo,
como en Jesucristo hermano,
por tanto, buen Lusitano,
recíbelo como amigo
60   que soy tuyo, y tú christiano.

_____

23 "sientes de la christiandad" en ms.
Enmendamos según MN 12.622, 173v.

20

20v   RESPUESTA DE MONTEMAYOR

So palabras de loor,
notarme de mal christiano
es golpe que de galano
señala el esgremidor
5   y después alça la mano;

y avnque no me sobrepuja
rreprehensión por tal vía,
¡quién nunca vio tal porfía!:
saltar de puntos de aguja
10   en puntos de theología.

Avnque sin causa me alabes
quieres trino y vno ver,
sabe que se ha dentender
cum comitantiae ratione,
15   no según tu parescer.
Que afirmar de otra manera
tres Christos ninguno osara,
saluo quien considerara
que avnque tres Christos vuiera
20   ninguno se le escapara.

Declaras la Trinidad,
¡o, qué cosa para mý!,
mas qué cosa para ty
Alcaná essa verdad:
25   sólo por fee la entendý.
Y si en mis escritos yo
he nombrado el vno y trino,
dexa el rrigor, sé begnino,
baste el que ya se vsó
30   con nuestro Berbo diuino.

La vela tengo bien alta,
si al monte fuego senciende,
en el mío no se emprende
porque, avnque ay leña, le falta
35   la yesca con que se enciende.
Y es buscar nueua baraja
el mandarme tener vela,
que según se me rreuela,
si no es la casa de paja,
40   segura está la candela.

Dízesme que soy christiano,
avnque verme bautizar
no se me puede acordar,

21   es verdad, mas a ty, hermano,
45   no se te puede oluidar.
                Que aquel que quando nasció
                baptizaron, no ay rrazón
                se acuerde, como el varón,
                quel baptismo rrescibió
50   en años de discrición.

                        No sé de qué modo pese
                esto que me rrepehendes,
                saluo, Alcalá, si pretendes
                que lo entienda, avnque me pese,
55   del modo que tú lo entiendes.
                [El que en jatancia se pone
                reprehende no como amigo,
                mas concluyo, y no contigo,
                concomitante rrazione
60   son los tres que en uno digo.]

                _____

                28 "se uerino" en ms.
                56-60 no se llegaron a copiar.
                Enmendamos según MN 12.622, 173.

                                21

                        RÉPLICA DE ALCALÁ

                        Montaña seca nublosa,
                llena de quiebras y rriscos,
                triste, sola, ponçoñosa,
                dondc no habita cosa
5   sino fieros basaliscos.
                Donde las aves del suelo
                no pueden hazer su buelo,
                porque no ay en ti virtud
                para que les dé salud
10   ni de sus plumas vn pelo.

                        As mostrado en tu esgremir
                que es lo que de mí notaste,
                con tal falta de rreñir
                y pensándome herir

15   a ti mismo te cortaste.
Callarte fuera más sano
para no ser mal christiano,
que por dar al otro enojo,
assí mismo quiebra vn ojo
20   con el dedo de su mano.

      Sin ninguna proporción
paresce que rrespondiste,
y muy fuera de rrazón,
y según nuestra yntención,
25   en nada me concluiste.
Tu rrespuesta me semeja,
dexado que fue bermeja,
según lo que [te] hablé
como al que piden el pie
30   y suele dar la oreja.

      [Como tordo o papagayo
que sin saberse uestir
ni saber qué cosa es sayo,
dize sayo y dize mayo
35   porque así lo oyó dezir.
Y ansí, tu saber dispone
lo que el letrado propone
del hierro que tú hiciste,
que respondes lo que oýste
40   *concomitantis rrazione*.]

      Como quien está hablando
con vn negro sin saber
que a quándo responde quando

21v   y si le llaman Hernando
45   esso torna a responder,
assí, con tu discreción,
dizes la misma rrazón
que a los otros has oýdo,
sin poner de tu sentido
50   dicho ni declaración.

      As buscado quien remiende
tu torpeza y tu ignorancia,

lo que en tu copla se entiende
no es lo que se comprende
55   rrazón de concumitantia.
Que tu copla va diziendo,
declarando y distinguiendo
a la persona de Christo,
y en tal cosa está muy visto
60   que no quadra este rremyendo.

    [Ni pertenece a tu qüento
concomitantis racione,
porque este acompañamiento
es el sancto sacramento
65   se dirige y se dispone.
Quel queste epíteto tiene
derechamente y le uiene,
ser trino y uno Dios es
y a ninguna de las tres
70   personas no le conviene.]

    Y si en la cena declaras
questaua Dios trino y vno,
avnque a Christo no nombraras,
cosa es cierta que acertaras
75   sin hazer yerro ninguno.
Mas si hazes rrelación
de Christo y de su Passión,
es vno el Berbo diuino,
no le nombres vno y trino
80   porque es falta de rrazón.

    Si yo salté de coser
en puntos de theologar,
es mi christiano saber;
más tuyo no puede ser
85   que no quieres escuchar.
Ansí, tu padre el platero,
que como fue cauallero
seguía su cauallería,
nunca supo theología
90   ni dixo escucharla quiero.

      Si tres Christos entendiste
que yo entendý, desatinas,
que yo dixe, y tú dixiste,
que en vn Christo confundiste
95   las tres personas diuinas.
Si quieres de mý sentir
lo que no pensé decir,
es hazer del juego maña
y de la rrazón maraña
100   y contra la fee argüir.

22   Porque, creo, si tomaran
los que de donde vienes fueron, [*sic*]
tres Christos quellos mataran,
porque en los tres se vengaran
105   más que en el uno pudieron.
Y como tu carne es
pieça de su mismo arnés,
sigues sus gonces y puntos,
y para venderlos yuntos
110   al que es vno hazes tres.

      Si por nombrar fe la entiendes
sin dezir qué entiendes della,
como simple te defiendes
y assí parece que emprendes
115   en tu monte la centella.
Yo no declaro la fee
sino lo que della see,
que como viejo me atreuo,
pero tú, como eres nuevo,
120   ni hablas ni sabes qué.

      Mas sabes bien declarar
lengua morisca y mosaica,
traducir, interpretar
de nuestro común hablar
125   la christiana en la hebraica.
Que el nombre de Alcalá,
traducido en alcaná,
es vno de los letrados

de quien tus antepassados
130   tuuieron la barahá.

      ¿Qué vale tu presunción,
      tener la vela subida,
      faltar yesca y eslabón,
      si contigo de nación
135   nasció la llama encendida?
      De ty sale quien te atiza
      y quien te haze ceniza;
      no sé de qué te apostemas,
      que con tu fuego te quemas
140   sin ser la casa pajisa.

      Metístete en el abismo
      de baptizar, y fue bien,
      porque confiessas tú mismo
      ser de Christo mi baptismo
145   y el tuyo ser de Moisén.
      Y como el tiempo acabó
      quando el mío començó,
      oluídaslo por absente,
      mas como el mío es presente
150   siempre dél me acuerdo yo.

22v   Dizes questás oluidado
      de verte a ti baptizar,
      como no fuiste ynformado
      de aber sido baptizado,
155   no tienes que te acordar.
      Y si se me acuerda a mý
      es que en mi niñez loý,
      y en años de discreción
      tomé la confirmación
160   la qual nunca cupo en ty.

      En tus coplas me mostraste
      dos verdades muy de plano,
      que de quemar, te quemaste,
      y también que te afrentaste
165   de que te llamé christiano.
      El quemar fue mal ablado,

porque en casa del ahorcado
no se ha de mentar la soga:
si te llamara sinoga,
170   no te vuieras afrentado.

       Cosa que está ya passada
quieres voluer a passar,
mira que está condenada,
por erética aprouada,
175   no bueluas a reiterar.
Avnque te pesa entendella,
cómo yo la entiendo a ella
la tienes tú de entender,
o el monte se ha dencender
180   y dél sale la centella.

       Por tanto, Montemayor,
más te valiera pensar
otra cántica mejor,
pues presumes de cantor
185   y te precias de cantar.
Yo no sé mejor dezirlo,
ni tuue para çufrillo
más paciencia ni humildad,
que "si mal canta el abad,
190   mal responde el monazillo".

       Pues bien es que concluyamos
con estas que son terceras
pues de Trinidad hablamos,
y con tres solas partamos
195   en paz y gracia las peras.
Porque si tú me rreplicas,
y rreplicando me picas,
téngote de rreplicar,
y rreplicando picar
200   y repicar, si rreplicas.

11-13 Enmendamos según MP 570, 149.
29 "como aquel que a zido el pie" en ms.
31-39 Suplido de MN 12.622, 173v.
33 "ni saber que", seguimos la lectura de MP 570, 149.

40 Seguimos la lectura de MP 570, 196v.
50 "en mi cuadra" en ms.
61-70 No se copiaron. Según MN 12.622, 173v.
72 "de teologia" en ms.
89, 91-92 Textos devorados por la carcoma.
99 Suplido de MN 12.622, 173v.
142 "de baptizar y su bien".
   Enmendamos según MN 12.622, 174.
146 "y como el tuyo acabo" en ms.
   Enmendamos según MN 12.622, 174.

22

[OCTAVAS DE JUAN DE ORTA]

23

    A su aluedrío y sin orden alguna
lleua vn pastor a Duero su ganado,
hora beba del agua en la laguna,
hora destruya el pasto ques vedado.
5 A cada qual lo dexa a su fortuna,
de todo le descuida su cuidado,
y en lugar de siluar, sospira y llora,
y assí soltó el rrabel su boz sonora:

    "Andad, mis cabras, a vuestros antojos,
10 menos perdidas vays sin mi gouierno,
que yo no os lleuaré sino por abrojos,
por aguas turbias de perpetuo ynvierno.
Perdiéronme, mal grado, los mis ojos,
yo los castigaré con llanto eterno,
15 pues mal os guardará vn pastor perdido,
sin libertad, sin seso y sin sentido.

    "Ya yo me vide libre de passiones
y en aqueste lugar do agora quedo,
23v quando vna mano, con dos mil prisiones,
20 del pecho me arrancó el coraçón ledo.
Quisiera yo tener diez coraçones
porque lleuara vno en cada dedo,
pues mal poderá vn pastor con vn cayado
rresistir al granizo a mar ayrado.

25   "No me pesa que amor me aya rrendido
a dura seruitud y eterna muerte,
mas mandarme que calle mi gemido
esta es la triste vida de mi suerte.
Que a quál doliente le fue defendido
30   las quexas ques rremedio de mal fuerte.
Así tú te perdiste por parlera,
yo, por callar, Amor quiere que muera.

"Sólo lamentaré mis tristes años
de vn mal tan fuerte como aqueste mío,
35   cresciendo el tiempo crescieran mis daños
como crescen las aguas deste rrío.

24

Que no es possible a golpe tan estraño
tener umano espíritu más brío,
y assí yo llegaré al fin deseado
40   pobre de suerte y rico de cuidado.

"Si alguno viere el cuerpo en este suelo,
en soledad del alma sin ventura,
si sabe ques amor, aya del duelo
en darle entre estas flores sepultura.
45   En rremuneración deste buen zelo
aya este mi rrabel y vestidura,
con tal que en aquel árbol más cercano
escriua este epitaphio de su mano:

"Aquí yaze vn pastor enamorado
50   en el lugar más alto que ser pudo.
En esto Amor y Fortuna le an honrado,
avnque Amor por amor le ha sido crudo,
que desde que le hirió el siniestro lado
hasta que él se acabó, le ha hecho mudo.
55   Después de muerto le diré quién sea.
Huya de ver alguno a Galatea".

---

31 "a ti tu te perdiste" en ms.

34 "como el mio" en ms.

38 "aver en espiritu humano mas brio" en ms.
Enmendamos según MP 617, 318.

23
[CANCIÓN]

24v   —*Vna serranica*
             su mano me diera,
             y salióse afuera.

             —Serrano pastor,
      5   ten por cosa cierta
             de verme antes muerta
             que mudado amor.
             —Tú eres mi señora,
             viua, pene o muera.
     10   *Y salióse afuera.*

             Vezes más de ciento
             ésto me jurara,
             y luego lloraua
             lágrimas sin qüento.
     15   Con tal juramento,
             ¿quién no la creyera?
             Y salióse afuera.

24

[FRAGMENTO DEL SONETO DE BOSCÁN]

             [Quien dize quel absencia causa oluido
             meresce ser de todos oluidado,
             quel verdadero y firme enamorado
             está, quando está absente, más perdido.
      5   *Abiua la memoria su sentido]*

25

OTRA GLOSSA [DE JUAN DE ALMEIDA]
QUE DIZE *QUE EL ABSENCIA*

             Amor y su contrario
             están en vn subjeto y vn sentido,
             [es ya tan ordinario]

que deue ser creýdo
5   *quien dize quel absencia causa oluido.*

Vn tiempo, el que tenía
amor, con otro amor era pagado,
mas ya passó solía,
y el que tiene cuidado
10   *meresce ser de todos oluidado.*

Alumbre con reales
el que pretende amar y ser amado
que aquestos son leales;
que no ay mayor enfado
15   *quel verdadero y firme enamorado.*

Para biuir sin ellas
procuren los amantes otro nido,
como lo hazen ellas,
quel nescio sin sentido
20   *está quando está absente más perdido.*

El que de veras ama,
dexe rreales antes de partido,
25   que uiendo la dama
que él es comedido,
25   *abiua la memoria su sentido.*

Que si se va, no dando,
primero que parta es olvidado,
[y plega a Dios que quando
le dexe algún ducado
30   *la soledad levante su cuidado.*

Dinero es el que puede;
no tiene ya el amor otro apellido,
que en esto me conçede,
verá que mal perdido
35   *haçe su desear más ençendido.*]

_____

3 Verso omitido en ms. Lo suplimos de MP 531, 97v.
27 "es obligado" en ms. Enmendamos según MP 531, 97v.
28-35 Versos suplidos de MP 531, 98.

26

[LETRA]

Quando Menga quiere a Bras,
                   Bras no puede ver a Menga:
                   no verná quando convenga
                   Ventura y Amor jamás.

27

[GLOSA]

                   Está Bras escarmentado
                   de aver sido aborrecido,
                   tanto que quando es querido
                   quiere más ser olvidado.
      5   Ya no se acuerda de Menga
                   ni ay cosa más por demás,
                   ni verná quando convenga
                   Ventura y Amor jamás.

                   Estále Menga acordando
     10   quánto dél era querido,
                   y a cada punto la vida
                   piensa consumir llorando.
                   Y mientras más llora Menga,
                   dize muy despacio Bras:
     15   —*No verná quando convenga*
                   Ventura y Amor jamás.

                   Menga, bien os acordáis
                   del tiempo que yo lloraua,
                   quán al rreués os hallaua
     20   de agora que vos lloráis.
                   Quiçá es amor que se venga.
                   Y Menga le dize: ¡Ay, Bras,
                   no verná quando convenga
                   Ventura y Amor jamás.

     25   Bras, ¿qué es de aquella esperança
                   tan firme quen mý ponías?

—Menga, acábanse los días,
y en qualquier tiempo ay mudanza.
—Éssa no la abrá en Menga,
30   pues ya es escusada en Bras,
no verná quando convenga
Ventura y Amor jamás.

—Bras, la culpa Amor la tiene,
porque es amigo de enredos,
35   que no sabe tener quedos
los desseos do conuiene.
Agora de Bras a Menga
y despúes de Menga a Bras,
no verná quando convenga
40   *Ventura y Amor jamás.*

Menga, detened los ojos
pues Bras los ha detenido,
26   aprouechaos del oluido,
sanaréis vuestros enojos.
45   Porque avnque más rrazón tenga
de quereros a vos Bras,
no verná quando convenga
Ventura y Amor jamás.

28

OTRAS

¡Ay, triste de mí, que he visto
vna zagala tan bella
que diera ya por no vella
la gloria de avella visto!

5   Hablo como apassionado
que pues vy tal perfeción,
bien me paga mi passión
la gloria de auer mirado.
De la pena no desisto,
10   que aunques fuerça el padecella,
más quiero pena por vella
que gloria y no averla visto.

[   ] vn dolor desigual
[   ] que desatina,
15   y es que ha de ser medecina
lo que fue causa del mal.
Ved si cumple estar bien quisto
con mis ojos viendo aquélla,
pues he de sanar con vella
20   *del dolor de averla visto.*

29

A VNA DAMA A QUIEN VIO EL AUTOR
VN LIBRO CON OBRAS SUYAS

Libro, si tam bien librara
por verte donde te vy
que te trocaras por mý,
por ninguno me trocara.
5   Ya no puedes librar mal,
o libro, tam bien librado,
pues de embidia del traslado
se muere el original.

30

[TERCETOS DE DIEGO HURTADO
DE MENDOZA]

26v   Siéntome a la ribera destos rríos
donde estoy desterrado y lloro tanto
que los azen crescer los ojos míos.
Y si alguna vez, por consolarme, canto
5   ques cosa para mí de tanta pena
que tengo por mejor boluerme al llanto.
¿Cómo podrá cantar en tierra agena
algún cantar que sea de alegría
quien no espera jamás ver cosa buena?
10   ¿Mas qué haré sin ti, señora mía,
pues no puedo ver tu hermosura
si no es passar mil muertes cada día?
Mas tanto no podrá mi desventura,
por mucho que procure destruyrme,

15 que saque de mi alma tu figura.
[Ni tiene de acabarse con morirme,
que yo jamás podré dexar de amarte
ni de tus dulces ojos desasirme.]
El Azedor, eterno y soberano,
20 que de todas nuestras culpas nos castiga
y nos ha de juzgar tarde o temprano,
sin clemencia ninguna me persigua,
quando yo, señora mía, dexare de quererte
y tú también te muestres mi enemiga,
25 [que será para mi más cruda cruda muerte,
y a mi memoria me falte tu membrança
que cassi tanto bien es como verte.
No quiero hazer en esto más tardança,
pues tienes entendido por el cabo
30 que no puedo biuir sin tu sperança.
Con que esto sepas muy contento acabo.]

_____

16-18, 25-31 Versos suplidos de MP 617, 260.

31

27   A LA SERENÍSSIMA PRINCESA DESPAÑA

Los excelentes pintores
que en sus labores trabajan,
al mesclar de las colores,
quanto más las sombras baxan
5 leuantan los resplandores.
Pues quando se retratare
ésta que tanto recelo,
quanto más baxo ablare,
tanto más cerca del cielo
10 la juzgue quien me escuchare.

Es menester gran quadrilla
para poder alaballa,
las musas para cantalla,
Homero para escreuilla
15 y Apeles para pintalla.
Y éstos, todos tan despiertos,
faltarán en sus motiuos,
yo causo mil desconciertos,

que quiero afrentar los muertos
20   para disculpar los bibos.

      La bi[   ]a y el sossiego
[   ] en paguar al pintor
[   ] falta color,
los ojos rayos de fuego,
25   las cejas arcos de amor.
Sus manos de Iseo son,
Helena no fue tan bella,
perdióse la perfección
y vínose a hallar en ella
30   por justicia y por rrazón.

      En la tierra por do passa
nos engendra primauera,
dexa el aire de manera
que las entrañas traspassa
35   por de dentro y por de fuera.
Su boz haze proporción
en las orejas do toca,
tan alta es su discreción
que en abriendo ella la boca
40   se pasma el gran coraçón.

      Quando alabo su beldad
pinto nieue con carbón,
que cómo tendrá ygualdad
tan humilde discreción
45   con tan alta magestad.
27v   Que para escriuir la suma
de sóla la perfeción,
enmudece la razón,
tiembla en la mano la pluma
50   y en el cuerpo el coraçón.

      Son tan grandes sus virtudes,
tan alto el ualor que tiene,
que a los biuos da saludes
y a los reyes de do viene
55   los honra en sus ataúdes.
Es su condición tan clara,

que a faltarle essotros dones,
como gauilán halcones,
ella sola franqueara
60   las otras ymperfeciones.

Yo quise hazer rrelación
de su alma esclarecida,
su alta contemplación,
el exemplo de la vida,
65   limpieza del coraçón.
Pero como aquesta empresa
está tan cerca del cielo,
yo tengo tan baxo buelo
que lançándome a la presa
70   vine a dar en el señuelo.

Yo he pintado vna pintura
de humildad y magestad,
vn milagro de natura,
vna espuela de hermosura,
75   y vn freno de honestidad.
Vna discreción tan alta
que no se dexa alcançar,
vn valor para espantar,
el alma sola le falta
80   que no se la puede dar.

Este officio de alabar
es vn transe peligroso,
que al tiempo de la estar
en vn secreto lugar
85   se oluida lo más precioso.
Mas tú que saber quisieres
dónde está tal marauilla,
verásla quando la vieres,
Doña Juana de Castilla,
90   princesa de las mugeres.

32

A LA MUERTE DEL EMPERADOR

CARLOS V

28

Hagan los sentidos guerra,
no aya por do no ay consuelo,
vístase el mundo de duelo,
rrieguen los ojos la tierra;
5   los gritos rrompan el cielo,
fórmese vn llanto cruel,
con tal fuerça y tal concierto
qual en poblado y desierto
por Josías Ysrrael
10   o Troya sobre Héctor muerto.

Y si el dolor y el quebranto
no dexan durar en él,
solloçe, que montan tanto,
porque en la suerte del llanto
15   se entienda la causa dél.
Tiempo aduerso y aziago
do tal hombre muerte toma,
y al mundo mayor estrago
que Cartago sobre Roma
20   y Roma sobre Cartago.

Sancto, sabio, fuerte y fiel,
César que jamás cessaua,
y en la enfemedad cruel,
do con la muerte temblaua,
25   temblauan los viuos dél.
Fue en obediencia Abrahán,
Moisén en guardar la ley:
lloren, que perdido han
los hombres vn justo Rey,
30   la Yglesia vn gran capitán.

Al turco puso en huída,
al rey de Francia prendió,
tomó a Tunes de corrida,
los alemanes venció
35   con fuerça jamás vencida.

No fue vencedor sangriento
pues quanto vence perdona,
y quando perdió el aliento
venció su mesma persona,
40   que fue mayor vencimiento.

    —Mal estoy contigo, España.
—Conmigo, ¿por qué rrazón?
—Por tu duro coraçón,
que de pérdida tamaña
45   muestras tan poca passión.
28v   ¿Dónde están los alaridos
por tales persecuciones,
las lágrimas y gemidos
que rrompan los coraçones
50   y enternescan los sentidos?

    Que si reyes has perdido
digníssimos de alabar,
por éste puedes quedar,
huérfana de tu marido,
55   ciega de siempre llorar.
Qual queda el nabío abierto
en la mar braua y esquiua
inundo, de desconcierto,
¿por qué ha de quedar cosa biua [*sic*]
60   estando tal hombre muerto?

    Este agregador de greyes,
buen caudillo y buen pastor,
fundador de justas leyes,
descendiente y subcessor
65   de setenta y tantos reyes;
tenemos sólo vn consuelo
deste daño lastimosso,
que por orden deste suelo
no pudo ganalle el cielo
70   sin que le perdiesse el mundo. [*sic*]

    Y por que en tal paroxismo
la misma Muerte se asombre,
no hable hombre con hombre,
cada qual piense en sí mismo,

75   sus hechos, su fama y nombre;
      con razón se solemnisa
      tal muerte por tal niuel,
      y aún fuera muy más cruel:
      si no quedó su ceniza,
80   quedó otro Fénix como él.

33
[CANCIÓN]

[La bella mal maridada,
de las más lindas que vy,
si avéis de tomar amores,
vida, no dexéis a mý.]

34
GLOSA A *LA BELLA*, [DE GREGORIO SILVESTRE]

      ¡Qué desuentura ha venido
      por la triste de la bella,
      que todos hazen en ella
      como en muger del partido
5   que se desuirgan en ella!
      No hazen sino arronjar
      vna y otra badajada,
      como quien no dize nada
      se atreuen assí a glosar
10   *la bella mal maridada.*

      Luego va la glosa perra
      del que no vale tres higos
29   y da en la bella, y no en tierra,
      como en real de enemigos
15   o como en atabal de guerra.
      Veréis disparar allý
      las trece de la Hermandad,
      y el que más mira por sý

arronja vna nescedad
20 *de las más lindas que vy.*

No es para tener querella,
que en siruiendo a vna casada,
avnque no lo sea ella,
a la primera embajada,
25 va la glosa de la bella.
Respondéme, trouadores,
¿de qué sirue con la glosa
renouarle sus dolores?,
¿no es mejor seruirle en prosa,
30 *si avéis de tomar amores?*

¡O bella mal maridada,
a qué manos as venido,
mal casada y mal trouada,
de los poetas tratada
35 peor que de tu marido!
Si es ello por no acertar,
y a vos os agrada assý,
ventaja les ago aquí.
Ansí que por mal trouar,
40 *vida, no dexéis a mý.*

35
CANCIÓN

[La bella mal maridada
de las más lindas que vy,
si as de tomar amores,
vida, no dexes a mý.]

36
[GLOSA DE JORGE DE MONTEMAYOR]

Bien acertara Natura
si menos beldad os diera,
que al vaso de hermosura

no estar lleno en él cupiera
5   vna poca de ventura.
Mas como se aposentó
en vos perfeción sobrada,
donde fuesse aposentada
la ventura no halló,
10   y por nombre se os quedó
la bella mal maridada.

Presuponiendo juntarse
Naturaleza a un efeto
con Fortuna y señalarse,

29v   15   ambas buscaron subjeto
do pudiesse estremarse.
Y como el ser rrescibiesses
ambas se fueron a ty,
y vna dellas te dyo vn sý
20   que a vn baxo marido ouieses,
la otra ordenó que fuesses
de las más lindas que yo vy.

Y assí quedaste agrauiada
de las dos en toda cosa,
25   de vna en ser tan mal casada,
de otra en hazerte hermosa,
para ser mal empleada.
Y pues te estremó la vna
como rrosa entre las flores,
30   sólo por que a tus primores
no perjudique ninguna,
no sepa de ty Fortuna,
si as de tomar amores.

Hará que tu fundamento
35   no desaga su poder,
ni aga su mouimiento
que disminuya tu ser
baxeza de pensamiento.
Mas si, señora, hallares
40   que ninguna llega a ty,
y siendo casada asý
de menos te contentares,

quando a tal tiempo llegares,
vida, no dexes a mý.

---

20 "un marido diesses" en ms.
  Enmendamos según MN 4072, 22.

37
[CANCIÓN DE JUAN RODRÍGUEZ DEL PADRÓN]

[Bibe leda si podrás,
y no penes atendiendo,
que según peno partiendo,
ya no esperes que jamás
5 *te veré ni me verás.]*

38
GLOSA A *BIBE LEDA*

Bibe, pues muero partiendo,
y si biues, biue leda,
que siendo triste y biviendo,
no es mucho que te subceda
5 como a mý bibir muriendo.
No por mí, pues que jamás
te dolió mi mala suerte,
mas por cosas que de oy más
sé que pueden subcederte,
10 *bibe leda si podrás.*

No como hombre confiado
te lo digo a la partida,
mas como tan desdichado
que será el fin de su vida.
15 Principio de ser amado,
  pues si el amor [   ],
30 en vengança de mi fuego
  el tuyo fuere encendiendo,

cata que me oluides luego
20   *y no penes atendiendo.*

      Con quanto mal me heziste
      y con todo mi dolor
      me viene a hazer más triste,
      lo que en ty hará el amor,
25   el poco que me tuuiste.
      El alma estoy despidiendo,
      y con quanto es agrauiada
      más se deue de yr doliendo,
      según te ve descuydada
30   *que según peno partiendo.*

      Que si el amor mira en ello
      viéndote tan cruda y tal,
      su officio quería hazello.
      Pues guárdete Dios dun mal
35   [   ] si bien tras no temello,
      dy, señora, qué harás
      [   ] de este cuidado
      y te dize morirás,
      mas ber al que es desterrado
40   *ya no esperes que jamás.*

      Si vengando mi querella
      entra amor en tu memoria,
      muy claro verás en ella
      que es menos perder la gloria
45   que no la esperança della.
      En tu tierra quedarás,
      yo me voy a tierra agena,
      y no esperes que jamás
      ni para gloria ni pena
50   *te veré ni me verás.*

39

[TERCETOS] A VN HOMBRE QUE HAZÍA
MUCHAS COPLAS Y SONETOS MUY
MALOS Y MATAUA AL AUTOR
QUE SE LAS ALABASSE

30v

El que hablar en ty ya no querría
ya [ha] mucho tiempo que huir desea
por ver si tu parlar se acabaría.

A tu merced suplica aprenda y lea
5   porque no está para escrebir, ni existe,
sin que de algún auiso se prouea.

Y pues verás que en tu escriuir no ay arte
sino dolor, comiença ya a dolerte
de quien a su pesar ha de alabarte.

10   Triste de mí que no podiendo verte
ya no ay para huirte medio alguno,
y estarte oyendo siempre, es más que muerte.

Oýrte tus sonetos de vno en vno
no puedo ya, ni quiero avnque pudiesse,
15   porque avn callando me eres importuno.

Yo sé muy bien si alguno te dixesse
que trouas bien que tú lo escucharías,
puesto que más perdido y loco fuesse.

31

Y a mí, que escucho las tus coplas frías,
20   no sé por qué no quieres ya dexarme,
pues para hablarte son cortos los días.

Si piensas que ha de ser honra enfadarme,
yo moriré enfadado, pues lo mandas,
mas tú no lo querrás, por más cansarme.

25   Yo sé que tú tras ser poeta andas
y no sé ingenio yo que no rehuya
de tu sonetar si te desmandas.

No plega a Dios que yo vea copla tuya
o que a ty te paresca ques bien hecha:
30   antes mi alma y cuerpo se concluya.

Porque sentý de ti lo que despecha:
es que vna copla, si es por ty leýda,
avnque de burlas es, paresce endecha.

¿Qué cosa auía en el mundo más perdida,
35   después de ty, quesa tu triste vena
que a tanta gente enfada en esta vida?

31v   Rescibes en trouar tan graue pena,
sacas la copla tan pesada y dura
que al acabar meresces bien la cena.

 40   ¡O, quién pintar pudiesse la amargura
con que mides tus versos y renglones
sacando el consonante a fuerça pura!

    No bastarán para esto mis rrazones,
ni alguno bastará para hazerte
 45 que saques a [la] plaça tus coplones.

    Ni bastaría yo para mouerte
a que tus coplas calles, pues yo callo,
siendo cada vna dellas otra muerte.

    En cada pie que hazes ay vn callo,
 50 vn quarto o esparauán por do se siente
la copla coxear como cauallo.

    Dado es trouar al hombre que algo siente,
y al otro de gritalle dan licencia,
ya la verdad me acusa la consciencia.

32 55 Pues yo, por ty, tan malas coplas trago,
consiénteme el quexarme por rremedio,
pequeño es, mas yo me satisfago,
pues para que tenmiendes ya no ay medio.

40

OTRAS. [TERCETOS DE JUAN DE IRANZO
Y DE GUTIERRE DE CETINA]

    No os paresca, señor, gran marauilla
en averme venido aquesta aldea
huyendo de la loca de Seuilla.

    Porque no quiero estar a donde vea
 5 al baxo officialejo adereçado
que más graue quel Papa se passea.

    Ni al escudero pobre enamorado
que varias plumas trae en el sombrero
no teniendo cañones de pelado.

 10 Y el mercader enxerto en cauallero,
de aquestos del quitar como tributo,
que dura lo que dura su dinero.

32v

Y al hinchado canónigo tan bruto
que de sola la honra cobdicioso
15   trabaja por dar a otro el tributo.
    Ni al biejo doctoraso ensombrerado
que si por necedad mata al doliente
dize que murió de mal reglado.
    Ni al altiuo confesso diligente
20   que se enluta si muere el cauallero
por daros a entender ques su pariente.
    Ni al oloroso clérigo niñero
que le haze al mochacho rreuerencia
por chupalle la sangre y el dinero.
25   Enfádanme también ciertos perlados
que traen vn paje con vn coxín velludo,
por no estar en el suelo arrodillados.
    Enfádame vn zeloso torpe y rrudo
que le cela la casa a su vizino
30   y en la suya no habla y es cornudo.

33

    Enfádame vn doctor sabio en el bino
que se firma el ditado, y se lo llama,
y es el grado de vn conde palatino.
    Enfádame vn galán que se disfama
35   siruiendo vna rramera descudero
y dize a boca llena ques su dama.
    Enfádanme también ciertos ancianos
que, biuiendo de logros, van rezando
de altar en altar las cuentas en las manos.
40   Enfádame vn señor que os va mirando
porque primero le agáis mesura
con vna rrisa falsa braçeando.
    Enfádame vn galán mal entendido
que de pausado nunca alarga el passo
45   y por parecer dama está perdido.
    Enfádame el vejón nescio, molesto,
que si le contradices su mentira,
os dize de rrapaz y desonesto.

33v

    Enfádame vn mancebo que suspira
50   mirando cada rrato a vna ventana
y está sola vna estera a donde mira.
    Enfádame vna dama cortesana
que os haze passear con mil fauores,
estando ya sin dientes vieja y cana.

55   Enfádanme los puntos y primores
de muchos hombres que de nescios
piensan parescer assí señores.
        Enfádanme las monjas y arterías,
sus antojos, melindres y desprecios
60   que ganan por su hablar, y gollerías.
        Enfádame también el falso amigo
que os haze cerimonias en presencia
y después en absencia es enemigo.
        Enfádanme mugeres melindrosas
65   que huyen de vn rratón; de noche, a escuras,
son más que cien Roldanes animosas.

34   Enfádame vna dama que desciende
vna escalera y siendo descuidada
lo que os quiere mostrar ver os defiende.
70   Enfádame vna luenga bonetada
quando el frío os traspassa y os deshaze,
cosa muy sin rrazón, muy escusada.
        Enfádame vna dama que le plaze
que siendo fea le digáis hermosa
75   y de quanto le dezís se satisfaze.
        La lealtad me enfada de vn amante
que jura que no quiere de su dama
más que ver y hablar, ved qué ignorante.
        Enfádame el temor y aquel rrespeto
80   que estoruan dos conformes coraçones,
que se dé a su deseo alegre efeto.
        Enfádanme los textos, y avn la glosa,
de vn médico ignorante que os visita
que no os sabe ayudar con otra cosa.

34v   85   Enfádame vna biuda que no quita
el llanto de los ojos del marido,
mientras otro matrimonio solicita.
        Enfádame vn galán muy bien bestido
sobre vn rrocín con sola la madera,
90   con vn moço prestado y conoscido.
        Enfádame también vna grupera,
no de tercio muy antigua y sin pelo,
caída toda a vn lado y mui trasera.
        Enfádame vn maestro que el cielo
95   quiere medir a palmos y porfía
que ay tantos palmos de la luna al cielo.

Enfádame vn poeta muy grosero
que quiere que por fuerça estéis atento
seis horas a oýr su cancionero.

100 Enfádame, y avn dame gran tormento,
vna muger muy nescia [y]abladora
que no sabe hablar y habla a tiento.

35 Enfádame, señor, vna señora
que no sabe en romance el Padre nuestro
105 y alega mil latines cada hora.

Enfádame el llamar baliente y diestro
a vn rufián su[r]zido acuchillado,
pues fue el que se las dio mejor maestro.

Enfádame el respeto tan pesado
110 que se vsa al transpassar de alguna puerta
y en calle muy luzida dar el lado.

Enfádanme los autos y adamanes
de ciertos que veis andar muertos de amores,
mientras llorando qüentan sus afanes.

115 Enfádanme los puntos y primores
que alguna suele vsar sin empreñarse,
su no sé qué me tengo y sus dolores.

Enfádame también ver alabarse
entre cobdiciosos vno de alquimista
120 y no tiene camisa que mudarse.

35v Enfádame vna dama petrarquista
que haze exposiciones a vn soneto
y no ay quien la entienda ni rresista.

Enfádame vn escriua cortesano
125 con quánta grauedad y qué entonado
os da a entender que el mundo está en su mano.

Enfádame vn secreto muy guardado,
vnas nueuas que ya son tras anejas,
si se las preguntáis a algún priuado.

130 Enfádanme también moças tan locas
que quieren que creáys que son donzellas
sabiendo que en el mundo ay ya tan pocas.

Enfádame también, más que otra cosa,
vn hombre de consejo escrupuloso,
135 tanta seueridad tan enojosa.

Enfádame vn mercadante cobdicioso
que porque hizo ayer dos obras pías
quiere que le tengan por virtuoso.

36
                   Enfádanme vnas moças sahareñas,
140   con moços de cauallos muy corteses
          [y] con los amos más duras que peñas.
               Enfádanme vnos hombres entonados
          que os van contrapuntando la criança
          deseosos de bonete y muy hinchados.
145   Enfádame vn galán en vna fiesta,
          mientras todos están rregosijados,
          se muestra muy triste y no le presta.
               Enfádame el bonete y la rriseta
          de vn sátrapa de corte en molde puesta
150   con la qual de rreýr la gana os quita.
               Mil cosas que me suelen dar cuidado
          pensé escreuir, mas déxolas agora
          porque os enfadarán tantos enfados.

———————————

1-63 Iranzo, 64-150 Cetina.

41

[SONETO DE PEDRO DE TABLARES]

36v
               Amargas horas de los dulces días
          en que me dele[i]té. ¿Qué bien [é] abido?
          Dolor, vergüença y confusión han sido
          el fruto de mis tristes alegrías.
5   ¡Ai Dios!, porque me amas, me sufrí[as],
          ques gloria del amante ser vencido,
          y mía, que verán por lo sufrido
          la bondad tuya y las maldades mías.
               Bondad inmensa, ymmensa y offendida,
10   tan duro golpe en coraçón tan tierno
          no te quebranta, ¡o, alma, endurecida!
               Deseo verte puesta en vn infierno
          a do pagues la offensa en larga vida,
          en viuo fuego, en pena y llanto eterno.

———————————

7 "y mira que veran" en ms. Enmendamos según MN 2973,
p. 34. El poema se repite en el número 76.

42

OTRAS

37

   Aquí me quedé ayslado
sin sentido ni plazer
y estoy tan desbaratado
que en mí no puedo boluer
5 y por esso no he tornado.
Es grande la turbación
que tengo y desabrimiento,
y assí diré con rrazón:
justa fue mi perdición,
10 *de mis males soy contento.*

   Es vicio pestilencial,
padre de todos los vicios:
¡o vicio tan infernal!
Los hombres sacas de quicio
15 y fuera de natural.
Robásteme por entero
todo plazer y alegría
pues me quitaste el dinero:
mal ouiesse el cauallero
20 *que de las mugeres fía.*

   Quien en ty tiene esperança,
y de quien en ty confía,
es muy nescia confiança:
mirando por qualquier vía
25 el naipe haze mudança.
Mis suertes son desgraciadas,
no puedo ganar jamás,
piérdolas siempre dobladas:
mis armas tengo empeñadas
30 *en cien marcos de oro y más.*

   La vigüela se jugó
en más de lo que valía,
y el galán que la ganó,
por darme alguna alegría,
35 vn día me la prestó.

Luego a vísperas y a nona
la fue a jugar sin afán,
y dize el dueño en persona:
de vos, el duque de Arjona,
40   *grandes querellas me dan.*

Todo esto no me diera
pesadumbre ni tormento,
señor, como no deuiera,
que como libre estuuiera,
45   tuuiera mucho contento.

37v   Y por esso me detengo,
allá no quiero tornar,
quasi huyendo me vengo:
y el mayor dolor que tengo,
50   *hija, es no tener qué os dar.*

Señor Felipe la Cruz,
yo no sé con qué pagaros,
que me han quitado la luz
y no puedo rremediaros,
55   que estoy como vn abestruz.
Pues plata, yo no sé dónde
la podré yr a buscar,
que ella siempre se mesconde:
pésame de vos, el conde,
60   *quanto me puede pesar.*

Desdichado, ¿qué haré
que plata no tengo alguna?
Pienso: "A Juan Prado me yré,
y pagaré con la luna
65   y nunca allá bolueré".
Aquesta es la mejor vía
como le podré pagar,
y diré sin alegría:
quédate a Dios, alma mía,
70   *que me voy deste lugar.*

Confíase vn mercader
en vn tahúr desgraciado,
piensa ganar de comer

y vna vez queda enclauado
75   que en fin no puede boluer.
Él quedara sin abrigo,
si el deudor se le huyó
y dirá qualquier testigo:
vuestra fue la culpa, amigo,
80   *vuestra fue, que mía no.*

El ser y la presunción
se pierde con este juego,
es vana superstición,
huyen las virtudes luego,
85   que las vence la rrazón.
Solía bien en mi seno
guardar vn marauedí,
¿quién me hizo tan ageno:
tiempo bueno, tiempo bueno,
90   *quién te me apartó de mý?*

38   Si me vo estando adeudado
daré mucho que dezir,
yo he de pagar como honrado,
y no tengo de mentir
95   pues de mý se han confiado.
Si esto no torno mentira,
que dirán en Sant Martín:
"Helo allá, corriendo tira
por las sierras de Altamira,
100   *huyendo va el rey Malsín".*

Solo va desesperado
el cuytado dEscamilla,
sin blanca ni sin cornado,
camino va de Castilla
105   porque aquí estaua adeudado.
Él jamás supo biuir,
pues nunca tuuo constancia,
y assí bien podrán dezir
los que me vieron yr:
110   *"Nunca me verán en Francia".*

43

OTRAS

Niña, si por vos sospiro,
vos me quitáis mil enojos,
que sois niña de los ojos
de los ojos con que os miro.

44

[GLOSA]

Niña, si me mata veros,
no veros da más dolor,
y si muero por quereros,
no quereros es peor.
5   Ferido de vuestro amor
y con él mismo rrespiro,
por vos, *[niña de los ojos,*
de los ojos con que os miro.]

Júntanse para matarme
10   dos mil gracias que en vos vy,
y otras tantas que ay en mý
para moueros a amarte.
Quiere Amor desesperarme
que piensa hazerme tiro,
15   con vos, *[niña de los ojos,*
de los ojos con que os miro.]

Vos soys luz de mi querer,
claro sol de mi deseo,
quen no mirando os no veo
20   y el ver sin veros no es ver.
Quando os miro me days ser
y en no mirando os suspiro,
por vos, *[niña de los ojos,*
de los ojos con que os miro.]

45

[LETRA]

<table>
<tr><td>38v</td><td>

Zagala, más me agradáys
que todas las del aldea,
no cabe en vos cosa fea:
bien paresce a quién amáys.

</td></tr>
</table>

    5   Vos soys zagala más alta
que ay en todo lo criado,
limpia de culpa y peccado,
hermosa sin tener falta.
Y pues de luna os calçáys
10   y el sol es vuestra librea,
no cabe en vos cosa fea,
bien paresce a quién amáys.

    Cess[   ] en dezir que soys madre
del proprio hijo de Dios,
15   y que solamente a vos
escogió el eterno Padre.
La culpa no la eredáys,
pues Dios dixo: "Libre sea".
No cabe [en vos cosa fea,
20   *bien paresce a quién amáys.]*

46

GLOSA AL *P[ATER] N[OSTER]*

    Rey alto en quien adoramos,
alumbra mi entendimiento
a dezir bien lo que siento
a ti que todos llamamos
5   *P[ater] n[oster.]*

    Porque diga el disfauor
que las crudas damas hazen,
como nunca nos complazen
lo suplico a ty, Señor,
10   *q[ui] e[st] in coe[lis.]*

Porque las hezistes bellas
dizen sólo con la lengua,
porque no caygan en mengua
de mal deuotas donzellas,
15   *[sanctificetur.]*

Y assí, por su vana gloria,
viéndose tan estimadas,
tan qucridas, tan amadas,
no les cabe en la memoria
20   *[nomen tuum.]*

39   Y las que a ver se dan
sobre ynterese de auer,
dizen con mucho plazer,
si algunas cosas les dan:
25   *[Adueniat.]*

Y con este desear
locuras, pompas y arreos,
por cumplir bien sus deseos
no se curan de buscar
30   *[reguum tuum.]*

Otras en quien no se esconde
bondad que en ellas se mida,
a cosa que se les pida
jamás ninguna rresponde
35   *[fiat.]*

Mas la que más alta está
mirando si la habláys,
si a dar[le] la combidáys,
[seréys] cierto que os dirá
40   *[voluntas tua.]*

Tienen vna presunción
que es muy nescia vanagloria,
aver en el mundo gloria
muy complida en perfección,
45   *[sicut in coelo.]*

Tienen vn contino celo
con verse tan estimadas,
que quieren ser adoradas
de los sanctos en el cielo
50   *[et in terra.]*

Con hallarse [   ] tan bellas
que les damos la afición,
hallan que es justa rrazón
que despendamos por ellas
55   *[panem nostrum.]*

Y avnque tengamos officio
de siempre les offrescer,
dizen no nos pueden ver
si no les damos seruicio
60   *[cotidianum.]*

Y avnque estén más a plazer,
todas las cosas sobradas,
os dirán, como enojadas:
"No quedó nada de ayer,
65   *[da nobis hodie".]*

Tanto en sus treze estarán
en pensar burlar de nos,
que mientras vuieren Dios
pienso que no pagarán
70   *[debita nostra.]*

39v   Tanto siempre las tenemos
por nuestras gouernadoras,
que de todo lo que hauemos
quieren ellas ser señoras
75   *[sicut et nos.]*

[Si acaso les proponemos
nuestras passiones delante,
responden con buen semblante:
"Si dezimos, moriremos,
80   *dimittimus".]*

Y si acaso pidiereys
algo que os deuen pagar,
dizen, para os contentar:
"Cesa, que siempre seréys
85   [debitoribus nostris".]

Señor, pues somos humanos,
satisfaze mis querellas,
y rrogámoste que dellas
nos guardes y de sus manos
90   [ne nos inducas.]

Porque tanto las queremos
que no sabemos vencellas;
tú, Señor, nos guarda dellas
que nos traerán, si las vemos,
95   [in temptationem.]

Plégate, Señor, querer
auer de nos piedad,
y no pongas libertad
en manos de la muger,
100   sed liberanos a malo.

Y pues que tan deshonestos
somos dellas maltratados,
plégate, Señor, que prestos
seamos dellas pagados.
105   [amen]

_____

23-24 Versos trastocados en ms.
54 "dispensamos" en ms.
76-80 No se copiaron.
84 "cosa que siempre" en ms.
Enmendamos según *CG* de Martín Nucio, Amberes, 1557.

47

OTRAS

Sin Dios, y con el peccado,
mirad con quién y sin quién
para que me vaya bien.

48
[GLOSA]

Sin Dios, sin quien vn momento
no puede auer alegría,
y el peccado en compañía
que da dolor y tormento;
5   sin Dios, y con descontento,
mirad [con quién y sin quién
para que me vaya bien].

Con tanto pecar estoy
40   tal que emendar me conviene,
10   y sin Dios, de quien me viene
el ser que sin Él no soy;
de aquesta manera voy,
mirad [con quién y sin quién
para que me vaya bien].

15   Sin Dios camino, y sin mý,
sin mý oxalá fuera,
porque sin mý no pudiera
tratarme el peccado ansí;
sin Dios caminé hasta aquí,
20   *mirad [con quién y sin quién*
para que me vaya bien].

Con tan mortal enemigo
no me puede a mí bien yr,
ni menos puedo biuir
25   sin Dios ques todo mi abrigo;
al bien dexo y al mal sigo,
mirad [con quién y sin quién
para que me vaya bien].

_____

Epígrafe: "Al Rey N.S"., tachado.

49

ROMANCE

Humana naturaleza,
esposa y hermana amada,
treynta y tres años por ty
tuue vida fatigada.
5   Desde el día que partý
de mi casa tan preciada,
agora, por tu amor,
muero yo en esta batalla.
Es tal la muerte que muero
10   que pueda ser consolada,
pues más de seis mil heridas
tiene mi carne haspada.
Tengo mi triste cabeça
despinas toda llagada,
15   esta mi carne hermosa
de sangre toda afeada.
Atrauiesa mi costado
vna muy cruda lançada,
mi coraçón se padece
20   por medio esta cruda llaga.
Con clauos de pies y manos
mi carne en la cruz colgada,
todo llagado en el cuerpo,
40v   más llagado estoy en lalma.
25   Los clauos son los amores
que la tienen enclauada
con fuego de amor ymenso,
¡ave fénix abrasada!
De amores muero sediento
30   por lleuarte a mi morada,
a que destos mis amores
a ty poco se te daua,
pues en los vicios del mundo
te veo muy enlazada.
35   No lloro yo por mi muerte,
avnque temprano me llama,
en edad tan floreciente
y ser muerte tan penada,
mas lloro por ty, mi esposa,

40   yngrata desamorada.
        Mira, mira, esposa mía,
        quánta sangre de mí mana,
        quán arada está de surcos
        mi carne tan delicada.
45   ¿Qué más pude yo hazer,
        para mostrar que te amaua?
        De todas mis condiciones,
        dime, ¿quál te desagrada?
        ¿Cómo tan grandes amores
50   no te tienen abrasada?
        ¡O, Juan, dulce primo mío!,
        lo que yo más te rrogaua,
        que desque yo sea muerto
        y mi ánima arrancada,
55   que según son mis dolores
        presto es mi muerte llegada,
        tú lleues toda mi sangre
        a donde mi esposa estaua,
        que sea su lauatorio,
60   pues por ella es derramada:
        con ella su fealdad
        del todo será quitada.
        Dulces discípulos míos,
        a esta mi gran amada,
65   assý como yo la amé
        os la dexo encomendada.
        Mándote toda mi sangre
        con que sea rrescatada,
41   que a mi madre por madre,
70   la cosa que más amaua,
        a mí le doy en manjar
        con que sea rrecreada.
        Doyle los regnos del cielo,
        lo que yo señoreaua,
75   en los quales ella sea
        siempre bienauenturada.
        Que pues yo le doy mi vida
        no le negaría nada,
        y si viéredes que en sus vicios
80   quiere biuir obstinada,
        o si la veys en amarme

negligente y descuidada,
traeréysle a la memoria
quánto es mi enamorada.
85 Dezilde que se le acuerde
quán cara que me costaua,
y que piense en mis açotes,
clauos y cruz y lançada,
que mire mi triste muerte
90 tan cruel y deshonrada.
La rruego que en mi amor
esté por siempre llagada,
que oluide el amor del siglo
porque es poluo, sombra y nada,
95 pues a los pastos de vida
por mi muerte es convidada.

50

DEL BUEN LADRÓN

Dimas, no tienes que digas
ni Dios tiene más que darte,
pues con tu dicho lo obligas
y en pago de tus fatigas
5 te da el todo por la parte.
Veslo estar como tú estás,
hombre en cruz vituperado,
y por Dios le as confessado.
Di más, ya que más [   ],
10 pues tam bien has acertado.
Finis

51

AL REY N[NUESTRO] S[EÑOR].
[DE HERNANDO DE ACUÑA

41v   Ya se acerca, señor, o es ya llegada
la edad gloriosa en que promete el cielo
vna grey, vn pastor solo en el suelo,
por suerte a vuestros tiempos rreseruada;

5   ya tan alto principio en tal jornada
os muestra el fin de vuestro sancto zelo
y anuncia al mundo, para más consuelo,
vn monarcha, vn imperio y vna espada;
    ya el orbe de la tierra siente en parte
10   y espera en todo vuestra monarchía,
conquistada por vos en justa guerra
    que, a quien ha dado Christo su estandarte,
dará el segundo más dichoso día
en que, vencido el mar, vença la tierra.

52

TERCETOS ESPARSOS

    Señora, sy en la tierra ver deseas
todo el estremo de la hermosura,
toma vn espejo y mira tu figura,
y guárd[at]e de ty quando te veas.
42   5   ¿Quieres madexas de oro marañadas
ver y del ciego amor sus laços vellos?
Toma vn espejo y mira tus cabellos
do tienes cien mil almas enlazadas.
    Si quieres ver vn cielo muy sereno
10   que ygual a su belleza no consiente,
toma vn espejo y mírate tu frente
y allý verás del bien lo que es más bueno.

Este poema parece continuar en el núm. 69.

53

SOBRE EL *PATER NOSTER*
[DE GREGORIO SILVESTRE]

    Inmenso Padre eternal,
¿qué son tan altos motiuos
que os á el linaje humanal,
que por hijos adoptiuos
5   days el hijo natural?
Excesso grande [es] de amor

para que el cielo se asombre,
de ver tan alto fauor
que el hijo de Dios y hombre
10   digan a vn mismo señor
[Pater noster].

Mira que tanto te amó,
alma, si quieres mouerte,
por poder morir nasció,
15   porque heredes con su muerte
la gloria que él te ganó.
Syendo tuyo el ynterés
se vmana y muerte rresciue,
mejor que si suyo fuesse
20   por quien señor, por quien biue
como si nunca supiesse
42v   *qui est in coelis.*

Bien mira Dios mi malicia,
mas ablanda la sentencia
25   su bondad que me codicia;
estiende en mí su clemencia
y encoge en sí su justicia.
¿Quién peca que aquesto entienda?
¿Quién lo entiende sin amalle?
30   ¿Quién lo ama que lo offenda?
Pues demás de perdonalle
le haze que con la emienda
sanctificetur.

Hechemos, alma, vn niuel:
35   ¿queréys saber quién es Dios?
Mirad quién soys vos por Él,
veréys quien es Él por uos,
que gusta vinagre y hiel.
En el hombre que te ynuoca,
40   Dios mío, alla en su memoria,
entre la lengua y la boca
anda vn sonido de gloria,
y en los oýdos que toca
nomem tuum.

45   A él se humilla y acata
lo visible y lo inuisible,
nombre que salua y rrescata
y la compaña terrible
la destruye y desbarata.
50   Dulce Jesús, dulce nombre,
pues nuestro saluador eres,
quando te llamare el hombre
hazlo, Señor, por quien eres
que el fruto de tu rrenombre
55   *adueniat.*

     Si entendiera en bien hazer
lo que en mal obrar entiendo,
pudiérame a mý caber
lo que del cielo siruiendo
60   puede vn alma merescer.
Mas si tan notorio está
que no meresce el más digno
lo menos que se le da,
el que sale del camino,
65   ¿con qué cara pedirá
regnum tuum?

     ¿No es gran falta de prudencia
quebrantar a Dios sus fueros,
apelar de la sentencia
70   haziendo lo que yo quiero
que es negar su omnipotencia?
43   Si lo supiere sentir,
ay quien puede quando quiere
sin poderlo rresistir;
75   a todo lo que quisiere,
¿qué hará sino dezir
fiat?

     No dirá el peccador,
en oyendo tu rreclamo,
80   tú me heziste, Señor,
ámasme más que te amo,
sabes quál es lo mejor.
Saber, querer y poder,

armas son de tu vandera,
85   no tengo yo qué hazer;
haz, Señor, que en quanto quiera
no pueda sino querer
voluntas tua.

Muéstrame, Señor, aquí
90   cómo el amor te abajó
a rreuestirte de mý,
porque sepa, amando yo,
quedar transformado en ty.
Dístenos tu semejança,
95   tomaste nuestro rrenombre,
esta es merced, si se alcança,
para que esté qualquier hombre
dándote siempre alabança
sicut in coelo.

100   Auiánte de querer
por mil causas, por quien eres,
por temor de tu poder,
por lo mucho que nos quieres,
por el bien que hemos de auer.
105   Por pagarte, Dios eterno,
que te deuemos tributo,
por el ser, por el gouierno,
porque eres rey absoluto
en el cielo y el ynfierno
110   *et in terra.*

¿Qué pudo por mí Jesús
hazer que no lo aya hecho?
Diome vida, diome luz,
43v   padesció por mi prouecho
115   hasta ponerse en la cruz.
Y no paró aquí el querer,
sino que el rrey celestial,
por dársenos a comer
en forma sacramental,
120   en la hostia vino a ser
panem nostrum.

Pan que las almas reebiue
y trae substancia a los dos,
al dador y al que rrescibe,
125   pan de vida, vida en Dios
que es vida que siempre biue.
Alma, sábelo estimar;
acaba, emiéndate ya,
no tienes ya que esperar,
130   pues Dios mismo se te da,
que lo tengas por manjar
q*uotidianum.*

Si aquesta pequeña parte,
que le cabe a la memoria,
135   y al alma, de contemplarte,
es tal, ¿qué será la gloria
donde hauemos de gozarte?
Señor, al que fuere falto,
ynspírale gracia tú
140   con que te alçançe de salto,
y a todos, mi buen Jesú,
no nos tarde bien tan alto:
da nobis hodie.

Que yo en pedir me desmande
145   tu largueza me lo enseña,
y al que en tu seruicio ande
qualquier demanda es pequeña,
según el dador es grande.
Y pues malos ha de auellos,
150   concede, por tu clemencia,
que no seamos de aquéllos,
y allá, en la final sentencia,
buelue tu rigor sobre ellos
et dimite nobis.

44   155   Por mi maldad comprehendo
quién es Dios, mirando en mý,
que le estoy siempre ofendiendo
y él siempre está para mý
misericordias llouiendo.
160   Y en ver que hemos de faltar

a tan grande obligación,
nos quiso depositar
vn thesoro en su Passión,
librado para pagar
165 *debita nostra.*

    Mis hobras de peccador
ya las tuuiera por muertas
si no viera en ty, Señor,
para my rremedio abiertas
170 essas entrañas de amor.
Que entre estos fauores tantos
también traygo a la memoria
de tus escogidos quantos
gozan agora tu gloria
175 que fueron antes que sanctos
sicut et nos.

    Tan prompto es el hombre a errar
que peca ya de manera
como si fuera acertar,
180 y si el peccar virtud fuera,
no peccara por peccar.
Desta maldad se nos prueua
que en dos caminos estamos
donde el bien y el mal se aprueuan,
185 y el del ynfierno tomamos
y el que a la gloria nos lleua
dimitimus.

    En haziendo alguna falla,
siendo el ofendido Dios,
190 luego en el perdón se halla,
y si la offensa es a nos
no sabemos perdonalla.
Y pues siempre executamos,
Dios mío, [no] es grande error
195 que en la oración te pidamos
que nos perdones, Señor,
assí como perdonamos.
deuitoribus nostris.

44v

Queda el hombre tan malsano,
200   quebrantado de cayer,
tan pesado de liuiano
que no se puede mouer
si Dios no le da la mano.
Yendo a ti, Señor, guiados,
205   si nos saca del camino
la fuga de los peccados,
no es posible, Rrey diuino,
que nos dexéys yr errados
et ne nos inducas.

210   El peccador obstinado
que no se quiere emendar,
de tantas culpas ayrado
se lo dexa Dios estar
en las manos del peccado.
215   No ay pecador que se ablande
si tú no pones en medio
tu misericordia grande,
para que nuestro rremedio
por nuestra culpa no ande
220   *in tentatione.*

Primero digo por mý:
los que seruirte desean
no han de rrestribar en sý,
mas todas sus obras sean
225   en ty, y por ty y para ty.
Debajo de tu bandera
militamos por vencer,
guíanos tú de manera
que no nos dexes cayer
230   en medio de la carrera,
sed liberanos a malo.

Pues que quanto en mi posiste
no puede que el cielo me abras,
pueda lo que padeciste,
235   puedan aquellas palabras
que tú, mi Señor, dixiste.
Tú que con gana de dar

enseñaste a los del suelo
a saberte demandar,
240 rrogámoste que en el cielo
te vamos siempre a gozar.
Amen

---

178 "que peque ya" en ms.

54

45   GLOSA DEL *AUE MARÍA*
[DE GREGORIO SILVESTRE]

Dionos en la tierra vn aue
la voluntad soberana,
que, por su buelo suäue,
de la redempción humana
5   truxo en el pico la llaue.
La bendita Aue es aquélla
a quien por su dulce canto
embiado a la donzella
dixo el Paranimpho Sancto
10   postrando delante della:
"Aue María".

Es águila que boló
hasta el soberano nido,
y el sacro Verbo caçó
15   y en su vientre lo encerró
abreuiado y encogido.
Dichosa madre de aquél
que en vn ser juntó a los dos,
si toda la gracia es Él,
20   estando llena de Dios,
qué bien te dixo Gabriel:
"Gratia plena".

Y esta [es] cosa muy prouada
que quedó sacra donzella,
25   tu carne sancta sagrada,
Dios encorporado en ella,

llena de Dios endiosada.
¡O grandeza milagrosa,
bendita Virgen María!,
30   que en la carne gloriosa
venga del seno del Padre
a ser vna misma cosa,
Dominus tecum.

La diuina magestad
35   te hizo su rrelicario,
ydea de la verdad,
templo, costodia, sagrario
de la Sancta Trinidad.
Arca donde se athesora
40   de cielo y tierra el consuelo,
palacio donde Dios mora,
puerta, escalera del cielo:
¡tantas grandezas, Señora,
venedicta tu!

45v   45   Con el fuego de su amor,
plata fina y oro fino,
hizo el cetro el gran Señor
dando con su ser diuino
al humano más valor.
50   Y para que este metal
fuesse como convenía,
Dios se hizo hombre mortal
en la bendita María,
porque no halló otra tal
55   *in mulieribus.*

Esta virgen escogida
a quien Dios por madre quiso,
antes sancta que nascida,
fue el árbol del paraíso
60   que nos dio el fruto de vida.
Consuelo tendrá el aflito
que a su sombra se halleguare,
y terná gozo ynfinito
quien de la fruta gustare,

65   porque el árbol es bendito
      et benedictus fructus.

      María, para ençalçarte
      hizo Dios de vn gran primor,
      que por milagrosa arte
70   lo mayor en lo menor
      y el todo encerró en la parte.
      ¿Qué más ay que ver en ty
      ni en lo mucho que te quiso,
      que para saluarme a mý
75   hiziesse Dios paraýso
      y aposento para sý
      ventris tui?

      Huerto y cerrado vergel
      donde nasció el sacro lirio
80   que da vida el olor dél.
      Tu vientre fue el cielo ympíreo
      mientras Dios estuuo en Él.
      De allý salió Dios y hombre,
      celestial y nazareno,
85   y tomó el dulce rrenombre
      de misericordias lleno,
      nombre sobre todos nombre:
      Jesús.

      Y desta merced salió,
46   90   la voz de tu virtud: [*sic*]
      "Mi ánima engrandeció,
      en el Dios de mi salud
      mi espíritu se alegró".
      Porque te vido humillada,
95   el señor de las nasciones,
      te tienen por abogada
      todas las generaciones,
      siempre bienaventurada,
      Sancta María.

100   Virgen que del cielo alcanças
      la más alta laureola
      de las bienauenturanças,

y en vna alabança sola
el fin de las alabanzas.
105   Si se ponen alabarte
los ángeles y los hombres,
y si Dios quiere ençalçarte
con títulos y rrenombres,
no ay otro como llamarte:
110   *Virgen, Mater Dey.*

Para ty más exçalçados
loores no puede hauer,
ni para los desterrados
mayor gloria que tener
115   a los dos por abogados.
Y pues el que está a la diestra,
en prueua de mi derecho,
las llagas al Padre muestra,
muéstrale tu sacro pecho:
120   a tu hijo, madre nuestra,
ora pro nobis.

Pídele, Virgen sin par,
que a nuestro rruego se humille,
pues no ay cosa que pensar
125   que tú no puedas pedille
ni quél te pueda negar.
Por el bien de los mortales
has de ser yntercessora,
y sean tus rruegos tales
130   que nunca lleguen, Señora,
a los tormentos ynfernales
miseris peccatoribus.

¿Qué hazemos, peccadores,
46v   pues tenemos entre tantos
135   tan buenos dos valedores
y propicios a los santos,
ángeles por guardadores?
Llenos de fee y esperança,
halabemos a María,
140   por quien tanto bien se alcança;
y los cielos a porfía

le den eterna alabança,
amen.

Enmendamos según *Vergel de flores divinas*, 102v-10v.
Los vv. 4-5 están trastocados en el ms.
4 "bendicion humana" en ms.
5 "tuuo en el pico" en ms.
18 "junto los dos" en ms.
22 "enduçada" en ms.
30 "corte gloriosa" en ms.
63 "y eterno gozo" en ms.
103 "y en son alabanza" en ms.
136 "por opinión" en ms.

55

[CANCIÓN]

Las tristes lágrimas mías
en piedras hazen señal
y en vos nunca, por mi mal.

56

A LO DIUINO.

[GREGORIO SILVESTRE]

Tus misericordias canto,
buen Jesús, en mi disculpa
pues no puedo llorar tanto
avnque por la menor culpa
5   quedasse desecho en llanto.
Que llore noches y días
si yo no me sé valer
con las que por mý vertías
qué valor podrán tener
10   *las tristes lágrimas mías.*

Lágrimas, salý, salý,
que avnque no podáys lauar
tanto mal como ay en mý,
la culpa hauéis de llorar

15   del buen señor que offendý.
        Lágrimas deste metal,
        alma, derramaldas vos
        y caygan en pedernal,
        pues derramadas por Dios
20   *en piedras hazen señal.*

        De peccado y mal agena
        queda con fuego de amor,
        el alma su llanto ordena,
        gasta la quexa el humor,
25   consume el fuego la pena.
        Pues, coraçón desleal,

47   ¿por qué tanta obstinación
        que venga el bien celestial
        y en todos aga ymprensión
30   *y en vos nunca, por mi mal?*

---

22 "queda sin fuego" en ms. Enmendamos según MN 3915, 262.

57

OTRAS

        Tú que me miras a mý
        tan triste, disforme y feo,
        mira, peccador, por ty,
        que qual tú te vees, me vy
5   *y verte as qual yo me veo.*

58

GLOSA DE LA MUERTE.
[DE GREGORIO SILVESTRE]

        Juuentud florida ynsana
        que a liuiandades incita,
        mira que es tu gloria vana
        rrossío de la mañana,
5   flor que luego se marchita.
        Hombre entre los hombres fuy,
        verme aquí sombra de muerte

y cierto serás ansý
visto de la misma suerte
10   *tú que me miras a mý.*

Quando en más gloria te vieres,
para sauer lo que dura,
en mý te mira quién eres
y en qué paran los plazeres
15   de la humana desuentura.
Y dirásle a tu deseo
si te guía el fauor sacro,
ya estoy muerto, ya me veo
en aqueste simulacro
20   *tan triste, disforme y feo.*

Y pues se te rrepresenta
esta muerte sin el quándo,
para el día de la afrenta,
si quieres dar buena qüenta,
25   haz qüenta que la estás dando.
No estés, si estás ciego, ansí,
¿no ves a Dios que te ynspira
y te llama para sý?
Abre los ojos y mira,
30   *mira, peccador, por ty.*

Cata, que verná a deshora
la tragedia del biuir,
47v   no te descuides agora,
ensáyate cada hora
35   para que sepas morir.
No te han de valer allý
fuerça, valor ni ventura,
todo ha passado por mý,
ni fies en hermosura
40   *que qual tú te ves, me vy.*

Mírate parte por parte,
aprende primero a ver
en el libro de humillarte,
que de no saber mirarte
45   no te sabes conoscer.

En el más alto tropheo
de los más altos despojos,
quando estés en más arreo,
mira bien, abre los ojos
50   *y verte as qual yo me veo.*

---

10 "Juuentud florida y sana" en ms. Enmendamos según MN
3778, 123v.
21 "y pues este" en ms. Enmendamos según MN 3778, 123v.
26 "que ynspira" en ms. Enmendamos según MN 3778, 123v.

59

A RUY GÓMEZ DA SILUA.
[DE PEDRO DE TABLARES]

El fresco ayre del fauor humano
que agora os da de cara y os recrea,
por bien que aspire y faborable os sea
que os sirua y os adore el mundo[vano].
5   La Fortuna se os rría y pare vfano
y en vos todo se emplee y en vos crea,
su rrueda suba quando se desea
y allý la tenga firme vuestra mano.
Tenéis la vida, el tiempo y la memoria,
10   que no se passe, ¡ay!, que passa presto,
que el tiempo passa y sigue la vitoria.
Si todo en breue torna de otro gesto,
huye el peligro, busca eterna gloria,
y en los estremos toma un medio honesto.

---

4 Carcomido. Completamos según EP CXIV/2-2, 144v.

60

[TERCETOS]

... ...
48   quien sabe que a lo de oy puede alargarse
el tiempo por venir que rrige el cielo
que en su discurso vemos renovarse.

Quando dexares con el cuerpo el celebro [*sic*]
5 y el seuero juëz te aya juzgado
que a los que biuen mal pone rrecelo,
ni el linaje de reyes estimado,
ni la eloquencia rrica y abundante,
ni tu piedad, te abrán dél libertado.
10 Que no pudo Diana al casto amante
librarlo de la obscura monarchía,
ni a Pirítoo los lazos de diamante
quebrar Theseo con su valentía.

61

[FERNANDO DE HERRERA] AL SUEÑO

Suäue Sueño, que con tardo buelo
las alas pereçosas blándamente
bates de adormideras coronado
por el sereno y adormido cielo:
5 ven ya a la estrema vanda de Occidente,
y del licor sagrado
baña mis ojos que, de amor cansado,
48v con las rrebueltas de mi pensamiento,
no admitto algún rreposo,
10 y el dolor desespera al sufrimiento.
¡O sueño venturoso,
ven ya, ven dulce amor de Pasiphea,
a quien rrendirse a tu valor desea!

Diuino Sueño, gloria de mortales,
15 descanso alegre al mísero afligido,
Sueño amoroso, ven a quien espera
descansar algún tiempo de sus males
con el humor celeste desparzido.
¿Cómo sufres que muera,
20 libre de tu poder, quien tuyo era?
¿No es dureza dexar vn solo pecho
en perpetuo tormento
y que no entienda el bien que al mundo as hecho
sin gozar de tu aliento?

25   Ven, Sueño blando, Sueño deleytoso,
       buelue a mi alma, buelue el rreposo.

———————————

    Sólo se copió este fragmento.

62

SONETO

49

    En noche obscura, al áspero desierto,
con soledad profunda de horror llena,
donde ymportuno viento ayrado suena,
de lluuia y piedra y tempestad cubierto,
  5   Amor me lleua en su furor yncierto
y con nueuos trabajos me condemna,
y contemplando el mal que al alma ordena
estoy ya desmayado y quasi muerto.
    De lexos vna lumbre se descubre
10 que en el camino alienta mi esperança,
y quando cerca estoy más se me alexa.
    Y este engaño el Amor zela y encubre
prometiendo de nueuo la bonança,
y quando espero que vendrá, me dexa.

63

SONETO [DE FERNANDO DE HERRERA]

    Por vn camino solo, al mundo abierto,
de espinas y de abrojos mal sembrado,
el tardo passo mueuo, fatigado,
y ciérrame la bue[l]ta el mal yncierto.
49v   5   Silencio abita aquí en este disierto
y el mal aquí conuiene ser callado;
quando pienso acabar, acrescentado
lo hallo mucho más, con desconcierto.
    Al vn lado leuantan su grandeza
10 los rri[s]cos de mi mal al cielo yguales,
junto con el dolor de que yo muero.

A quién podré quexarme de tu dureza [*sic*]
que pueda libertarme destos males,
pues ya por ty ningún rremedio espero.

64

OBRAS DE JUAN DE LAS CUEUAS.

VILLANESCA

Al pie de vna alta haya,
    junto a vna clara y deleitosa fuente,
    vy a la hermosa Phenix rrecogida
quando el calor desmaya
5   y Apollo tiene su dorada frente
    en la fuerça mayor que está encendida.

50   En quanto su ganado,
    yua pasciendo las sabrosas flores
    por la selua de árboles compuesta.
10   Quiere dar su cuydado
    a la contemplación de sus amores,
    mientras duraua la fragosa siesta.
    Y assí, con blanca mano,
    comiença a desligar las hebras de oro,
15   soltando los cauellos recogidos.
    Con cuëllo galano,
    dan a la sola selua aquel thesoro,
    yndigno que lo viessen los nascidos.
    Y como assí estuuiesse
20   mirándose en la fuente que corría,
    con vn manso rroýdo por el prado,
    consigo sentristece,
    y con suäue voz assí dezía:
    "El rostro con la fuente se ha mostrado,
50v   25   "¡o triste hermosura!,
    ¿de qué siruió que yo te poseyesse
    para ser, como soy, aborrescida
    "y puesta en tal tristura
    que todo quanto veo me aborresce,
30   y mucho más tan miserable vida?
    "Todo qualquier contento
    causa en mi alma miserable llanto:
    estrema soy y más endesdichada,

           "pues vn solo momento

35   no descanso y, al fin, de penar tanto,

            biuí muriendo triste y desamada.

          "Por ty, Sílueo, padesco,

            por ty, que tu contento es desamarme,

            pagando con oluido a quien te adora.

40   "Mira que bien meresco

            tu alegre vista para rremediarme:

            no seas tan cruel a tu pastora.

51   "Considera, Silueo,

            que no ganas memoria en mi muerte,

45   dexándome de ty desamparada.

          "Tan en muger es feo,

            quanto más en vna yo tan fuerte

            negar la fee mil vezes otorgada".

        No tan secretamente

50   contaua estas querellas dolorosas

            que no fuesse sentida en la espessura

        de vn fauno diligente

            que andaua por allý cogiendo rrosas,

            descuidado de ver tal hermosura.

55   El qual va sin rruÿdo

            llegando poco a poco donde estaua

            la hermosa pastora sin ventura.

        La qual se hauía dormido

            entre las tristes quexas que cantaua

60   en la contemplación de su tristura.

51v   El fauno, con presteza,

            de jasmines y rrosas la cobría,

            y en la haya que estaua rreclinada

        escriue en la corteza

65   la causa y occasión por quien moría

            la hermosa pastora desamada.

        Y por que sean notoria

            en la aspereza del amor ayrado

            que tanta fuerça pone en el deseo,

70   pone el fin de la historia:

            "En este lugar mismo le ha causado

            a Phénix muerte el áspero Silueo".

65

VILLANESCA

¡O, si quisiesses ya, pastora mía,
trocar tu gran descuido a mi cuidado:
verás quán gran mal es ser desamado!

    Siguiendo tras mi pena,
5 captiua la memoria,
  subjecto el pensamiento a la tristura,
  atado en la cadena
  a donde la vitoria
  es esperar mayor el atadura,
10 ·y aquesto no assegura
  a mí que, padeciendo,
  estoy, en contemplarte,
  temiendo de enojarte.
  En ty esperando,
15 suelo estar diziendo
  contino noche y día:
  ¡o, si quisiesses ya, pastora mía!

    A vezes entremeto
  los celos que pedías,
20 las penas que por ellos me causauas,
  y aquel amor perfeto
  con que me despedías,
  y quán presto el propósito mudauas.
  Como si te quexauas,
25 pedías la vengança,
  y no para matarme,
  y agora perdonarme.
  Seríate mejor el alabança,
  si quisiesses de grado
30 *trocar tu gran descuido a my cuidado.*

    Ympossible sería
  mudar el crudo brío
  dexándome de dar tan cruda guerra;
  antes, subceder podría
35 salir del hondo rrío
  los espaciosos peces a la tierra.

52

52v

Lo que más me destierra
es contemplar mi pena,
¿mas qué es lo que aprouecha?,
40   que amor de nueuo flecha
y me torna a herir con tanta pena,
que, hauiendo esto notado,
verás quán gran mal es ser desamado.

---

38 "en contemplar" en ms.

66

SONETO

¡O lágrimas del alma destiladas,
que por los tristes ojos vais cayendo!
Detenéos, si es parte yr conosciendo
que no podéys de amor ser rremediadas.
5   Que al punto que os da penas más dobladas,
entonces va la perfeción poniendo,
como puede, queriendo y no queriendo,
hazer que las entrañas sean rrasgadas.
Recebid, por aliuio del tormento,
10   pensar que no ay dolor sin su rremedio,
puesto que el padescer se muestre fuerte.
Ocupad en aquesto el pensamiento,
que puede, tras la pena, dar el medio,
como puede, tras vida, dar la muerte.

67

[LIRA]

Hernando de Herrera
destruye la bondad, estudyo y arte
con su poesía fiera,
mostrando en toda parte
5   que Phebo a sólo él su ser rreparte.

68
DESCRICIÓN DEL AÑO

    Húyese el ynuierno a passo presuroso,
el campo ya de flores se enriquece
con el nueuo verano deleytoso.
    Ya la pintada tierra reuerdece,
5 ya enfrena su corriente el río hinchado
que con gélida nieue y pluuias cresce.
    No suena el bramador Bóreas colado,
desecho con su furia tempestuosa,
sino el suäue Zéphyro templado.
10 Eufrosine, Thalía y la hermosa
Pasitea y las nimphas traen su coro
por la tierra florida y olorosa,
    con los cabellos sueltos de fino oro,
en la rica Dalmacia produzido,
15 que al sol con ellos quitan su thesoro.
    La mudança del año que ha venido,
el sol que presto passa su jornada,
las horas que han el día consumido
    muestran que [en] nuestra vida trabajada
20 no se tenga en mortal cosa esperança,
que avn no es venida quando ya es passada.
    Quien tiene en cosa vana confiança
y quien a lo mortal da larga vida,
presto verán quán breue es su mudança.
25 La nieue boreal es opprimida
del verano florido y agradable
quando el amor a produzir conbida.
    El Zéphyro se rinde al Penitárate, [sic]
calor del seco estío y poluoroso,
30 con el fruto de Ceres venerable.
    Y el padre Otoño, rico y abundoso,
con el cuerno de Amaltheas en su mano,
deshaze su calor contagiöso.
    Tras él viene el ynuierno frío y cano,
35 del rriguroso yelo acompañado,
con presto buelo, con furor ynsano.
    Estos daños del tiempo que han passado
los reparan los cursos ymmortales
del cielo reluziente y estrellado.

40　　Pero nosotros, míseros mortales,
　　　quando nos lleua la espantosa muerte,
　　　a poluo y sombra somos luego yguales.
　　　　　Al pío Aeneas, al troyano fuerte,
　　　al rico Cresso y al prudente griego
45　　lleue la ynexorable y dura suerte,
　　　　　que igualmente nos mide el Hado ciego
　　　y no puede la vida repararse,
　　　como la flor que muere y nasce luego.

_____

6 "regida nieue" en ms.
32 "que el cuerno" en ms.

69

[TERCETOS ESPARSOS]

　　　Si queréys ver dos arcos muy luzidos
　　　que tiran con amor a las parejas,
　　　toma vn espejo y mírate tus cejas
　　　que suspenden el alma y los sentidos.
55　　5　　Si quieres ver dos muestras principales
　　　de dos luzes que abrasan las entrañas,
　　　toma vn espejo y mira tus pestañas
　　　con que cubren la luz a los mortales.
　　　　　Si quieres dos luzeros en el suelo
10　　a donde amor offresce sus despojos,
　　　toma vn espejo y mírate tus ojos
　　　de cuya hermosura ternás celo.
　　　　　Si quieres ver vn puesto delicado
　　　a donde afinó el cielo sus matizes,
15　　toma vn espejo y mira tus narizes
　　　y parecerte á poco lo passado.
　　　　　Si quieres ver el fin de la velleza
　　　a donde muestra amor sus marauillas,
　　　toma vn espejo y mira tus mexillas
20　　que allý pudo llegar naturaleza.
　　　　　Si quieres ver de perlas orientales
　　　vna caxa subtil do nadie toca,
　　　toma vn espejo y mírate tu boca
　　　que da con el hablar bienes y males.
55v　　25　　Si quieres ver vn sitio delicado

y en él en poco espacio muchos bienes,
mírate vn ojo que en la barba tienes
adonde está el amor siempre encerrado.

_____

Este poema parece continuación del núm. 52.

70

DE TABLARES EL TEATINO,

A LO DIUINO

    Si mi suäue canto
enternecer pudiesse
vn alma en duro mármol convertida,
y el dulce y tierno llanto
5 su gozo se boluiesse
en amargo dulçor su blanda vida,
que le ha sido offrescida
del engañoso mundo
con halagüeño engaño,
10 que assí suele a rrebaño
lleuar las tristes almas al profundo,
ceuando el falso anzuelo
con el suäue azíuar deste suelo.

    Tu alma siente gloria
15 con blando sentimiento,
lo que yo siento tanto, y lo que digo,
que allá dentro en ty mora
sin ningún fingimiento;
el que te abla, y es tu grande amigo,
20 y el más fiel testigo
que tienes dentro el pecho,
a ti te va en sentillo
y a mí cumple dezillo.
Ya entre ambos es ygual este provecho,
25 que ygualmente sintiendo,
podráse yr la dureza enterneciendo.

    ¿Qué diamante pudo
tener tanta dureza?

56

¿Qué nieue, Galatea, fue assí elada?
30   ¿Quién dio tan ciego ñudo,
segado en tal vileza,
en que estuuiste alegremente atada?
¡O alma mía amada!,
¿cómo te fue sabrosa
35   vna cárcel obscura
de tal tenebregura,
de tu libertad mesma desdeñosa,
captiua y rrescatada
y de tan alto precio desdeñada?

56v   40   Quando el entendimiento
descurre contemplando
los dulces tratos de mis tristes días,
ofrecíte sin qüento,
por do quiera que ando,
45   memorias deleytosas de alegría.
Mas estas fantasías
dirán, ¿qué fruto ha sido
el que allí cogiste?
Dolor profundo y triste
50   en pensarlo me tiene consumido,
verguença y amargura,
desmayo, confusión y sepultura.

¡O quán amargo dexo
de fruta que sabrosa
55   al gusto tan suäue parescía!
De mí mismo me quexo,
y tú estarás quexosa,
no sé de quál nació esta frenesía
que estando ciego vía:
60   ¡más triste!, ¿qué he dudado?
De mí proprio ha nascido
este fruto que he sido
vn árbol enxerido y trasplantado
en este baxo suelo
65   y es mi exerto de allá del alto cielo.

57   De Dios fuiste exerida,
¡o alma!, en mí que he sido

el árbol do nasció este fruto amargo.
¡O bondad offendida!
70 ¡O Dios!, que me has sufrido
mi gran maldad de vn ofender tan largo,
teniendo tanto cargo
de restaurar la vida
del que, tan de ligero,
75 la vio puesta al tablero,
teniéndola mil vezes ya perdida,
y sin sacar prouecho
hezistes dos mil vezes al desecho.

¡Qué amor de biua llama
80 me podrá hauer sufrido,
amor ymmenso, que otro no bastara!;
que quien de veras ama
le es gloria ser vencido,
que gloria de vencerme le quedara.
85 Avnque bien se empleara
en quien no ha rrespondido
con amor a su amante,
que fuera en vn ynstante
en vn cruël ynfierno consumido.
57v   90 Que es ley que de amor nasce,
que amor con sólo amor se satisfaze.

Rompa, pues, rompa ¡o alma!
el golpe duro y fuerte
de aqueste sentimiento vn pecho tierno,
95 que estando en tanta calma
podría ser perderte
en vn piélago hondo y lago eterno.
Mejora tu gouierno
y haz de vn blando lloro
100 vna tan biua fuente
que niegue su corriente
el árbol donde está nuestro thesoro,
cuya fruta gustada
el neton y el ambrosia es despreciada. [*sic*]

105 Como el cieruo aquexado,
con la rrauia que siente

del fuego que le abrasa ponçoñoso,
desea, acelerado,
la christalina fuente,
110 a do alla su furia gran rreposo,
58 assí, con presuroso
cuÿdado, busca luego
la fuente biua y pura
que aplaca y assegura
115 la furia del peccado y de su fuego,
cuya ponçoña cruda
es mal que otra qualquier ponçoña aguda.

Si el que estuuo encerrado
en cárcel muy obscura
120 la luz del sol saliendo contemplasse,
sería deslumbrado
con tal tenebregura
hasta que en ver la luz perseuerasse,
y saber rrestaurase,
125 assí perseuerando,
¡o alma!, de contino,
en ver el sol diuino,
él mismo yrá tiniebla deseando,
avnque en su nueua lumbre
130 su tierna vista ahora se deslumbre.

Como suele alegrarse
58v el campo y la ribera
quando muestra su rrostro rreluciente,
queriendo ya ynnouarse
135 la dulce primavera,
y muestra su frescor la clara fuente
bullendo blándamente
menudas arenillas,
y buelue alborotando
140 las aues que bolando
derraman por las ramas marauillas,
al tiempo del verano,
las flores esparciendo con su mano.

Assí te alegra, ¡o alma!,
145 con el licor diuino

de gracia que tu Dios en ty derrama,
y, como la alta palma
o el encumbrado pino,
alça tu dulce fruto y fresca rrama.

150   Y mira al que llama,
en cruz crucificado,

59

pagando por tu offensa
su caridad immensa,
abierto el coraçón, más el costado,

155   para en él rrecebirte,
si quieres ya acabar de convertirte.

Canción, ten tanta fuerça
que muestres el engaño
al alma que se esfuerça

160   a seguir su apetito en tan gran daño,
y cámbiale este oluido
en dolor y pesar del bien perdido.

_____

58 "no se de qual nacion esta" en ms.
130 "tu tierna vista" en ms.

71

EL MISMO [TABLARES]

A RUI GÓMEZ DA SILUA

Fauor, priuança, ymperio y grande assiento
bien como espuma cresce y se deshaze,
lo bajo, al coraçón no satisfaze,
lo alto ha de caer, que va biolento.

5   ¿No veys de Roma el alto fundamiento?

59v

La gracia y el saber, ¿qué puede y haze?
Cayó lo alto, que para esso nasce,
lo bajo duró más, que es el cimiento.

El cimiento es ver mi baxa hechura,

10   y en esto baxo estoy seguro y fuerte,
desotra apenas queda la figura.

No [o]s lleue en alto vuestra dulce suerte.
¡Ay, no os engolosine essa dulçura!
Temed tras dulce vida, amarga muerte.

72

SONETO DEL MISMO [TABLARES]

Dezid, ociosos pensamientos vanos,
que sembrastes en mí vanos deseos
de do nascieron hechos torpes, feos,
y dichos o dañosos o liuianos.

5   El tiempo que os preciastes de profanos
después de mil trabajos y rrodeos,

60   ¿qué fruto os dieron vuestros deuaneos
que no se os deshiziesse entre las manos?

    ¿Y qué desgusto os dio, qué descontento,
10   de vuestras fealdades, la vergüença,
y del mal hecho el mal remordimiento?

    Señal de la cosecha que comiença,
que allá sabréys del eternal tormento,
que fruto os da la flor que os auergüença.

73

SONETO [DE GREGORIO SILVESTRE]

Si yo pensasse acá en mi pensamiento
que en no pensar en Dios en nada pienso,
entonces pensaría yo que pienso
vn saludable y dulce pensamiento.

5   Mas no me passa a mí por pensamiento,
ni pienso que es pensar, avnque lo pienso,
porque pensando en Dios, quando más pienso,
pienso cumplir con sólo el pensamiento.

60v   ¡Qué bien que pensaría, si pensasse,
10   lo poco que he pensado, y lo que piensa
el alma que está en Dios siempre pensando!

    Pluguiesse a Dios que aquesto se pensasse,
y no los desuaríos en que piensa
aquél que sin pensar pecca pensando.

74

OTRO [DE DIEGO HURTADO
DE MENDOZA]

Alço los ojos de llorar cansados
por tomar el descanso que solía,
y como no veo donde lo veýa
abáxolos en lágrimas bañados.
5   Si algún bien se allaua en mis cuidados,
quando por más contento me tenía,
pues que ya los perdý por culpa mía
rrazón es que los llore aora doblados.
Tendý todas las velas en bonança
10   sin recelar humano ympedimento,
alçóse vna borrasca de mudança.
Como si tierra y agua, fuego y viento
quisieran castigar mi confiança,
yo suspiro, ardo y lloro y no la siento.

75

61

SONETO

¡O tú! que vas buscando con cuydado
rreposo en esta mar tempestuoso,
no esperes de hallar ningún rreposo
saluo en Christo Jesús crucificado.
5   Si por rriquezas andas desuelado,
en Christo está el thesoro más precioso,
si estás de hermosura deseoso,
mírale y quedarás enamorado.
Si tú buscas deleytes y plazeres
10   en él está el dulçor de los dulçores,
vn maná que avn deleyta en la memoria.
Si por ventura, gloria y honra quieres,
¿qué mayor honra puede ser ni gloria
que seruir al Señor de los señores?

76

OTRO [SONETO DE TABLARES]

Amargas horas de los tristes días
en que me dele[i]té. ¿Qué fin he hauido?
Dolor, vergüença y confusión han sido
los frutos de mis tristes alegrías.

61v   5   ¡Ay Dios!, porque me ama[ba]s, me sufrías:
que es gloria del amante ser amado,
y tuya, pues verán por lo sufrido
la bondad tuya y las maldades mías.

Bondad immensa, immensa y offendida,
10   tan duro golpe en vn coraçón tierno
no te quebranta, ¡o alma endurecida!

Deseo verte puesta en vn ynfierno
pagando tal offensa en larga vida,
en fuego biuo, en pena y llanto eterno.

Aunque está repetido en el núm. 41, imprimimos el texto.

77

OTRO [SONETO DE TABLARES]

La offensa es grande, séalo el tormento.
Mas, ¡ay, tu desamor no me atormente!
¡Ay Dios! que de tu gracia estar absente
pensarlo mata ¿qué hará el sufrimiento?

5   Tu cruz, tu sangre y muerte te presento,
sin esto ha desperar la pobre gente.
¿Permitirá tu amor diuino, ardiente,
que tales esperanças lleue el uiento?

62   ¡Ay, Dios, que te offendí! Que ya no miro
10   si tu bondad me salua o me condemna,
tu honra lloro y por tu amor suspiro.

La honra satifaz con qualquier pena,
la culpa tira y fin harás de vn tiro,
tu honra es quita y mi alma buena.

78

SONETO

Pasando el mar Jesús el animoso
en fuego de amor biuo todo ardiendo,
su sangre con amor está vertiendo
por la salud del mundo muy ganoso.
5   Gimiendo y sospirando muy ancioso:
"Perdónalo, Señor, está diziendo,
que por ellos enclauado estoy sufriendo
tormento tan cruel y doloroso".
Los braços tiene abiertos aguardando
10   abraçarte y meterte en sus entrañas,
y el costado, rrompido por tu amor,
bálsamo de amor está emanando.
¿Pues por qué no te lauas y te bañas
en esta fuente, yngrato peccador?

62v

79

OTRO

Estando el buen Jesús agonizando
dio vn grito que los cielos penetró:
"Mi espíritu en tus manos pongo yo
¡o, Padre! que del cielo estás mirando".
5   Y con gran fortaleza assí clamando
de voluntad y gana lo ofreció,
y su rrostro bendito rreclinó
a su madre que en pie lo está mirando.
Luego, las criaturas sin sentido
10   hizieron muy estraño sentimiento,
la madre, con entrañas derretidas,
cayó con vn desmayo muy crescido.
No pudiendo sufrir tan gran tormento,
de vn golpe dio la muerte dos heridas.

80

SONETO [DE JORGE DE MONTEMAYOR]

63

     Leandro en amoroso fuego ardía
a la orilla del mar acompañado,
de un solo pensamiento enamorado
que esfuerço a qualquier cosa le ponía.
5   Y al tiempo que su lumbre aparecía
rrindiósele Neptuno estando ayrado,
y amor pudo ponelle en el estado
que a su contentamiento convenía.
     La luz de la mañana le ymportuna,
10   la noche se le ua más apazible
que pudo dar Amor ni la Fortuna.
     ¡O casos del amor, que sea possible
que Fortuna y Amor, ambos a vna,
después le diessen muerte tan terrible!

81

OTRO

     Alegre estoy, carillo, grandemente
de vn fabor de vna nimpha no pensado,
después de rrebatido y desechado
que es causa de que yo más me contente.
63v   5   Negóme vn clauel rrojo de su frente,
rrindiólo otro pastor su aficionado,
y viendo mi dolor disimulado
dióme vna pera verde y excellente.
     Es pera que me da grande esperança,
10   como si claramente me dixera:
"Zagal, mucho mayor es tu priuança,
     que si él lleuó la flor, tu lleuas pera,
y si el olor de flores él alcanza,
tu lleuas aý el fruto que se espera.

82

OTRO [SONETO A CATALINA MICAELA,
HERMANA DE FELIPE III]

Las blancas clauellinas son hermosas,
hermoso el sol y luna y las estrellas,
las aguas christalinas son muy bellas,
las yeruas y asucenas y las rrosas.
5   Hermosas son las flores olorosas,
suäue es el olor que mana dellas,
más claro podrá bien excedellas
en quien cifró natura aquestas cosas.

64   Pues sólo con mirar con su semblante
10   haze que muera aquesto y biua ella,
tal soys vos, Catalina, y tal tu frate.
Tan linda soys, señora, soys tan bella
que os podremos llamar daquí adelante
sol, luna, clauellina, rosa, estrella.

83

COPLAS DE SAN FRANCISCO

Tanto al mundo quiso Dios
que de su hijo sacó
vn rretrato y se lo dio,
y éste fue, Francisco, a vos,
5   después que al cielo subió.
Tan al proprio natural
fuistes de Christo sacado
y vuestra vida fue tal,
que bien parecéys tractado
10 de su propio original.
Él os puso sus heridas,
por quen su cuerpo glorioso,
64v   muriendo, fue vitorioso,
y en vos están esculpidas
15 como en retablo precioso.
Tanto fuistes dél tenido
que os hizo merecedor
que estéys como él herido

por que sintáis el dolor
20   que el mismo Dios ha sentido.
        Christo, nuestra clara luz,
para seguillo, nos muestra
que tomemos la cruz nuestra
y a vos daos su propria cruz
25   juntamente con la vuestra.
Sólo a vos la quiso dar
por vuestra grande excellencia,
y él os la ayuda a lleuar
porque en acer penitencia
30   ninguno os pudo ygualar.
        Vos soys diuino dechado
de sus labores sagradas,
pues en vos están sacadas
las llagas de su costado,
35   pies y manos desangradas.

65   Y mirad quán sancto fuisteis
entre quantos sanctos fueron,
que, pues que las merecieron,
a ninguno se las dieron,
40   sino a vos que las tuuisteis.
        El Baptista començó
la penitencia sagrada,
y avnque él en ella acabó
ella nunca fue acabada
45   de obrar donde él la enseñó.
Y a vos, que fuisteis sin par,
como Baptista segundo,
os quiso Dios embiar
por que acabéys en el mundo
50   lo que él no pudo acabar.
        Christo fue crucificado
por amar los peccadores,
vos, por Christo y sus amores,
estáis con él enclauado
55   padeciendo sus dolores.
Más honrado estáis que Dios

65v   con sus clauos y passiones,
pues padeciendo por nos
a él lo enclauaron sayones
60   y Él os ha enclauado a vos.

84

[TERCETOS]

—¿Por qué no quieres, Juana, a quien te quiere,
   o tú quererme a mý, siquiera vn poco?
   —Porque no quiero amar zagal tan loco.
—¿En que soy loco, Juana? ¡Por tu vida!
5   ¡Eya, boba!, ¡dímelo, saberlo quiero!
   —Porque no quiero amar amor rronquero.
—No puedo, Juana, más, ni es en mi mano,
   que a quantas veo quiero, y poco dura.
   —No es esse amor, Pascual, mas gran locura.
10 —Mayor locura es, Juana, quien padesce
   por sola vna pastora tantos males.
   —Pues pon tu amor, Pascual, en otras tales.

85

OTRAS

66

Yo soy aquél a quien faltó ventura,
   de absencia es mi dolor y mi tristura,
   ¡ay de mý!,
   que muero en cárcel de tu hermosura.
5   Amor es contra mý, que bien lo veo,
   tan sólo en suspirar siempre mempleo,
   ¡ay de mý!,
   que muero y siempre cresce mi desseo.
   Suspiro con pensar que he de perderte,
10   sin ty poder viuir es cosa fuerte,
   ¡ay de mý!,
   que bien conosco yo no merecerte.
   Ventura fue la mía en amarte
   mas temo que de mý as de oluidarte,
15   *[¡ay de mí!,*
   si amor me es muy contrario en esta parte.]*

15-16 "ay, Dios, que te ofendi" en ms. Reconstruimos estos
versos según MP 961, 83v. La versión de LN es más breve que
otras documentadas. Véase la nota correspondiente.

86

[SONETO]

¡Ay, Fortuna cruel! ¡[Ay], ciego Amor!
¡Ay, Mundo variable! ¡Ay, triste Hado!
¡Ay de mý, sin ventura! ¡Ay, desdichado!,
que todo es ¡ay! donde ay tanto dolor.
5   ¡Ay, que puesto en la cumbre del fabor
fui sin culpa ninguna derribado,
por lo qual lloraré el tiempo passado
que, según dizen, siempre fue mejor.
66v   Lleuantaron tan alto mi esperança
10   sobre las alas de mi pensamiento
Amor, Fortuna, el Mundo, Hado, Suerte,
y fue tan de rrepente su mudança
que en el centro más baxo del tormento
estáis llamando a gritos a la muerte.

87

LAMENTACIÓN

Ya los peñascos duros se enternescen
con mis continuas quexas condolidos,
las aues que me escuchan se emudecen
y oluidan de piedad de mis gemidos.
5   Los fieros animales se entristecen
oyendo mis gemidos y sospiros,
todo me aguarda, todo me rresponde,
solo María me huye y se me esconde.
Saluia más bella que la purpúrea rrosa
10   cogida en el frescor de la mañana,
de gracia llena y mucho más hermosa
que aquella a quien dyo Paris la manzana;
si tú me fueses menos rrigurosa,
67   si tú, María, me fueses más humana,
15   cayado, y choça, y lecho oluidaría,
y tras ty noche y día me andaría.
El brauo viento en chica red podrá acogerse,
los peces en el prado apacentarse,
los lobos y corderos bien quererse,

20   las ásperas montañias abaxarse,
las trompas en su son emudecerse,
los ríos y la mar también secarse,
la luz dará la noche y noche día
antes que yo te oluide, María mýa.

88

SONETO

¡O pena, que me penas en sufrirme!
¡O muerte, que no vienes a lleuarme!,
abrevia, no tardes en matarme
que peno en tu absencia lo possible.
5   ¡O, nunca yo acá nasciera!
Y ya que nascý, que nunca amara,
y ya que triste amé, que me empleara
en parte do mi amor se agradeciera.
    Y ya que agradecido no me fuera,
10   que como me olvidaron, que oluidara;
y ya que no oluidé, que me dexara
Amor algún rincón do me acogera.

67v

El epígrafe está equivocado, son cuartetos.

89

[CANCIÓN]

¿Por quién suspiras, carillo?,
di, forastero zagal.
Por la más linda pastora
que ay en este lugar.

90

[GLOSA]

Es tan bella esta zagala,
tan discreta y tan polida,
que a todas lleua la gala

de quantas ay en la villa.
5   La hermosa clauelina
no se le ha de comparar,
por ser la más linda zagala
que ay en este lugar.

  Que la quiero yo loar,
10 sublimando su aviso,
no tengo yo que hablar
porque excede a Narciso.
68   En todo en ella se quiso
naturaleza estremar,
15 *por ser la más linda zagala*
que ay en este lugar.

  Si de sý mismo Narciso
se enamoró en vna fuente,
no supo lo que se hizo
20 siendo mortal y prudiente;
pues se tiene aquí al presente
la fuente que ha de sanar,
por ser la más linda zagala
que ay en este lugar.

25   Si en el tiempo de Narciso
esta zagala nasciera
confundiérale en aviso,
con discreción la prendiera;
pues su hermosura hiziera
30 venírsele a su subjetar,
por ser la más linda zagala
que ay en este lugar.

---

31 "por ser la mas hermosa" en ms.

91

[QUINTILLAS]

68v   … … … … … …

Delante de tu deidad
no tengo que pretender

de tal rey ni tal crueldad,
la rrazón es tu querer
5 y la ley tu voluntad.
Por tan alto pensamiento,
confiesso que mi tormento
fue fauorable sentencia,
mas vengo a pedir clemencia
10 de parte del sentimiento.

    Mi yusticia ya la ves,
siendo tú para valerme
testigo, parte y juëz.
¿De qué puedo socorrerme
15 sino de echarme a tus pies?
De my culpa o de mi pena
la sentencia tú la ordena
como más seas seruido,
[   ]
20 o me salua o me condemna.

    A qualquier cosa me offresco,
porque el bien podrélo hauer,
si algúno por fe meresco,
y mal no puedo tener
25 mayor del que yo padesco.
Vencidas de la porfía,
ya que sentenciar quería,
como supremo juëz,
contaron y dio las diez,
30 quedóse para otro día.

Poema acéfalo.
19 Falta este verso en el ms.

92

[VILLANCICO]

69   *Escogida fue la estrella*
en el diuino crisol
para ser madre del sol.

El oro y la plata fina
5   del crisol sale sendrada,
y ansí en la mente diuina
fue la Virgen señalada,
de do salió matizada
con el diuino ar[r]ebol,
10 *para ser madre del sol.*

Por fin de nuestros enojos
fue concebida la estrella,
pues puso en el sol sus ojos
y el sol sus rayos en ella.
15 Ansí floresció más bella
que la flor del mirasol,
para ser madre del sol.

93

OTRAS [A SAN ANDRÉS]

Fue tan delgado y subtil
el hilo que Andrés hiló,
quen el aspa se rrompió.

Con la vida y el saber
5   hizo Andrés vn hilo tal
que con él pudo texer
la tela espiritual.
La parte que era mortal,
de tal suerte la delgazó
10 *quen el aspa se rrompió.*

Rompió el hilo y no el amor
de la rred que hizo con él,
pues por ser buen pescador
padesció muerte cruel.
15 El hilo fue por niuel,
y a Christo tanto imitó
que nel aspa se rrompió.

---

9 "dc la suerte la desgazo" en ms.

94

OTRAS

Donzella, a Dios agradáis
quando estáys en el aldea,
sois morena y no sois fea,
sois castíssima y amá[i]s.

95

[GLOSA]

69v   Agradáis al Rey del cielo
            con más profunda humildad,
            y con mayor charidad
            que criatura del cielo
      5   En todo os auentajáis
            avnque estáis en el aldea,
            sois morena [y no sois fea,
            sois castíssima y amá[i]s.]

            No cubráis vuestra figura,
      10   quel sol con su rresplandor
            os ha mudado el color
            para mayor hermosura.
            Y puesto que os humilláis
            como criada en aldea,
      15   *sois morena [y no sois fea,*
            sois castíssima y amá[i]s].

            El dolor, martirio y pena
            que mientras acá biuís
            por vuestro esposo sufrís,
      20   os han tornado morena.
            Al mundo morena estáis
            quando estáis en el aldea,
            sois morena [y no sois fea,
            sois castíssima y amá[i]s].

      25   Como el sol ques vuestro iffante
            está tan cerca de vos,

con la vislumbre de Dios
tenéis diuino semblante.
Al mundo poco estimáis,
30 *como si fuesse vn aldea:*
su beldad tenéis por fea
en respecto del que amais.

96

OTRAS

¡Ý afuera, fuera,
Lucifer, de la verde junquera!
¡Ý afuera dende,
Lucifer, de la junquera verde!

5 ¡Ý fuera, Luzbel,
sal, traidor, de nuestro pecado!,
quel Emanuel
ya viene dissimulado,
70 de nuestro brocado
10 aforrado por de fuera:
¡Ý afuera, [fuera,
Lucifer, de la verde junquera!
¡Ý afuera dende,
Lucifer, de la junquera verde!]

15 Agora serás
como meresces tratado,
y nos pagarás
lo que por ty emos lastado,
por aquel bocado
20 de una madre primera.
¡Ý afuera, [fuera,
Lucifer, de la verde junquera!
¡Ý afuera dende,
Lucifer, de la junquera verde!]

25 Por tu dureza
lleuarás bien que rroer,
porque vna muger
te ha de quebrar la cabeça.

Y con tal destreza
30 que te tiemble la contera.
    ¡Ý afuera, [fuera,
    Lucifer, de la verde junquera!
    ¡Ý afuera dende,
    Lucifer, de la junquera verde!]

97

OTRAS

Vuestro amor, Señora,
vy en Bethelén estar,
pastorzico le dexo
dentro de vn portal.

98

[GLOSA]

    Lindo es el donzel
    vuestro enamorado,
    pues que lo criado
    hermoso es por él;
5   pues soys madre dél
    rrazón ay de amar,
    pastorzico [le dexo
    dentro de vn portal.]

    Dios, de amor vencido,
10 os viene a vencer.
    ¿Cómo puede ser
    Dios de amor ferido?
    Con la flecha á zido
    de amor diuinal,
15 *pastorzico [le dexo*
    dentro de vn portal.]

    Vídelo en el heno
70v de frío temblando,
    dixo: "Estoy penando

20 por amor ageno,
    téngolo por bueno
    penar por amar,"
    pastorzico [le dexo
    dentro de vn portal.]

99

OTRAS

Ya está vencido el perro moreno,
que siempre me dixo malo y no bueno.

    Este maldito, con sus engaños,
    me hizo guerra cinco mil años,
5   mas para fin de todos sus daños
    baxa mi Dios a nuestro terreno.
    Ya está vencido [el perro moreno,
    que siempre me dixo malo y no bueno.].

    Este tirano, como sabía
10 quera golosa Juana García,
    dixo: "No tengas la boca vazía",
    y ella lo propuso a Diego Moreno.
    Por que la injuria fuesse vengada,
    vna donzella, la más estimada,
15 dio a Lucifer vna gran cabeçada
    y él no le dixo malo ni bueno.
    Ya está vencido [el perro moreno,
    que siempre me dixo malo y no bueno.]

    Por que del cielo la escala tenía,
20 vino al portal a ver qué sería.
    Dixo la Virgen que entrar no podía,
    questá el aposento de ángeles lleno.
    Quando viniere a nuestro mercado
    para vendernos cualquiera pecado,
25 démosle todos y buelua cargado,
    y a sus cauernas yrá como vn trueno.
    [Ya está vencido el perro moreno,
    que siempre me dixo malo y no bueno.]

100

OTRAS

Por que la tristeza rría,
oy suspira el alegría.

Estaua determinado
quel hombre no se alegrasse
5   hasta que por su peccado
el mismo Dios suspirasse,
y para que se acabasse
la tristeza que tenía,
oy suspira el alegría.

10   Nasce mi Dios suspirando
por que yo muera rriendo,
y de frío está temblando
por que yo no pene ardiendo.
Para rremediar muriendo,
15   la tristeza y culpa mía,
oy suspira el alegría.

71

101

OTRAS

El hombre cayó por Eua
y se leuantó por Aue,
¡qué trueco tan suäue!

En la cama del peccado
5   estaua el hombre doliente,
por aquel triste bocado
que tan caro fue a la gente.
Y el médico más prudente
le mandó comer de vn aue:
10   *¡o, qué gusto tan suäve!*

"Aue", començó el mensaje
que se dio a la clara estrella,
quando de nuestro linaje

hizo a Dios por ser tan bella.
15   Oy queda llana por ella
la senda quera tan graue:
¡o, qué senda tan suäve!

Eua causó la rreyerta,
María la paz diuina,
20   al mal Eua nos inclina,
María al bien nos despierta.
Cerrónos Eua la puerta,
María nos dio la llaue:
¡o, qué puerta tan suäve!

25   Hizo Dios diferenciada

71v   de la vieja Eua la nueua,
y ansí dize en su embaxada:
"Ave", que al revés es Eua.
Eua es mar, y avn mar de leua,
30   María el puerto y la naue:
¡o, qué puerto tan suäue!

102

DE LA ASCENSIÓN

En virtud propria de vn buelo,
con las rropas de su madre,
oy el hijo de Dios Padre
sube de la tierra al cielo.

5   Cumpliendo las profecías,
sube la diuinidad,
junto con la humanidad
del verdadero Mesías.
Y dexando por consuelo
10   del hombre Christo a su madre,
oy el hijo de Dios Padre
sube de la tierra al cielo.

Va triunphando todo fuerte
y el cielo haze alegrías,
15   después de quarenta días

que venció Christo a la muerte.
Cubierto de humano velo,
avnque Luzbel gima y ladre,
oy el hijo de Dios Padre
20   *sube de la tierra la cielo.*

Ángeles y seraphines
cantan de gloria canciones,
prophetas, dominaciones,
archángeles, cherubines.
25   Y a tan soberano buelo
no ay música que assí quadre,
porque el hijo de Dios Padre
sube de la tierra al cielo.

103
ENSALADA DE VNA MÚSICA.
CHISTE

Es tan grande mi passión
72   quen la vida no ay lugar
cómo yo podré callar
mi tormento.
5   Dado que viuo contento
por causarlo quien lo causa,
y en quererlo hazer pausa
nunca puedo.
Que muy triste biuo ledo
10   en viuir tan tristc vida,
y vos, dama, ser seruida
que sea assý.
Pues desde que os vi
mi dolor jamás afloxa,
15   publíquese mi congoxa
tan esquiua.

Riberas de Duero arriba
caminan dos çamoranos
a publicar entre humanos
20   mi gran pena.

Que es tan fuerte la cadena
de la prisión en que estoy
que ni sé si estoy o si voy [*sic*]
a más penar.

VILLANCICO

25   *Si amores me han de matar,*
         agora tienen lugar.
         Agora que estoy absente,
         que quando presente estaua,
         ser presente me sanaua
30   tanto afán.

         Triste estaua el padre Adán,
         cinco mil años hauía,
         mas yo lo estoy cada día
         en lo que siento.

35   Oyan todos mi tormento,
         y quien libre está de amor
         escarmiente en mi dolor.
         Escarmiente en mi dolor
         merescido en mi ventura,
40   pues mi mal no tiene cura
         ni consejo.

         Miraua de Campoviejo
         el rey de Aragón vn día,
         quán graue es la pena mía
45   y su hado.

         Rebelóse mi cuydado
         contra mí,
         nunca tal trayción yo vy.
         Vy mil cuentos de congoxas,
50   con otros tantos dolores,
         muy llenos de disfauores
         y rreueses.

         Castellanos y leoneses
         tienen grandes diuisiones

72v

55   viendo mi pena y passiones
     y porfías.

VILLANCICO

Las tristes lágrimas mías
en piedras hazen señal
y en vos nunca, por mi mal.

60   Sois vos tan señora en todo
     que lo que queréis podéis
     y no sé lo que querréis
     que yo conçiba.

Por Guadalquiuir arriba
65   *caualgan caualgadores,*
     publicando mis dolores
     y los cantan.

Las tristezas no me espantan,
porque sus estremos suelen
70   *afloxar quando más duelen.*

104

OTRAS

Señora del bien criado,
criada para vencer,
después de aueros mirado
73   sabed que estoy sin me ver.

5   Y si os beo,
     en la fe deste deseo
     no os miro por no ofenderos.
     Aunque os veo no lo creo,
     ni creo que ay más de veros.

10   Ni más gloria,
     ni más vencer mi vitoria,
     ni más ganarse el perdido,

ni más bien que mi memoria,
verla puesta en vuestro oluido.

15   Y my penar,
aunque no lo sabe buscar,
él es el mal de que muero,
que nada puedo esperar
pues que no me desespero.

20   Mas tal suerte
sólo el morir la concierte,
pues es cosa conoscida
que al bien lléualo la muerte,
todo el mal queda en la vida.

25   De dolores,
mirándome los mayores,
pues ved si me he de quexar,
que son mis competidores
quantos os pueden mirar.

30   Son sin pares,
mas destos vuestros manjares
se pueden bien despender
a millones los pesares,
y en mil años vn plazer.

35   Y es[a] afrenta,
que queréis que más mal sienta,
pues que me dais por desdén
los males todos sin qüenta,
yo mil qüentos por vn bien.

40   Quieros ver,
y no alcança mi poder
ni puedo verme perdido,
sy es el mal bien conoscer,
yo nunca os he conoscido.

45   Estoy penado,
mas despúes que os he mirado
73v   me digo, aunque no me veys,

quen donoso mal criado
no miráis lo que hazéis.

50   Torno en mý,
y veo que os ofendý,
y que la muerte me paga:
ya sé que la merescý,
¿pero qué quereis que aga?

55   Acabarme,
es bien si queréis matarme,
pues quien os sirue os ofende,
mas bien podéis vos mirarme
que "quien bien da, caro vende".

60   Pues si veys
el bien que no me hazéis,
ved si es mal lo que padesco,
que lo que vos merescéis
hallo yo que desmeresco.

65   En cordura,
vuestra sombra es la ventura
y vna ymagen esculpida:
vos crezéis en fermosura
y a mí ménguame la vida.

70   La rrazón
me leuanta el coraçón
y me haze, avnque no quiera,
en las calles vn león,
delante vos, un cordero.

75   Sé burlar,
sé en vuestra absencia trobar
dos mil cosas lisongeras;
si os veo, quiero hablar
ni burlando ni de veras.

80   El tormento,
la sombra del pensamiento
muestra mi rrostro alterado,

que la verdá y lo que siento
nel alma está aposentado.

85   Con templança,
avnque veros es olgança,
no querría yo perderos
por no perder la esperança
que tengo de aborreceros.

90   Bien que veys
el bien, porque bien no os doléis,
tan trasunto en vuestro pecho
do en mirarme me hazéis

74   un bulto de mármol hecho.

95   Vna fee,
tan firme como la fee,
vn seso buelto insensible,
vna sombra en la pared,
una fantasma immouible.

100   Una visión,
como sobra de rrazón,
vn hombre todo espantado,
la mesma transformación
impresa en lo transformado.

105   En los vientos,
compostas de pensamientos,
otras vezes mar en calma,
ago fuera los contentos
y da la piedra en el alma.

110   Tan de asiento,
que haze leve el pensamiento,
otras vezes hecho vn plomo,
mas el coraçón ambriento,
de veros descansa, y cómo.

115   Quedo muerto
en ver tanto desconcierto
y tan estraño accidente,

       que con el alma doliente
       tengo el mal tan encubierto.

120   Tengo vn mal
       ques vna rauia mortal,
       yerua que come la boca,
       es vn pesado metal,
       vna Babilonia loca.

125   Es mil males,
       un sonido de atabales,
       vna libertad subjeta,
       vnos encuentros mortales,
       vna batalla secreta.

130   Do no ay vida,
       ni ganada ni perdida,
       ni ando biuo ni muerto,
       ni sé con qué soy seruida,
       ni sé si yerro si acierto.

135   ¿Que os daré?
       ¿Qué seruicios os haré
       con que no reciva afrenta?
       Pues dezidme, ¿en qué os pequé
       por que en tiempo me arrepienta?

74v   140   ¿Qué más valor
       puede dar un seruidor
       para señal de afición,
       pues que pone el coraçón
       en manos de su señor?

145   Sin mentiros,
       no ay que dar sino sospiros,
       que si quiero contentaros,
       ¿con qué puedo yo seruiros
       ni qué podrá nadie daros?

150   Vos, no agena,
       vos, libertad y cadena,
       en vos está y se conuierte

mi gloria que me da pena,
mi vida que me da muerte.

155   Alma mía,
vos, mi gozo y mi alegría
son, para cosas tamañas,
llaue de mi fantasía,
alcalde de mis entrañas.

160   Vos, la puerta
por do en seso se concierta,
vos, el alma por quien biuo,
dais la libertad tan muerta
ques mejor morir captiuo.

165   Vos, el mar,
que mandáis que en navegar
nunca el pensamiento vague,
vos, podéis apregonar:
"quien tal hizo, que tal pague".

170   Sois el norte,
el palacio y el deporte,
pero sin vos ay mil males
questán los hombres sin corte
y las mugeres mortales.

175   Son captiuas,
atracadas, subcessiuas,
son sus llaues y sus puertas
muerte de las damas biuas,
resurrección de las muertas.

180   Muero y callo
y mi mal no sé mostrallo,
pero sé que sois mi vida,
75   que si remedio no hallo,
¿a quién queréis que lo pida?

185   Mi llorar,
¿a quién lo podré quexar
y quién me podrá valer?

      ¿A quién podré yo llamar,
      quién me podrá socorrer?

190   Si vos no,
      en quien siempre espero yo
      con esperança de veros,
      que quien se desesperó
      el todo pierde en perderos.

———————

Los vv. 118 y 119 van trastocados en el ms.

105
VNA PERGUNTA

      Por questoy en graue pena,
      muy del todo assenagado,
      es ella tal, y tan buena,
      ques de plazer muy agena
5   que haze ser mal myrado.
      Suplicándole, señor,
      que quiera esto declarar,
      pues que soy su seruidor,
      y estoy con tan gran dolor
10   que no puedo rresollar.

      Luchando con gran porfía
      mi oluido y mi memoria,
      diziendo quién ser deuía
      el que preualescería
15   y saliesse con vitoria.
      Y siendo, como espero,
      estar juntos en vn ser,
      porque vno quita el reposo
      y otro me priua el gozo,
20   pregunto qué deuo hazer.

      Pues si me quiero acordar
      del bien perdido y passado,
      torno de nuevo a penar,
      porque me veo tornar
25   a ser más atormentado.

Si es oluidado el dolor,
es notorio no se siente,
75v   y si me oluido el temor,
me pone más desamor:
30   ¿qué haré yo en lo presente?

Porque para yo oluidarme,
si me acuerdo, estoy sin tiento,
y si acierto a acordarme,
para hauer de reyterarme
35   padesco en igual tormento.
Y porque yo no padesca
lo que la razón no sigue,
en esta siesta tan fresca,
avnque yo no lo meresca,
40   le suplico me despligue.

---

16 "como espero" en ms.
29 No se copió este verso.

106

RESPUESTA

Las passiones que me aquexan
son tan graues de sufrir,
que aunque algún rato me dexan
otras de mí no se alexan
5   por donde llego a morir.
Assí que, para excluir
vna tan pronta pregunta,
quisiera saber dezir
quánto más pena el morir
10   a quien pena en vida ajunta.

Dígolo, porque la muerte,
que plazeres siempre ataja,
me quitó con pena fuerte
delante el bien, de tal suerte,
15   como el gran vyento a vna paja.
Pero porque a mi passión,
de lo yntimo asumpta,

le viene consolación,
quiero, en fin de concluir,
20   absoluer esta pregunta.

El oluido es oluidar
el tiempo en mal despendido,
claro está no ser yerrar,
antes dezirse acertar,
25   pues memoria vence oluido.
76   Pues siempre la memoria
del bien y mal se antepone,
clara cosa es, y notoria,
de los dos ser la victoria
30   el que en mal y bien dispone.

Porque en lo preguntado
entre los dos ay tercero,
no perdáys vos lo ganado,
porque no ha de ser cobrado
35   sino en el tiempo primero.
De tal suerte, la memoria
no tiene aquí que abordar
y saldrá con la victoria,
pues que la passión notoria
40   procura de la oluidar.

Si perdiste, no estoy cierto
que la memoria, acordando,
es vn dechado encubierto
en el qual veys muy abierto
45   el camino, y vays no errado.
Assí que, a mi parescer,
oluido queda olvidado,
y memoria ha de valer
porque en ella podéis ver
50   que en todo le ha despriuado.

107

OTRAS ·

¿Quál es la cosa criada
de tierra, por no mentir,
que con agua fue abiuada
y con fuego fue acabada
5   y con ayre es su biuir?
Pies ni cabeça no hauía,
ni ningún otro embaraço,
sola vna boca tenía
y sin piernas posseýa
10   la fuerça sólo en vn braço.

108

RESPUESTA

Quien substenta nuestro ser
sin falta y sin resistencia,
según puedo conoscer,
76v   es en quien es la potencia
5   de nuestro convalescer.
Es la más menospreciada
y tenida en más valor,
es nuestra fuerça y vigor,
es la ques tenyda en nada
10   y es el más suäue olor.

109

OTRAS

Hijo, no lloréys.
No lloréys, Señor,
que presto daréys
vida al peccador.

5   Dulce hijo mío,
¿por quién suspiráys
y desnudo al frío

tal calor mostráis?
Si de amor lloráys,
10   no lloréys, amor,
que [presto daréys
vida al peccador.]

Por que cante y rría
el triste de oy más,
15   llora el alegría,
¿quién tal vió jamás?
Hora, ya no más,
ya no más, Señor,
que [presto daréys
20   *vida al peccador.]*

110

77   OTRAS

Fiel y muy noble, amigo y señor,
razón me combida a os la dirigir,
a esta pregunta quiera difinir
no perjudicando su sciencia y honor.
5   Cient mil yerros, digo, serían y son
y en ello no ay duda sino ques assý,
si yo pensasse que en vos no estaría
cierta y muy clara su declaración.

PREGUNTA

10   Ondeado bien el mundo orbeado,
lo que ay en él todo es nascido,
quen vn solo curso se ha recogido,
acabado ya el tiempo limitado.
Rezia cosa es si ha transmutado
15   de vno en dos cursos para estar en su ser, [*sic*]
onde paresce hauer de nascer
dos solas vezes, y esto es forçado.

77v   Suele ser nieto de su mismo padre,
hermano assí mismo de quien lo parió,
20   entra y sale por do se engendró

y este es marido de su mesma madre.
Y esto que nasce dos vezes no más,
y con vna sola caresce de hablar.
Esto os suplico queráis declarar,
25   pues que otro tal no se bió ya más.

111

OTRAS

Si quieres, ¡ay pastora!, que padesca
tanto dolor y tanto descontento,
y tal desconfiança y tal tormento
que cada hora más mi pena cresca,
5   yo no tengo otra vida que te ofresca
ni más amor, ni fe ni más contento,
que si esto no me da merescimyento,
aýn por nascer está quien te meresca.

78   Porque si con amor se paga amor,
10   y aquesto es de amor la mejor paga,
ya yo meresco, nimpha, más fauores.
Mas si lleuas mis cosas con rigor,
por no hauer ninguna en mí que satisfaga,
tú misma con ti misma anda de amores.

112

OTRAS

Si por arrepentirse con firmeza
se meresce el perdón del offendido,
Juana, yo estoy bien arrepentido
de hazer offensa a tanta gentileza.
5   Por esso, ablanda vn poco la aspereza
que justamente contra mý as tenido,
y buelue al penitente conuertido
essos tus ojos llenos de belleza.
Pero, si por ventura no bastare,
78v   10   señora mía, el arrepentimiento
a rrestaurarme en my primer estado,
Amor podrá hazer lo que él mandare,

mas yo no dexaré este pensamiento
ni avn muerte será fin de tal cuidado.

113
[TERCETOS]

¡O pressurado arroyo y claro río,
a donde beber suele mi ganado
invierno, primavera, otoño, estío!,
        ¿por qué me has puesto, dy, a mal recaudo?
5   Pues sólo en ty ponía mis amores
y en este valle ameno y verde prado…

_____

Poema inconcluso.

114
[OCTAVAS]

A su aluedrío y sin orden alguna
lleua Adán con duëlo su ganado,
79   de lágrimas haziendo vna laguna
porque el pastor comió el fruto vedado.
5   A cada cual nos dio triste fortuna,
y a todos su descuido dyo cuidado,
sospiros daua Adán y Eua llora,
gemidos dan a Dios con voz sonora.
        Andaua el mundo tras de sus antojos,
10   perdido sin pastor y sin gouierno,
la tierra no le daua sino abrojos,
cerrado el cielo con perpetuo ynuierno.
Y por quitar el llanto a nuestros ojos,
trocó Dios el dolor en gozo eterno:
15   con tal caudal repara lo perdido
que no lo alcança seso ni sentido.
        ¿Quién vio a Dios hecho hombre en este suelo,
79v   en vn pobre portal con estrechura,
por pagar nuestra culpa y nuestro duelo
20   y dar al mal su fin y sepultura?

Y en remuneración de su buen zelo
tomó de nuestra carne vestidura,
y por quitar lo amargo del mançano
en árbol de la cruz puso su mano.

25   En vn pesebre está este enamorado
en el más alto grado que ser pudo,
que con amor la muerte ha derribado,
avnque amor para amar le ha sido dado.
Que tiene de herirle su costado
30   por ver el coraçón de amores mudo.
El que sabe de amor este epitafio lea:
"Que oluido en tal amor muy mal se presta".

115

[*ENFADOS* Y *AGRADOS* A LO DIVINO]

80   Enfádame vna dama tan golosa
que sólo por comer de vna mançana
contra la ley diuina fue animosa.
Enfádame vn diablo ensombrerado
5   que con mucho saber mató al enfermo,
haziéndole que fuesse mal rreglado.
Enfádame vn Adán que nos disfama
y la fruta gustó de agena mano,
diziendo: "Este fabor me dio mi dama".
10 Enfádame vna sierpe engañadora
que no supo seruir al Padre nuestro
y alega mil pecados cada hora.
Enfádame vn dimonio colmilludo
que da por galardón eterno llanto
15 y quiere que le siruan a menudo.
80v   Agrádame vna Virgen soberana,
hermosa, pura, humilde en tanto grado
que lo que perdió Eua ella lo gana.
Agrádame el amor tan diligente
20 con que el diuino Rey a todos ama,
pues siendo Dios se hizo mi pariente.
Agrádame el Infante soberano
que en vn pobre portal suspira y llora,
por darle ser diuino al pobre humano.

25   Agrádame llamar valiente y diestro
        al niño que en el yelo está desnudo,
        pues del cielo desciende a ser maestro.
           Agrádame vn señor que puede tanto
        y tiene de los suyos tal memoria
30   que aquí les da su gracia y después gloria.

116
[SONETO]

81

           Los cielos y natura concertaron
        hazer vna figura do pusieron
        estremo de beldad, y allý quisieron
        mostrar lo que podían y formaron.
5   Y assí en ti, Anna, rremataron
        su fuerça y las colores que tuuieron,
        y viendo tu donayre conoscieron
        ser muerte que a los bibos procuraron.
           Pues más de lo ques más, hermosa dea.
10   Si el cielo procuró hazerte tal
        que fuesse la beldad ante ty fea,
           por darte gran rrenombre de ymmortal,
        o cubre tu deydad, que no se vea,
        o míranos con ojos de mortal.

117
OTRAS

        De sus pastoras dos, ya desterrado,
        Albanio, al patrio Duero que le oýa,

81v

        cantaua nueuo mal que amor le ha dado,
        allende del absencia que sentía.
5   Que María, de quien anda enamorado,
        muestra por su partir mucha alegría,
        y Flérida, la quel pastor desama,
        con sospiros y lágrimas le llama.

           "Si no te contentó tener desnuda
10   aquesta vida, amor, de tus despojos,

buscarás otra vira más aguda
con que tirar [a] aquellos claros ojos.
Mi lengua te ofresciera casi muda
para sufrir tus ásperos enojos,
15   con tal que viera yo la hermosura
en cuyo mal o bien está ventura.

"Si no te basta, Amor, atormentarme,
subjeto a tu prisión y mandamientos,
vengáraste de mý con apartarme
82   20   de do jamás aparto el pensamiento.
Buscásteme más mal que desterrarme,
hasme dado a sentir nueuo tormento,
que ríe en mi partida mi señora
y mi enemiga a mi partida llora.

25   "La bella María, la que sólo adoro
hieres, traydor, con plomo desdeñozo,
que como tal se muestra en mi lloro
al partyr deste amador cuydadoso.
A Flérida arrojaste biras de oro,
30   según siente mi absencia sin rreposo,
Amor, ¿por qué tan mal mis cosas miras?,
¿por qué el lugar me truecas, y las biras?

---

25 En MP 1580, 31v, la bella es Silvia y no María.

118

[LETRA]

82v   *Aquel caballero, madre,*
por que anoche me rreñiste,
yo os digo que le quiero
más que a vos que me paristes.

5   Quiérolo, porque me quiere
tanto que de sý se oluida,
pues que yo le doy la vida
es porque no desespere.
No rriñáis, madre, que muere
10   con vuestras palabras tristes,

que a vos digo que le quiero
más que a vos que me paristes.

    Dezísme de a dó nasció,
yo, tenelle [he] tanta fee,
15 respóndoos que no lo sé,
quel amor lo concertó.
Que anoche fue lo primero,
como vos, madre, bien bistes,
que a vos digo que le quiero
20 *[más que a vos que me paristes.]*

119

[LETRA]

Vn vergel quiero plantar,
descanso de mis enojos,
pues que quieren dar mis ojos
agua para lo rregar.

5   Plantar quiero marauillas,
que son yeruas delicadas,
pues que tengo aparejadas
tierra para bien cubrillas.
Con sus flores amarillas
10 descanso de mi pesar,
pues que quieren dar mi ojos
agua para lo rregar.

    Tomaré por ortclano
al falso traydor Cupido,
15 pues me siguió de contino
con sus palabras tan vano.
Cautiuóme muy temprano,
en muy estraño lugar,
pues que quieren [dar mis ojos
20 *agua para lo rregar].*

120

[LETRA]

83

> *Quan libres alcé mis ojos,*
> *señora, quando os miré,*
> *quan libres alcé mis ojos,*
> *quan captiuo los baxé.*

121

[GLOSA]

> ¡O!, quién nunca os mirara
> ni viera vuestra figura,
> pues no quiso mi ventura
> yo que os amo que os gozara.
> 5 Pues vos perdí, ¿qué os ganara,
> aunque yo perdido quede?,
> *quan libres [alcé mis ojos,*
> *quan captiuo los baxé.]*
>
> Ansý nunca vos mirara,
> 10 mucho perdiera en no veros,
> yo no pudiera quereros
> no habendo de vos gozado.
> Dolo por bien empleado
> captiuerio que gané,
> 15 *quan libres [alcé mis ojos*
> *quan captiuo los baxé.]*
>
> Ya èl rremedio de mi pena
> es llorar sin descansar,
> de contino el sospirar
> 20 pues me ves en tal cadena.
> Qual me ves, tal se vea
> quien la causa dello fue,
> *quan libres [alcé mis ojos,*
> *quan captiuo los baxé.]*
>
> 25 Pues que fui vuestro y no mío
> manda, señora, en qué os sirua,

en que gaste yo mi vida
tenerme en vuestro seruicio.
Llámame perro y captiuo,
30   pues a tal yo me obligué,
quan libres [alcé mis ojos,
quan captiuo los baxé.]

122

OTRAS

Ya no me porné guirnalda
la mañana de San Juan,
pues mis amores se van.

123

[GLOSA]

83v   Pues se parten mis amores
pártase el contentamiento,
no queden [en] mi aposento
sino angustias y dolores;
5   las alegres coxan flores,
que a mí se me secarán,
pues mis amores se van.

Ya no porné mis tocados,
los mis dorados torchones,
10   ni corales a montones
que publiquen mi cuidado;
ni quiero color morado,
ni guirnalda de arrayán,
pues mis amores se van.

15   Ya no yré a las frescas güertas
a oýr cantar los rruysiñores,
ni cojeré de las flores
ni las rosas más abiertas;
ya no enramaré mis puertas,

20   *como las gentes verán,*
        pues mis amores se van.

        Ya no cogeré asusenas,
        ni tampoco clauellinas,
        ni las yeruas más subidas
25   *que en los jardines están,*
        pues mis amores se van.

        El morir más fácilmente
        se sufre más que la absentia,
        para la muerte ay paciencia
30   ques vn mortal accidente.
        ¡Ay de la que bibe y siente,
        si a ella la oluidarán!,
        pues mis amores se van.

124

OTRAS

        Fiero baxa de la gran Turquía,
        que aquí lleuaréys croxía.

84   La galera capitana
        de toda la infernal flota
5   es soberbia, altiua, insana,
        y al inferno es su derrota
        y la de Juan de vna pelota
        ques la humildad de María:
        fiero baxa [de la gran Turquía,
10   *que aquí lleuaréys croxía.]*

        Aunque soys tan mala pieça,
        manda Dios en sus estrados
        que oy os corte la cabeça
        a vos y a vuestros soldados.
15   Y que suelten los forçados
        que esperauan este día:
        fiero baxa [de la gran Turquía,
        que aquí lleuaréys croxía.]

El turco que con estruendo
20   el eterno fuego sopla,
ya oy más va huyendo
de toda Costantinopla.
No le quiero hazer más copla,
que se ofende la poesía:
25   *fiero baxa [de la gran Turquía,*
que aquí lleuaréys croxía.]

125

OTRAS

¡O contento, dónde estás
que no te tiene ninguno!
Quien piensa tener alguno
no sabe por dónde vas.

126

[GLOSA]

Lo que se dexa entender.
Fortuna, de tu caudal,
es que siendo temporal
no puede satisfazer
5   al alma ques ynmortal;
tú me diste y me vas dando
honra, estado, ymperio y mundo,
y es tan poco quanto das
que digo, de quando en quando,
10   *¡o contento, dónde estás!*

84v   Ni estás entre los fabores
deste mundo y sus floreos,
ni en el fin de sus deseos,
ni en riquezas, ni en amores,
15   ni en vitorias, ni en tropheos;
en fin, nadie te halló,
que a todos dizes que no;
y entienda el mundo ymportuno,

pues que no te tengo yo,
20   *que no te tiene ninguno.*

Buscar contento en la tierra
es buscar pena en el cielo,
en el abismo consuelo,
tranquilidad en la guerra
25   y calor dentro del yelo;
dentro ni fuera dEspaña
no le ay, porque acompaña
en su trono altiuo y vno,
y fuera de allý sengaña
30   *quien piensa tener alguno.*

Quien te busca entre contentos,
contento, tenga entendido,
que te pierde y va perdido,
porque entre los descontentos
35   sueles estar abscondido.
Y si Dios, fuera de ty,
padesció penas por mí
para entrar adonde estás,
el que no va por aquý
40   *no sabe por dónde vas.*

127

OTRAS

Si de my baxo estilo
pudiesse leuantarse alguna vena,
que sin romper el hilo
tractasse de la cena
5   que haze al que le gusta el alma buena.

Y si del pan diuino
tan sólo vna miguiya yo gustasse,
y del precïoso uino
prouasse, porque osasse
10   probar a bien cantar lo que cantasse.

85   ¡O!, cómo acertaría
          mi voz a encarecer el pan sagrado
          que Dios del cielo enbía,
          porque, desocupado,
15   el hombre que le gusta sea librado.

          Y aquellos capitanes
          que en la postrera cena le gustaron,
          por cuyos ademanes
          las almas se artaron
20   del pan a que depués las combidaron.

          Y cómo y quándo estaua
          el Sumo Sacerdote en tal officio
          a los con quien cenaua,
          por alto beneficio,
25   su cuerpo y sangre daua en sacrificio.

          Y aquellas excellentes
          palabras que les dixo el Rey de gloria:
          "Comed y parad mientes,
          ques mi carne notoria,
30   y esto hazed siempre en mi memoria".

128

OTRAS

Madre, al amor quiérole,
y ámole y sírbole y téngole
por señor.

129

[GLOSA]

          Dizen que es ciëgo,
          es muy gran mentira,
          pues tan cierto tira:
          ¡mil vezes lo niego!
5   Da desasossiego

y esso es lo mejor:
quiérole [y ámole,
y sírbole y téngole
por señor.]

10   Que peligro tiene,
dize algún couarde,
ansí Dios me guarde:
¡cómo yo le quiero!
Mas avnque condene
15   el mundo al amor:
quiérole [y ámole,
y sírbole y téngole
por señor.]

       Dizen ques mudable,
20   algún ymbidioso;
dize ques costoso,
algún miserable.

85v   Por más que se hable
dél y muy peor:
25   *quiérole [y ámole,*
y sírbole y téngole
por señor.]

130

OTRAS

       —¿Por qué hablaste, Anilla,
con Hernando
y me andas engañando?
—Si yo te engaño,
5   pastor desconfiado,
a mí me ago el daño.
Dexa, Pascual, los selos
y no quieras se bueluan,
quiçá, las burlas veras.

10   Suele amor alegrar
y de bien lleno,
en él no ay descontento,

ni le oviera,
si estos rabiosos celos
15   *no tuuieras.*

El que de amor está
bien saborido,
no puede mal querer
quando quisiera,
20   *si estos rabiosos celos*
no tuuieras.

131

[LETRA]

Vna serranica
la mano me diera,
y salióse afuera.

Diérame la mano
5   de contino amarme,
y de no oluidarme
tan de mý temprano,
y salióme en vano
quanto me dixera,
10   *[y salióse fuera.]*

Yo la vi jurar
cien mil juramentos,
y la vy llorar
lágrimas sin qüento.
15   Con tal juramento,
¿quién no la creyera?,
[y salióse fuera.]

_____

Este poema y el 23 son una reelaboración
de la misma letrilla popular.

132

OTRAS

Falsa me [e]s la espigaderuela,
falsa me [e]s y llena de mal.

133

[GLOSA]

86

    Vna dama de esta tierra,
la qual tengo por señora,
me trae en contina guerra,
no me da descanso vna hora;
5   es cruel y matadora
[por] su proprio natural:
falsa me [es]s [la espigaderuela,
falsa me [e]s y llena de mal.]

    Yo confiesso que es hermosa,
10 pero esso no vale nada,
pues en todo es peligrosa
y mal acondicionada;
dama tan desamorada
"en piedras hará señal":
15 *falsa me [e]s [la espigaderuela,*
falsa me [e]s y llena de mal.]

    Ni despide ny concluye,
ni cumple ni es berdadera ,
lo que más desea huye,
20 rrepártese y queda entera,
paresce vna blanda cera,
más dura es que vn pedernal:
falsa me [e]s [la espigaderuela,
falsa me [e]s y llena de mal.]

25   Es rrobadora fermosa,
todo el campo lestá llano,
y no se le ampara cosa
que no toma a saco humano;

su semblante es muy humano
30   y es venenoso mortal:
falsa me [e]s [la espigaderuela,
falsa me [e]s y llena de mal.]

134

[VILLANCICO]

Si mal me quisiere Menga,
ésse le venga.

135

[GLOSA]

Si Menga me quiere mal
por sólo querella bien,
cresca el enojo y desdén
que se me muestra mortal;
5   pero si me quiere mal
por querer a otro más Menga,
ésse le venga.

Si se muestra dura y fuerte,
si gusta de atormentarme
10   para más presto acabarme,
hallo por buena mi suerte;
mas si me desea la muerte
porque otro vida tenga,
esso le venga.

136

[CANCIÓN]

—¿Cómo te va, dy, carrillo,
con tu hermosa zagala?
—Mal me va, assí Dios me bala.

86v

137

[GLOSA]

Las burlas y niñerías,
los rregalos y fabores
todo se ha buelto en dolores
que dura noches y días.
5   Más te diré que querías
saber de my suerte mala:
que no me quiere Pasquala.
    —*¿Cómo te va, [dy, carrillo,*
con tu hermosa zagala?
10   —*Mal me ba. Assí Dios me bala.]*

    —El di sancto ya passado
tocaste tu caramillo
y cantaste vn cantarzillo
alegre y rregozijado.
15   —Todo aquesso es ya passado,
que todo no dura nada,
pues no me quiere Pasquala.
    —*[¿Cómo te va, dy, carrillo,*
con tu hermosa zagala?
20   —*Mal me ba. Assí Dios me bala.]*

138

[CANCIÓN]

Pasquala le dize a Gil,
e Gil a ella:
—*Vos bibáys los años mil.*
—*Más bíbalos ella.*

139

[GLOSA]

Gil tanto a Pasquala quiere
que su amor es la zagala,
y pues amor los yguala

dízele ella:
5   —*Vos bibáys los años mil.*
    —*Más bíbalos ella.*

140
OTRAS

Afuera, consejos banos,
que despertáys mi dolor,
no me toquen vuestras manos,
que en los consejos de amor
5   *los que matan son los sanos.*

141
[GLOSA DE PEDRO DE PADILLA]

Ha querido mi ventura
que dy en ser enamorado
de vna dama que procura,
en cambio de fe tan pura,
5   dexarme descañonado.
Persígueme que la quiera
con alagos inhumanos,
por el ynterés quespera;
yo le dixe: "Dende afuera,
10 *afuera, consejos vanos".*

Por vella desengañada
le dixe en breues rrazones:
"De mý seréis muy amada,
mas no entiendo daros nada
15 sino fueren moxicones.
Si me queréis como os quiero,
queredme con este amor
tan firme y tan verdadero,
mas no me pidáis dinero
20 *que despertáis mi dolor.*

87 (margin)

      "Cáusame melancolía
ver inclinación en vos
en pedirme cada día,
sabiendo que nunca Dios
25   llouió sobre cosa mía.
Para poderos seruir
hize sonetos galanos
con que os podáis bien reír,
[y si me pensáis pedir,
30   *no me toquen vuestras manos.]*

      "Y si me decís que pida,
señora, para que os dé,
es cosa tan dessabrida
que no lo hice en la vida,
35   y por vos no lo haré.
Si me dezís que venda
cosas de poco valor,
qüasy en toda mi hazienda
no hay cosa que más me offenda
40   *que los consejos de amor.*

      Si queréis aconsejarme,
no me aconsegéis que os dee,
ni cómo pueda empeñarme,
que por esto entenderé
45   que vuestro gusto es pelarme.
87v   Si dezís que el gastar
sana males ynhumanos,
déxame de aconsejar,
que en los consejos del dar
50   *los que matan son los sanos".*

Poema copiado con desorden y descuido. Seguimos el orden
del *Tesoro*, MP 973 y MP 1587.
22 "yndinaçión" en ms. Enmendamos según MP 1587, 71v.
28 "engreyr" en ms. Enmendamos según MP 1587, 71v.
29-30 Versos suplidos de MP 1587, 71v.

142

[VILLANCICO]

La dama que no es briosa,
no vale ni sabe cosa.

Por vnos rubios cabellos
se llaman damas algunas,
5   que gomitara en ayunas
el que las biere sin ellos.
Manos blancas y ojos bellos
en vna dama enfadosa,
no vale no vale cosa.

10   Si ay mucha hermosura
sin gracia, donayre y brío,
es ver en vn mármol frío
estampada vna figura.
La que sin desenvoltura
15   no tiene vista lustrosa,
no vale, no vale cosa.

Si no tiene vn no sé qué
que se sienta y no se diga,
denle todos vna higa
20   que yo a otro le daré.
Y si no se lo diré
en soneto, verso y prosa:
que no vale, no vale cosa.

Si sube el gusto del ver
25   al empeçar a parlar,
parlando puede enfriar
lo que callando encender.
La que no ha dentretener
sino con vista lustrosa,
30   *no vale, no vale cosa.*

_____

2 "no sabe ni sabe cosa" en ms.

143

OTRAS

Llamáuale la donzele al hombre vil,
dize que al ganado á de yr.

144

[GLOSA DE ALONSO DE ALCAUDETE]

  —Ven acá, pastor hermano,
no me seas tan abiesso,
88   de ser presa de tu amor,
que yo mesma lo confiesso.
5 —No me cumple nada desso,
dixo el vil, [a mi ganadico me quiero ir.]

  —Ven acá, pastor hermano,
ven acá, simple ouejero,
dexa agora tu ganado,
10 quiéreme, pues que te quiero.
—Si vos queréis, yo no quiero,
dixo el vil, [a mi ganadico me quiero ir.]

  Llamáuale: —Dy, perdido.
¿Cómo te vas a perder?
15 Ven acá, desconocido,
tómame por tu muger.
—No lo puedo esso hazer,
dixo el vil, [a mi ganadico me quiero ir.]

  —Essa tu color morena,
20 me paresce de alemán.
Esse tu cabello crespo
me paresce de oro fino.
Esse tu gabán pardillo
capa de grana buena.
25 —Más querría buena sena,
dixo el vil, [a mi ganadico me quiero ir.]

  —Mira que solté la rienda
de mi vergüença por ty,
mira que por tuya me dy,

30 por tuya que no en prenda.
    —Más querría otra hazienda,
    dixo el vil, [a mi ganadico me quiero ir.]

    Asomada a una ventana
    donde su pasión aquexa,
35 ventana que al monte hazía
    donde asoma lo que afana.
    —Que no quiero ver, galana,
    dixo el vil, [a mi ganadico me quiero ir.]

    —Avnque va fuera de vso
88v 40 rrequerirte la muger,
    házelo el amor hazer,
    que a su ley nunca se puso.
    —Entended en vuestro vso,
    dixo el vil, [a mi ganadico me quiero ir.]

45 —El hilar son ansias mías
    del copo del coraçón,
    do saco telas de ysión
    que cubren mis alegrías.
    —Ya tengo las migas frías,
50 *dixo el vil, [a mi ganadico me quiero ir.]*

    —Hombre más duro que azero,
    no te puedo menear,
    y tras muerte no ay que dar:
    mira que por verte muero.
55 —Antes quebrar que doblar,
    dixo el vil, [a mi ganadico me quiero ir.]

    —Dexaré yo mi cabaña
    onde duermo extendijada
    sin congoxa ni sin saña.
60 —El amor que no me apaña,
    dixo el vil, [a mi ganadico me quiero ir.]

53-54 Versos trastocados en el ms.
57-61 Estrofa mal copiada.

145
[CANCIÓN]

La bella mal maridada
de las más bellas que yo vy,
si auéys de tomar amores,
vida, no dexéis a mý.

146
GLOSA

Quando nos quiso mostrar
todo su poder natura
que fue hazeros sin par,
tan poco os lo dio en casar
5   como convino en ventura.
Y si en orden de biuir
os cupo el de ser casada
ninguno os pudo venir
por quien dexen de dezir:
10   *la bella mal maridada.*

89   En natura está el defeto
de aueros casado mal,
porque os dio el ser tan perfeto
que se pribó del efeto
15   de poderos dar ygual.
Y assí soys de las de agora
y de las de hasta aquý,
libre de competidora,
confessada por señora
20   *de las más lindas que yo vy.*

Y pues vuestro merecer
no puede ser merescido,
pidos, por no os ofender,
licencia para tener
25   embidia a vuestro marido.
Bien sé que es atreuimiento
muy grande pedir fabores
a tan gran merecimiento,

més es con aditamiento,
30   *si avéis de tomar amores.*

     Si los hauéis de tener,
pues los hauéis de causar,
avnque no puedo ofender
contra vuestro gran poder,
35   hazeldo por remediar.
Y aunque estoy más que pagado
sólo en pensar que os seruý,
si alguno de mý, penado,
tiene de ser remediado,
40   *bida, no dexéis a mý.*

147

[PIE]

Todo es poco lo possible.

Mote repetido. Véase el núm. 7.

148

[GLOSA AL PIE]

Yo lo impossible pretendo…

Glosa repetida. Véase el núm. 8.

149

89v   SONETO A LA MUERTE Y EL HOMBRE.
[DEL LICENCIADO ESCOBAR]

H. ¡A, muerte, vida mía! *M.* ¿Quién me llama?
H. Quien de amor tuyo muere. *M.* ¡O, qué locura!
H. ¿Por qué? *M.* Porque no es loco quien procura
amar a la quel mundo assí desama.
5   *H.* Pues, dy, ¿qué ven en ty? *M.* ¿No oyes mi fama,
no as visto mi retrato y mi figura?

H. ¿Tú no acabas el mal y desuentura?
M. Sí acabo. *H.* Pues no busco yo otra dama.
 M. ¿Qué quieres, dy, de mý? *H.* Querría verte.
10 *M.* ¿No ves que morirás? *H.* Pierde cuydado,
que más muero si pensas detenerte.
 M. ¿Qué mal sientes? *H.* Verme de ty oluidado.
M. Mira que soy crüel. *H.* Ya lo sé, Muerte,
que lo eres para mý pues no as llegado.

150
[SONETO DEL LICENCIADO DUEÑAS]

90   ¿Qué cosas son los selos? Mal rrabioso.
¿Con qué nascen o vienen? De temores.
¿Qué teme aquél que ama? Otros amores.
¿Pues que se le da a él? Tráenle embidioso.
5 ¿Pues qué le haze enbidia? Sospechoso.
¿Y en sospechar qué teme? Disfabores.
¿El disfabor qué causa? Mil dolores.
¿Y con dolor qué pierde? Su rreposo.
  ¿Con quién tiene contento? Con ninguno.
10 ¿Pues no ay rreýr en él? Muy falsamente.
¿En qué entiende esse hombre? En ser espía.
  ¿Pues qués su condición? Ser ymportuno.
¿Qué saca desto tal? Cansar la gente.
¿Y quién lo trae assý? Su fantazía.

151
90v A VN SEPULCRO DE VNA DAMA

 Aquí jaze sepultada
vna parlera señora,
que jamás punto ni hora
tuuo su boca callada;
5 y tanto tanto habló
que avnque más no ha de hablar,
no llegará su callar
donde su hablar llegó.

152

[CANCIÓN]

Gran lástima traigo, Juan,
de ver vn pastor que llora
de amores de su pastora.

153

[GLOSA]

De cansado no se muebe,
ni habla de desmayado,
de sus lágrimas el prado
está como quando llueue.
5   Quien yo más quiero no prueue
mal de amores por vna hora
de tan polida pastora.

Sobre vn cayado de pechos
le vy estar para espirar,
10   y sus ojos de llorar
vna pura carne hechos.
Ha tomado tan a pechos
el querer a su pastora
que días y noches llora.

15   Díxele por qué quería
assí dexarse perder,
respondió que su querer
en aquello consistía,
y que luego moriría
20   si se viesse sola vn ora
sin pensar en su pastora.

154

[CANCIÓN]

91   Pues si sólo [con] miraros
tanto me cuesta no veros,

ved cómo podré oluidaros
ya que estoy puesto en quereros.

5　　Ya que estoy puesto en quereros
no hay querer boluer atrás,
ay que desear ver más
pues que no ay más bien que veros.

Aquel que quiso hazeros,
10　que tam bien pudo dotaros,
que forçáis a bien quereros
y ques en sólo miraros.

155

OTRA

¡O contento, ¿dónde estás…

Poema repetido. Véase el núm. 125.

156

[GLOSA]

Lo que se dexa entender…

Poema repetido. Véase el núm. 126.

157

91v　　OTRAS

Tristeza, no me dexéis.
Vos, plazer, podéisos yr,
que sin vos he de biuir.

Vos podéis muy bien buscar
5　alegría donde estéis,
quel lugar que pretendéis
ya le ha tomado el pesar.
Y pues todo es lamentar,

10 *vos, plazer, podéisos yr,*
  [que sin vos he de biuir.]

   Ya no quiero más de veros
92 ni contino ymaginaros,
  y penar con desearos
  sin poder nunca teneros;
15 y pues yo quiero perderos,
  si os plaze, podéisos yr,
  que sin vos he de biuir.

158

[CANCIÓN]

  —Aunque más y más dirán.
  —¿Qué dirán?
  —Que muy mucho nos queremos.
  —Digan, que cançarse an,
5 *y los dos nos olgaremos.*

   —Mientras bibieren las gentes
  y vuiere trato de amores,
  ha de auer murmuradores,
  parleros y maldizientes.
10 Por estos ynconuenientes,
  mi bida, no nos turbemos,
  pues ellos se cansarán
  y los dos nos olgaremos.

   No dexemos de querernos,
15 yendo siempre en crescimiento,
  dándonos cada momento
  besos y abraços muy tiernos.
  Ardan en malos ynfiernos
  éstos por quien nos tememos,
20 *pues ellos se cansarán*
  y los dos nos olgaremos.

   Mi señora, no es lo bueno
  questemos aquí abraçados
  y estén los desuenturados

25   asechando y al sereno.
      A gran simpleza an de no[s]
      esto por quien nos tememos,
      pues ellos se cansarán
      y los dos nos olgaremos.

159

92v   OTRAS [DE JUAN BOSCÁN]

      Mi coraçón fatigado
      de su querer se arrepiente,
      que, señora, lo passado
      rrevuelto con lo presente
5   me tiene ya escarmentado.

      Yo conosco que mi pena
      siempre fue por culpa mía,
      pues tuue siempre porfía
      en dexar la parte buena
10   por seguir mi fantazía.

      Agora, cobrando acuerdo,
      conosco do estoy, señora,
      yo me alço con lo que pierdo
      la locura dasta hora
15   me haze que torne cuerdo.

      Mi dolor ha sido bueno
      pues tal seso me procura,
      pero fuera más cordura
      castigar en mal ageno
20   que en my propia desuentura.

160

OTRAS

      Falsa m'es la espigaderuela,
      falsa m'es y llena de mal.

Poema repetido. Véase el núm. 132.

161

[GLOSA]

Vna dama desta tierra…

Poema repetido. Véase el núm.133.

162

93

OTRA

Si quieres, ay pastora, que padesca…

Soneto repetido. Véase el núm. 111.

163

OTRAS

Vnos dizen que amor está en ventura,
otros tienen que no, sino en franqueza;
algunos que consiste en gentileza,
otros que en ocasión y conyuntura.
5   Otros que alcança amor quien lo procura,
perdón del alma y naturaleza;
dizen también algunos que simpleza,
otros que en libertad amor se apura.

93v   Vnos que en afrontar en los humores,
10   otros que en diligencia y en porfía,
otros que en ser ylustres y ser grandes.
Menandro, pues sabéis tanto de amores,
¿en qué consiste amor, por vida mía?:
que yo lo seruiré en cosas de Flandes.

164

VILLANELA

¿A quién me quexaré?, ¡ay Dios!, que muero,
mas no auiendo a mi mal ninguna cura,
callar será mejor mi desuentura.

Si cuento yo mi mal, soy descubierto,
5   si digo por quien muero, es por locura:
callar será mejor mi desuentura.

Pues si mi mal es tal, no sé qué haga,
y el rremedio ha de ser la sepultura:
callar será mejor mi desuentura.

165

ROMANCE

Del aposento de Amón
la hermosa Tamar salía,
como rrabiosa leona
quando le quitan la cría.
5   Messa sus rubios cabellos,
sus blancas manos torcía,
llorando de los sus ojos
desta manera dezía:
"Vengança, hermano, vengança
10   de quien rrobó mi alegría,
quel traidor de Amón, mi hermano,
me rrobó la que tenía.
Cumplió en mí su voluntad,
no siendo voluntad mía".
15   Oýdo lo hauía Absalón
en la sala do dormía.
"¿Qués esto, señora hermana?,
¿qués aquesto, hermana mía?

Sólo se copió este fragmento.

166

OTRO [DE ALONSO DE CARDONA]

Triste estaua el cauallero,
triste está y sin alegría,
con lágrimas y sospiros
desta manera dezía:

5   "¿Qué fuerça pudo apartarme
de veros, señora mía?
¿Cómo bibo siendo absente

94   de quien tanto yo quería?
Con los ojos de mi alma
10 vos contemplo noche y día,
y con éstos que os miraua
lloro el mal que padescía.
Aquí se abiba mi pena,
esfuerça la mi porfía
15 el fuego de mi deseo
que en mis entrañas ardía".

167

COPLAS

Credo que me ahorca amor,
la causa yo la diré.
Dize el pregón: "Por traidor,
porque amaua y quería bien".

5   Vuestro desamor ha dado
querellas, amor, de mý,
y dizes que merescý
mil vezes ser ahorcado.
Luego tuue disfabor
10 aunque no hize porqué.
Dize el pregón: ["Por traidor,
porque amaua y quería bien".]

     Dizen esta es la justicia
que manda el amor hazer
15 al que le sobró codicia
para amar y bien querer.
Mándale ahorcar amor
porque tan constante fue.
Dize el pregón: ["Por traidor,
20 *porque amaua y quería bien".]*

     Traxeron el sufrimiento,
la soga para ahorcarme,

para más escarmentarme
de my pena y escarmiento.
25 La causa de mi tormento
allý el pregonero fue.
Dize el pregón: ["Por traidor,
porque amaua y quería bien".]

Yo mestando en la mi estancia
30 dos frailes vide venir,
ques firmeza y esperança,
[a] ayudarme a bien morir.
Dixéronme : "¡A, peccador!"
Yo dixe :"A Christo pequé,
35 *pero muero por traidor,*
porque amaua y quise bien".

168

[LETRA]

94v
Vna almoneda se haze
en esta plaça real:
¡benga quien quiera comprar!

Vn amante desdichado,
5 de amor desfavorecido,
de penas muy mal herido,
questa noche se ha finado;
halléme solo a su lado
ya que quería espirar:
10 *¡benga [quien quiera comprar!]*

Como el triste pensamyento
vido la muerte tan fea
rrogóme fuesse albaçea
de su ánima y testamento.
15 Díxele que era contento,
y assí lo quiso aceptar:
¡benga [quien quiera comprar!]

Como en el cielo se cobra
todo el bien que acá hemos dado,

20   con grandíssimo cuydado
       luego lo puse por obra.
       Y pues el tiempo me sobra
       quiero luego començar:
       ¡benga [quien quiera comprar!]

25   Véndense los aposentos
       donde este triste murió,
       donde dizen que passó
       muy grandíssimo tormento.
       También vnos paramentos
30   de carmesí singular:
       ¡benga [quien quiera comprar!]

       Véndense vnas cortinas
       de rrazo negro bordadas,
       también vnas almohadas
35   de esperanças guarnecidas.
       Las colchas son amarillas,
       por mayor dolor mostrar:
       ¡benga [quien quiera comprar!]

       Véndense vnas rropas de oro,
40   más finas son que vnas ma[   ]
       las quales sacó la pasc[   ]
       el triste a lidiar vn toro.
       Véndese vn contino lloro,
       vn dolor y suspirar:
45   *¡benga quien quiera comprar!*

169

COPLAS

95

       Lástima tengo, carrillo,
       de ver al pobre de Andrés
       que se muere el cuytadillo
       de vn mal que de amores es.

 5   Los ojos tiene hundidos,
       la color quasy perdida,
       ha perdido los sentidos,

la fuerça desflaquecida.
El rrostro flaco, amarillo,
10   no puede tenerse en pie:
que se muere [el cuytadillo
de vn mal que de amores es.]

Muere, y quando más mortal,
él siente el graue tormento,
15   dize quel bien de su mal
le haze bibir contento.
Es gran lástima de oýrle,
pues está loco después:
que se muere [el cuytadillo
20   *de vn mal que de amores es.]*

Y nadie dixo de gana
la occasión dónde ha nascido,
de la gloria soberana
que atormenta su sentido.
25   Pues nadie como él sufrillo
puede con más ynterés,
que se muere [el cuytadillo
de vn mal que de amores es.]

170

OTRAS

Mucho me aprieta el deseo,
y lo que voy deseando
no tiene cómo ni quándo.

171

[GLOSA]

Mucho me aprieta, porque
tanto el deseo subió
que en el camino murió
la esperança de mi fee.
5   Desesperando y amando
conmigo mismo guerreo,

pues enbío mi deseo
donde no ay cómo ni quándo.

Al cómo sierro la puerta,
10   y en lo possible procura
que al quándo la desventura,
que mi daño siempre acierta.

95v   Y avnque estoy agonizando,
también en la causa veo
15   *que embío a mi deseo*
a do no ay cómo ni quándo.

Sin esperança y fe biba
cría el deseo en mi pecho,
y amor, que no la ha desecho,
20   tiempo ni fortuna esquiua.
Viuo más desesperado
y del yelo en que me veo,
pues embío mi deseo
donde no ay cómo ni quándo.

172

OTRAS

Niña por quien yo suspiro,
duélante ya mis enojos,
pues soys niña de los ojos,
de los ojos con que os miro.

173

[GLOSA]

Mi contento es sólo veros,
y contemplaros mi gloria,
y no cabe en mi memoria
otro bien sino quereros.
5   Y con temor de ofenderos
quanto puedo me rretiro,

con vos, niña de los ojos,
de los ojos con que os miro.

   Niña, si me falta el veros,
10 no veros me da dolor,
y si muero por quereros,
no quereros es peor.
Ferido de vuestro amor,
con el mismo amor sospiro,
15 *por vos, [niña de los ojos,*
de los ojos con que os miro.]

   Júntanse para matarme
diez mil gracias que en vos vi,
y las pocas que hay en mý
20 para querer vos amarme.
Quiso amor desesperarme
pensando hazerme tyrano
con vos, niña de los ojos,
de los ojos con que os miro.

174

OTRAS

96

   El dolor que me destierra
es el que me ha de acabar,
¿cómo bibirá en la mar
quien dexa el alma en la tierra?

175

[GLOSA]

   ¿Cómo bibirá el cuytado
tan ageno de sosiego,
que tiene el alma en el fuego,
y el cuerpo en agua enterrado?
5 Al fin esta cruda guerra
ya poco puede durar,
que mal bibirá en la mar
[quien dexa el alma en la tierra.]

                ¿Cómo podrá ya bibir
10   quien tiene el cuerpo mortal,
         pues es rrazón natural
         que sin alma ha de morir?
         Sin alma boy a la guerra,
         el alma se ba a embarcar,
15   *¿cómo bibirá en la mar*
         quien dexa el alma en la tierra?

         Contra mý se han conjurado
         fuego y agua, tierra y viento,
         el fuego me da tormento
20   dentro en my cuerpo encerrado.
         Házeme el ayre gran guerra
         cresciendo en mí el sospirar,
         en no ahogarme en la mar
         y en no tragarme la tierra.

176

OTRAS

         Si a todos quantos miráis
         os mostráis ser matadora,
         si a todos fabores days,
         sálgome afuera, señora.

5   Si a todos quantos miráis,
         y mirando los vencéis,
         será bien que no miréis,
         pues mirando los matáis.
         Las heridas que les days
10   es morir dentro en vna hora,
         si a todos [fabores days,
         sálgome afuera, señora.]

96v   Es vn vaso el coraçón
         de obra tan marauillosa,
15   que lleno de vna passión
         en él no cabe otra cosa.
         Bástaos, dama, ser graciosa

y los ojos matadores,
si a todos fabores days,
20   *no quiero vuestros amores.*

177

[LETRA]

[Vide a Juana estar labando
en el río y sin çapatas,
y díxele suspirando:
Dy, Juana, ¿por qué me matas?]

178

GLOSA

Al pie de vn monte escabroso,
seco, solitario y frío,
junto a vn rrío caudaloso,
claro, baxo y pedregozo,
5   sin yerba, ny árbol sombrío,
descontenta y desabrida,
triste, sola y suspirando,
del mal de amores herida,
entre vnas quiebras metida,
10   *vide a Juana estar labando.*

Sola la vide labar
y su dolor era tanto
que no quiso otro lugar
por poder mejor soltar
15   ambas rriendas a su llanto.
Y assí, llorando, dezía:
"Fortuna, quán mal me tratas".
Y en fuego de amor se ardía,
puesto que los pies tenía
20   *en el río y sin çapatas.*

No dexa santo ni valle
a que no inuoque llorando,

y viéndola de aquel talle,
quise esforçarme a hablalle
25   *y díxele suspirando:*

      ¡Ay, Juana!, cómo meresce
tu yngratitud essa llama,
y quán mal que te paresce
amar a quien te aborresce
30   y aborrescer a quien te ama.
Si a vn pastor destraña parte
97   assí te entregas y atas,
a mí, ques gloria amarte,
dy, Juana, por qué me matas.

                179

               OTRAS

      Señora, no sé dezir
viéndoos tan acabada,
quán triste soy por os ber
hermosa mal empleada.

5   Quien tan mal os empleó
poco de mí se dolía,
pues no vió quanto me yua
quitar lo que me quitó.

      Obliga el primor que tiene
10   lindeza tan estremada,
que digan los que os veen:
hermosa mal empleada.

      Matauais siendo soltera,
matáis ahora en casada,
15   matáis de toda manera,
señora, mal empleada.

180

OTRAS

¡O!, quán diferentes son
vuestro coraçón y el mío,
que de fuego y de passión
hecho está el mío vn carbón
5   y el vuestro vn yelo, de frío.

Dos llamas son vuestros ojos
y mis ojos son dos rríos,
andan con tristes desuíos,
los vuestros, dándome enojos,
10   y llorándolos los míos.

Quando me paro a pensar
en el mal que por vos siento,
descubre mi pensamiento
tanta tierra de frescor
15   que se atierra el pensamiento.

97v   La esperança es tan baldía
y es tan áspero camino,
y el deseo es tan sin tino,
que toma más alegría
20   quando yo más desatino.

Y si alguna vez amor,
cruel, yncostante y ciego
se alarga a darme fabor,
es por dar más leña al fuego
25   y más causas al dolor.

Hallo mi sentido tal
y el pensamiento tam bien,
que avnque estoy casi mortal
no oso gozar del bien
30   porque sé que para en mal.

Veo mi bien donde llega
y de mi mal no veo cabo,
mi voluntad veo ciega

y mi coraçón esclauo
35   de quien el suyo me niega.

Mi bien llega a más llegar,
a donde llegáis engaño,
y es tan sin medio el pesar
que ni bien oso esperar
40   ni temer puedo más daño.

No tengo más que temer,
ni tengo más que esperar:
¡qué más mal puede amor dar!,
pues ni conosco plazer
45   ni desconosco el pesar.

Riño con mi pensamiento
por auerse assí empleado
en lugar tan encumbrado
que tengo yo corrimiento
50   quexarme de mi cuidado.

181

OTRAS

Lobos coman las ovejas,
de rabia muera el pastor,
si no defiende al amor.

98
        Por riscos ande perdido,
5   jamás entre en el poblado,
biba muy entrestecido
y muera desesperado.
Siempre vaya su ganado
de vn mal en otro peor,
10   *si no [defiende el amor.]*

Sean grandes sus fatigas
su bonança triste y poca
y avn se le enfríen las migas,
dende la mano a la boca.
15   Siempre esté mudable y loca

la fortuna en su fabor,
si no [defiende el amor.]

   Todo quanto pretendiere
le salga muy al rreués,
20   y si acaso se rriere,
con rabia llore después.
Quando pierda alguna rez
siempre sea la mejor,
si no [defiende el amor.]

25   Quando menos se catare
nunca le falten enojos,
y todo quanto mirare
se le conuierta en abrojos.
Tórnense fuentes sus ojos
30   y sus lágrimas dolor,
si no defiende el amor.

182

SONETO [DE GREGORIO SILVESTRE]

   Quán lexos está vn nescio dentenderse,
quán cerca vn majadero denojarse,
y qué pesado vn torpe en atajarse,
y qué liũiano vn simple de correrse.
5   El vno es impossible conoscerse,
y el otro no ay poder desengañarse,
y assí no puede el nescio adelgazarse,
que todo es para más entorpecerse.
   Al fin se han de tratar con prosupuesto,
10   que son, en defender su desatino,
más safios y más tiesos que vn villano.
   Y assí, el más sabio dellos es vn sesto,
que no ay jamás meterlos por camino:
dexarlos por quien son es lo más sano.

183

OTRAS

    Quien dixere que Leonor
es rretrato de María,
dirá que la noche es día
y que no es ciego el amor.

5   Quando algún pintor famoso
dos rretratos ha pintado,
descubre, si es auisado,
a la postre el más hermoso.
Y assí el Diuino Pintor,
10   por mostrar lo que podía,
primero mostró a María
y después nos dio a Leonor.

    Quien la beldad y el asseo
de María contemplare,
15   dirá, quando la mirare:
"Aquí se acabó el deseo".
Pero si viere a Leonor,
después de ver a María,
dirá: "Engañado bibía,
20   questa belleza es mayor".

    No se le puede negar
a María vn no sé qué
con que suele encadenar
el alma de quien la ve.
25   Mas, ¡ay triste!, quel amor
lleua ya por mejoría
los captiuos de María
a la cárcel de Leonor.

    No puede comprar barato
30   ni tiene mucho caudal
quien da nombre de rretrato
a la ques original.
Y si con todo porfía,
yo seré mantenedor,
35   que lo bueno de María
es parecerse a Leonor.

184

A SANTO ANDRÉS

Fue tan delgado y sutil…

Poema repetido. Véase el núm. 93.

185

COLOQUIO PARA NAUIDAD

99   —¡Albricias, hombre mortal!
        —¿Qué nueuas ay de contento?
        —Que se haze vn casamiento
        tan conforme y desigual
5   que asombra el entendimiento:
        el melón y el casamiento
        todo es acertamiento.

        —¿Es éste tan acertado
        que del herror nos descasa?
10   Tanto bien, ¿a quién se ha dado?
        —A la que estaua en pecado,
        diziendo, porque se abraza:
        "Si mi padre no me casa,
        yo seré escándalo de su casa".

15   —¿Quién se casa? —El mismo Dios.
        —¿Con quién? —Con la Humanidad.
        —¿En qué parte? —Acá entre nos.
        —¿Tanto amor, tanta piedad?
        —Sý, y aún más hará por nos.
20   *Dios y hombre y hombre y Dios,*
        para en vno son los dos.

        —¿Cómo casa pobremente
        siendo señor de señores?
99v   —Porque casa por amores.
25   —¿Quién le fuerça?
        —El selo ardiente de rremediar pecadores. [*sic*]
        —Quien se casa por amores
        no le faltarán dolores.

—¿Qué le dan con ella en suerte?
30   —Vn dote de gran valor.
       —¿Y quál es?
       —Tormento fuerte,
       fatigas, penas, dolor,
       suspiros, angustias, muerte.
35   —Y la Diuina Bondad,
       ¿qué le da a su esposa en arras?
       —Fee, esperança y caridad ,
       que son ánchoras y amarras
       contra toda tempestad.

40   *Salga la verdad,*
       salga de la tierra,
       destruya el peccado
       que nos daua guerra.

       —¿Y quién ha sido el tercero
45   que en el cielo pudo tanto?
       —De la parte del primero
       es el Espíritu Sancto:
       ¡ved que buen casamentero!

       —Y de parte de la esposa,
50   ¿quién fue el tercero y la guía?
       —Vna virgen generosa.
       —¿Cómo se llama? —María.
       —¡O qué virgen tan dichosa!

       Virgen gloriösa,
55   *nuestra medianera,*
       porque sóis la prima,
       fuistes la tercera.

       —¿De qué viene guarnecido?
       —Del traje de humanidad.
60   —¿Qué sastre cortó el vestido?
       —La inefable Trinidad,
       por que fuesse más polido.

       Sea bienvenido,
       bienvenido sea,
65   *el que se á vestido*
       de nuestra librea.

100   Del thálamo se leuanta
     el esposo deseado,
     oý la letra que canta,
 70   veréys si es enamorado:
     "*Veni, sponsa mea, veni,*
     coronata eris".

186

CHANSONETAS

  Hombre y Dios han hecho liga,
  y el amor los ha ligado
  para vencer al peccado.

  Romper aquel ciego ñudo
 5 tan mortal y tan preciso,
   el hombre sin Dios no pudo
   ni Dios sin el hombre quiso.
   Mas oy tenemos aviso
   quel amor los ha ligado
 10 *para vencer al peccado.*

  Era el pecado tan fuerte
   que en rigor nadie podía
   viuir sin vencer su muerte,
   si el mismo Dios no venía.
 15 Y porque ansí conuenía,
   hombre y Dios se han concertado
   para vencer al peccado.

187

OTRAS

  Dulcíssima pastora,
   en cuyo fértil seno
   el cordero diuino se ha vmanado,
   siendo tan gran señora
 5 que en todo lo terreno
   sola quedastes libre del peccado.

A vuestro Hijo amado,
gran rey de tierra y cielo,
¿por qué le consentís desnudo al yelo?
10 Mas, ¡ay, dulce bien mío!,
quel gran fuego de amor os quita el frío.

Castíssima donzella,
de tanta hermosura
100v   quel Señor soberano en uos se mira,
15 cuya beldad, más bella
que pura criatura,
al coro soberano todo admira.
Dezid, ¿por qué suspira
el rey, ques vuestro hijo,
20 y llora, siendo autor del rregozijo?
Mas, ¡ay, dulce alegría!,
que vos queréis llorar por que yo ría.

Sanctíssima princesa,
del príncipe escogida
25 para darle rremedio al hombre vmano,
dando la rica empresa
de aquella ymmortal vida
a quien la mereciere de tal mano.
Pues es tan soberano
30 el Rey que auéis parido,
dezí, ¿por qué nasció tan abatido?
Mas, ¡ay, mi fuerte escudo!,
que por vestir mi alma estáis desnudo.

188

OTRAS

Hermosíssima pastora,
quel cordero apacentáis,
mientras él sospira y llora,
vos, cantando, le adoráis.

5   Hermosíssima donzella,
remedio de peccadores
que con Dios, por ser tan bella,
merecéis tratar amores.

Si él a vos os enamora,
10 vos también le enamoráys:
y si Dios suspira y llora,
vos, cantando, le adoráis.

Dios y hombre es el cordero
vuestro casto pecho el prado,
15 vn pessebre es el apero,
y la cruz será el cayado.
Sois princesa y sois pastora
del cordero que nos dais:
si por mí sospira y llora,
20 *vos, cantando, le adoráis.*

189

OTRAS

101   *El amor está en franqueza,*
pues que Dios su Hijo ha dado
por amar y ser amado.

El Padre, con rregozijo,
5 nos da quanto puede darse,
y después nos dará el Hijo:
más ¿qué puede ymaginarse?
Dios de dar no ha de cançarse,
pues así mismo se ha dado
10 *por amar y ser amado.*

"Dádiuas quebrantan peñas",
y el alma no se quebranta
con los dones y las senas
de la mano eterna y santa.
15 Llora Dios, su madre canta,
y en su gremio se ha vmanado
por amar y ser amado.

190

OTRAS

Si al hombre desculpa
el Rey que nascyó,
dichosa la culpa
que tal meresció.

5   Dichoso el engaño
y aquel desconcierto
que trae tal concierto
y tal desengaño.
Y pues de tal daño
10   tal gloria salió,
dichosa la culpa
que tal merescyó.

      Dichoso el pecado
que tal fruto saca,
15   sabrozo el bocado
pues ay tal triaca.
Si tanto se aplaca
quien tanto se ayró,
dichosa la culpa
20   *que tal merescyó.*

191

OTRAS

101v   *Reina vmilde, casta y bella,*
que boluéis la noche en día,
¿quál os da más alegría,
el ser madre o ser donzella?

5   Es de vos tan estimado
vuestro virginal motibo,
que puede ser comparado
con ser madre de Dios bibo.
Mas decidnos, Virgen bella,
10   madre del que a todos cría,
¿quál os da más alegría,
el ser madre o ser donzella?

El ser madre de tal hijo
es vn gozo sin medida,
15   y el ser virgen y parida
es immenso rregozijo.
Destos dones, clara estrella,
quel eterno sol embía,
¿quál os da más alegría,
20   *el ser madre o ser donzella?*

El ser virgen casta y pura
fue del bien principio y medio,
y el ser madre fue remedio
queste bien nos assegura.
25   Virgen firma y Madre sella
la carta que Dios embía,
y assí es vna el alegría
el ser madre o ser donzella.

192

OTRAS

Lucifer cayó de la jaca,
¡dalde matraca!

Lucifer muy confiado
fue a centarse en lo vedado,
5   y cayó de medio lado
donde el fuego no se aplaca,
¡dalde matraca!

En el suelo está tendido,
y la silla que ha perdido
10   al hombre se ha prometido
porque no ay plaça vaca,
¡dalde matraca!

De corrido y afrentado
todo el mundo ha infiçionado,
102   15   pero si nos dio bocado
ya tenemos atriaca,
¡dalde matraca!

Por el grande disparate
de auer sido tan orate,
20   le darán calabaçate
con vn cabo de vna estaca,
¡dalde matraca!

193

DISPARATES [DE GRABRIEL
DE SARABIA]

El conde de Benauente,
con el marqués de Aguilar,
han juntado mucha gente
para hazer vna puente
5   de Túnes a Gibraltar.
Haziendo el gran turco vn lloro
por ver la puente acabada,
sobre los cuernos de vn toro,
paseábase el rey moro
10   *por la ciudad de Granada.*

Luego el conde de Serdeña,
con el conde de Coluña,
embiaron a Alemaña
la chorónica dEspaña
15   que la pide Cataluña.
Y jurando ambos sus bidas
de no entrar en tal quemada
por nueuas tan doloridas,
cartas le fueron venidas
20   *que su Alfama era ganada.*

Sabiendo el conde de Nieua
todas estas cosas bien,
con don Nuño de la Cueua
escriuieron al conde de Cabra [*sic*]
25   que se passe a Tremezén.
El conde lo hizo luego
en lauándose la cara,
cantando vn cantar en griego:
las cartas echó en el fuego
30   *y al mensajero mataua.*

102v   *También vide yo vna anguilla*
                        merendar con vn lechón,
                        a tan grande marauilla
                        que tiene en rabo en Seuilla,
    35   *la cabeça en Aragón.*
                        Cerca de la casa sancta
                        vy la cuidad de Pabía,
                        cantando sobre vna manta:
                        rretraída está la ynfanta,
    40   *bien ansí como solía.*

                        Vn grande costal de migas,
                        hechas en capirotada,
                        vy comer a vnas hormigas,
                        y por cucharas dos vigas
    45   de la puente de Granada.
                        Ya que no comían más
                        y la fiesta era acabada,
                        cantauan por vn compás:
                        Eneas, pues qué te vas
    50   *y me dexas tan burlada.*

                        También vide yo yr a vn gato
                        que yua a oýr los maitines
                        ensima de vnos chapines,
                        todo finado de riza.
    55   [   ]
                        Ya que llegó junto al coro
                        diose vna gran cabezada,
                        y empeçó a cantar con lloro:
                        passeáuase el rey moro
    60   *por la ciudad de Granada.*

                        Vna noche yo durmiendo,
                        estando rrezio velando,
                        todo aquesto estuue biendo
                        y assí rrecordé rriendo
    65   cómo me adormý llorando.
                        Y por no tomar tristura
                        empeçé luego a cantar,
                        muerto en vna sepultura:
                        quién tuuiesse tal ventura
    70   *sobre las aguas de la mar*

como ouo el infante Arnaldos
la mañana de San Juan.

---

31 Aquí comienza un fragmento de otro poema de Sarabia "No
teniendo qué hacer".
55 Este verso no se copió en el ms.

194

103   *Alegrías, alegrías,*
Virgen y Madre. ¿De qué?
Que era nascido el Mexías
de la verga de Jesé.

5   Esta verga florescyó
sobre el rresplandor del cielo,
y el fruto que ella nos dyo
fue para nuestro consuelo.
Y otro motesito nueuo
10   que a mi coraçón rrecuerde:

olibar, olibar verde,
azeytuna prieta,
¿quién te cogiesse?

La Virgen fue el oliuar,
15   y el azeituna la luz,
y en el árbol de la cruz
allý se quiso ynclinar.
Para a ver de rremediar
lo que perdió nuestro padre:
20   *floresicas, la mi madre,*
dentro de Belén nascen.

Esta flor nascyó en Belén
del tronco de las entrañas
de la sarça de Moisén
25   por aplacar nuestras sañas.
Oy hazen bodas estrañas
Adán y Eba nuestra madre,
los ojos de la niña llorauan sangre,
agora venirá quien los alague.

30 Los ojos del Redemptor
estilan sangre en el heno,
la Virgen, con grande amor,
de rodillas por el suelo.
Bailaua el viejo al sereno
35 como si fuera mançebo:
bolaua el açor nueuo,
solas alas lleua el buelo.

 Buela el açor dende arriba
do le llama y pica el sol,
40 y en esta aue se enserró
103v hasta hazerse carne biba.
Y otra cancionsica le diga
de punta muy punteada:
que no son para uos, casada,
45 *mangas de seda y saya de grana.*

195

AL SACRAMENTO

Del pecho del aue
más excelente,
salió el manjar blanco
que veis presente.

5 El aue es aquella
que dio tan gran buelo,
que al autor del cielo
lo parió donzella.
Y del pecho della,
10 puro excelente,
salió el manjar blanco
que veis pressente.

 La carne del aue,
lo dulce del cielo,
15 ¿quién vido en el suelo
manjar tan suäue?
Del cielo la llaue,
del bien la fuënte,
salió el manjar blanco
20 *que veis presente.*

196

[CANCIÓN]

Alta princesa devida,
¿quál virtud fue en vos mayor,
veros sin dolor parida,
virgen pura y escogida
5   o madre del Redemptor?

197

[VILLANCICO]

Virgen de los dos estremos,
contentamyento y dolor,
decidnos, ¿quál es mayor?

198

OTRAS

104

El sol entre las estrellas,
¡o, rrosa de Jericó!,
sois vos entre las donzellas,
y entre las letras la o.

199

[CANCIÓN]

Alma enamorada,
Dios te viene a ver,
no seas tan yngrata,
que le agas boluer.

5   Viene Dios, por verte,
de larga jornada,
mira que le des
muy limpia posada.
Alma enamorada,

10   *[Dios te viene a ver,*
      no seas tan yngrata,
      que le agas boluer.]

200

OTRA

Recordad hora, linda dama,
que aquí biene el amor que os ama.

Recordad, si estáis dormida,
despertad, si no estáis despierta,
5   y belad con la puerta abierta,
ques costumbre de quien bien ama:
¡que aquí biene el amor que os ama!

201

[CANCIÓN]

En el sacro apostolado,
Sanctiago, entráis primero
y en el cielo el delantero
primero martirizado.

202

BILLANSICO [A DON JUAN DE AUSTRIA]

Triumphe el nueuo vencedor
de batallas tan estrañas,
hermano del Rey dEspaña,
hijo del Emperador.

5   Suba con furioso buelo
      vuestra fama y estandarte,
104v   y, don Juan, de parte a parte,
      corra el mundo y passe al cielo.
      Pues vuestra grandeza apaña
10   hecho de tan gran valor,

sois el gran león dEspaña
hijo del Emperador.

No se vido entre christianos
batalla tan sin segunda,
15   no se escriue otra ninguna
de Roma ni los troyanos.
Ya destruye la compaña
Don Juan del turco traydor,
hermano del Rey dEspaña
20   *hijo del Emperador.*

203

[CANCIÓN]

¡O, Señor!, pues a piedad
se inclina tu mansedumbre
y a justicia mi maldad,
no pierda el alma la lumbre
5   por la ciega voluntad.

Porque teniendo de ty
lo que me diste y perdí,
te confiesse mi malicia
y se amanse la justicia
10   que alça el braço contra mý.

Si no merezco este medio
para conseguir desculpa,
póngase tu sangre en medio
y berás cómo el rremedio
15   es muy mayor que la culpa.

Que de mi desobediencia
hizo, Señor, tu sentencia,
a mi muerte yrreuocable,
muy justo será que hable
20   pidiéndote penitencia.

105   Esta carne que al peccado
lleua al hombre ynterior,

           es cauallo desbocado
           que derriba a su señor
     25   si dél no es bien gobernado.

           Pero ¿quién será tan bueno
           que, si de ty fuere ageno,
           pueda passar sin caýda
           la carrera de la vida
     30   por más que tire del freno?

           Muchas vezes prouo yo
           mudar de mi condición
           y dexar más deuaneo,
           y a la menor occasión
     35   para en mal todo el desseo.

           Diziendo que quando viejo
           tendré mejor aparejo,
           luego el pa[c]to se confirma,
           como si yo viese tu firma,
     40   señor, firmado el consejo.

                        204

                       OTRAS

           Yo me leuantara vn lunes
           por mirar bien a Belén,
           y vide a la Virgen pura
           emboluiendo nuestro bien.
     5   Sola lo estaua emboluiendo
           y en sus braços alagando,
           ángeles vienen cantando:
           "Gloria in excelsis Deo".
           Díxele que me dixera
     10   las señas de su posada,
           por que con ella me fuera
           a seruilla de buen gana.
105v   "En casa de mi madre santa Ana
           hallarás, christiano, a mý,
     15   en braços, al que parí,

pues nasció de carne humana.
Si fueres de madrugada
hallarásme en oración,
pidiéndole a Dios perdón
20   por la gente ques culpada".
Díxele que me dixesse
las señas de su marido,
por que con esto me fuesse
y no la hechasse en oluido.
25   Diziéndome con sentido:
"Hermano, si no lo as visto,
ha por nombre Jesucristo,
que de mi vientre ha salido.
"Es niño rezién nascido
30   que ha por nombre Jesús,
por redemir al perdido
quiso morir en la cruz.
"Tray vn rrico capellar
y vn capacete dorado,
35   cosido con humildad,
de virtudes adornado.
¿Y otras señas más de grado
que tengas en tu memoria?
"Vna lançada en su costado [*sic*]
40   con que nos dará la gloria.
"Allá lo verás salir
con sus sanctos soberanos,
a destruyr los paganos,
Lucifer le hechó a huyr.
45   "Y no dexes de salir
a buelta de otros cristianos".
Ten cierto que auemos de yr
106   a besalle pies y manos.
Ellos, en aquesto estando,
50   añafil tocó en la villa.
"No estoy más aquí aguardando",
dixo la Virgen María.

---

13 "de buena gana" en ms.

205

OTRAS

En pan Dios al hombre es dado
por que el hombre a Dios se diesse,
y hombre en Dios se convirtiesse
por gustar tan buen bocado.

5   Daysos tan de veras vos,
siendo Dios tan todo al hombre,
que os days todo, Dios y hombre,
por hazer al hombre Dios.

Y avnque en pan dissimulado
10   fue, por quel hombre se os diesse,
y hombre en Dios se convirtiesse
por gustar tan buen bocado.

¡O dulce pan!, donde mana
vida y salud verdadera,
15   pan que quita la dentera
de la primera mançana.

Diose al hombre el pan sagrado
por quel hombre a Dios se diesse,
y hombre en Dios se convirtiesse
20   *por gustar tan buen bocado.*

206

[CANCIÓN]

Nadie no diga
que [he] de ser del fraile amiga;
no diga nadie
que amiga he de ser del fraile.

5   Hombre casado,
no lo quiero ver a mi puerta,
ques cosa cierta
questaua muy obligado.

    Tormento doblado

10 con tal hombre hazer liga:
    [Nadie no diga
    que [he] de ser del fraile amiga;
    no diga nadie
    que amiga he de ser del fraile.]

106v 15 Moço soltero,
    guárdeme Dios que tal quiera,
    avnque me diera
    a haldadas el dinero.
    Ni a cauallero,

20 que es manjar que luego atoçiga:
    [Nadie no diga
    que [he] de ser del fraile amiga;
    no diga nadie
    que amiga he de ser del fraile.]

25 Estos moçuelos,
    caxeros bien me parescen,
    mientras florescen
    en la bolsa los amarillos;
    después, despedillos

30 como a perro con bexiga:
    [Nadie no diga
    que [he] de ser del fraile amiga;
    no diga nadie
    que amiga he de ser del fraile.]

35 Hombre que viene
    de Yndias la bolsa llena,
    tengo por buena-
    ventura mientras le tiene,
    y si se detiene,

40 embiarlo con vna espiga:
    [Nadie no diga
    que [he] de ser del fraile amiga;
    no diga nadie
    que amiga he de ser del fraile.]

45 Essos moçuelos
    que se dizen marquesotes

me dan mil açotes
quando les oygo sonetos;
son más pobretos
50   que vna mísera ormiga:
[Nadie no diga
que [he] de ser del fraile amiga;
no diga nadie
que amiga he de ser del fraile.]

55   Bueno es abad
que tiene mucho tocino,
pan y buen vino,
gallinas en qüantidad;
mas su libertad
60   la tengo por enemiga.
[Nadie no diga
que [he] de ser del fraile amiga;
no diga nadie
que amiga he de ser del fraile.]

65   Fraile lo quiero,
gordo y fresco y rremostrudo,
solícito y agudo,
[sea prior o portero]
que me hincha la barriga.
70   *[Nadie no diga*
que [he] de ser del fraile amiga;
no diga nadie
que amiga he de ser del fraile.]

     ¡Qué amorosos
75   que son! Vna vez que vienen
dan quanto tienen,
hazen como deseosos,
no son chismosos
como la carcoma en viga.
80   *[Nadie no diga*
que [he] de ser del fraile amiga;
no diga nadie
que amiga he de ser del fraile.]

107

---

68 No se copió. Lo tomamos de NH B 2486, 244v.

207

OTRAS

Ojuelos graciosos,
no me persigáis,
porque tengo selos
del sol que miráis.

5   No os mostréis ayrados
       contra quien os sirue,
       pues que mis cuidados
       no son de hombre libre.
       Es cosa ynsufrible
10   ver quál me tratáis,
       porque tengo [selos
       del sol que miráis.]

       En vn mirar blando,
       los ojos graciosos,
15   siempre están quitando
       passiones y enojos.
       Robáis mis despojos,
       gran pena me dais,
       por *[que tengo selos*
20   *del sol que miráis.]*

       Es cosa importuna
       ver la tiranía
       con que aquessos ojos
       me dan batería.
25   De noche y de día
       nunca descansáis,
       y assí tengo selos
       [del sol que miráis.]

       Quán libre saliera
30   yo desta conquista,
       si de vuestra vista
       las llaues tuuiera.
       Soys my cruda fiera
       y assí me matáis,

35 *porque tengo [selos*
  del sol que miráis.]

  En esta ribera
  fue la primer vista,

107v y aquesta conquista
40 me da cruda guerra.
  Y si hasta que muera
  ansí me tratáis,
  siempre terné selos
  del sol que miráis.

208

[CANCIÓN]

  Los ojos que de rrondón,
  en mirando quieren bien,
  no vean, porque si ven,
  ¡ay del triste corazón!

209

[GLOSA]

  Es cosa tan natural
  que en los humanos antojos
  todos entran por los ojos
  y al coraçón van a dar;
5 y pues que la causa son
  perturbadores del bien,
  no vean, porque si ven,
  ¡ay del triste corazón!

210

[CANCIÓN]

  Mire, que le digo:
  no le quiero nada.
  Tíresseme allá.
  Mire, que me enfada.

211

[GLOSA]

     Desuíase, amigo,
no se llegue tanto.
Mire, que me espanto
de verle conmigo.
5   Es mi Dios testigo
ques cosa pesada,
tíresseme [allá.
Mire, que me enfada.]

     Toda estoy molida
10 con sus rrempujones,
pues de sus rrazones
no he de ser vencida.
Desuíese, bida,
no le quiero nada,
15 *tíresseme [allá.*
Mire, que me enfada.]

     Aunque questoy debaxo,
no pense gozarme,
108   y si ha de alcanzarme,
20 con grande trabajo.
Por más que le atajo
no aprouecha nada,
tíresseme [allá.
Mire, que me enfada.]

25   No sea majadero,
ni me pida muela,
que de que me duela,
llamaré al barbero.
Sea breue luego,
30 *tíresseme allá.*
Mire, que me enfada.

212

OTRAS

Socorré con agua al fuego,
ojos, apriesa, llorando,
que sestá el alma abrasando.

213

[GLOSA]

Es llama tan encendida
la que me abrasa y me quema,
que deshaze el alma y vida;
y lo que más me aposterna
5   es ver que no es conoscida,
que si conoscido fuesse
el calor de mi sossiego,
avnque muy más se encendiese,
prometo que no dixesse
10   *socorré con agua al fuego.*

214

OTRAS

Andando de aquí para allý,
alma mía, allý hallaredes
vn manjar que, de aquí para allý,
embía Dios que gustedes.

5   Alma questás desambrida,
absente de tu Señor,
buelue, mira tu herror
y darte han dulce comida;
y siguiendo nueua bida,
10   *alma mía, allý hallaredes*
[vn manjar que, de aquí para allý,
embía Dios que gustedes].

108v

Y si caminaua Elías
con pan al monte de Dios,
15   también caminaréis voz,
ayudando noche y días
cumpliendo las professías.
Alma mía, allý allaredes
vn manjar que, de aquí para allý,
20   *embía Dios que gustedes.*

215

OTRAS

[La bella mal maridada
de las más lindas que vi,
si hauéis de tomar amores,
vida, no dexéis a mý.]

216

[GLOSA]

Hanse en mi fabor mostrado
ansí el Amor y Fortuna,
que con gran gloria é triunfado
de todas suertes de estado,
5   sin contradicción alguna.
Sólo el desdén sahareño
de la hermosa casada
me muele, cansa y enfada
tanto, que mi fe os empeño,
10   que nunca me quita el sueño
la bella mal maridada.

Y puédeseme creher
en esto lo que dixere,
porque yo os ago saber
15   que no tengo de querer
sino a la que me quisiere.
Séase hermosa o fea,
tenga buena gracia en mí

y en la boca siempre vn sí,
20   que donde esto yo no vea,
no la seruiré avnque sea
de las más lindas que vi.

No sé si tengo razón
en fundarme desta suerte,
25   pero aquesta es mi opinión
y mudar, la condición.
Ya veis ques a par de muerte
los questa rregla no vsáis,
bibid en vuestros dolores,
30   pero aconsej[o]s, señores,
los que ansí libres estáis,
que lo que digo agáis,
si hauéis de tomar amores.

Y si vuiereis de tratallos,
109   35   el que aquesto no tuuiere,
sea tan libre en allarlos
que pueda luego dexarlos
quando bien no le estuuiere.
Y si la dama le obliga
40   a fin questo no sea ansý,
échela luego de sý
como a mortal enemiga,
avnque llorando le diga
bida, no dexéis a mý.

217

OTRAS

Oye, si quieres, pastora,
a vn pastor tan lastimado
que todo su amor te á dado
y en ty nada se mejora.
5   Y no acabes de matar
al triste questá ya muerto,
avnque tan al descubierto
me quieras assí acabar.
Mira, pues, lo que te quiero,

```
10   avnque tú a mí no me quieras,
     y mira bien quán de veras
     yo, triste, por tý me muero.
     Bien sé que a otro pastor
     quieres y le das fabores,
15   y él burla de tus amores
     como falso engañador.
     Y con todo esto le quieres
     y por él siempre suspiras,
     y de contino te miras
20   cómo le darás plazeres.
     Y pues ves quán a la clara
     te ha oluidado este pastor,
     ten de mý triste dolor,
     pues mi lengua a ty se aclara.
```

218

[SONETO]

```
     [Estáuasse Marfida contemplando
     en su pecho al pastor por quien moría,
     ella misma le abla y rrespondía
     que lo tiene delante ymaginando.
5        Por sus hermosos ojos destilando
     lo que orientales perlas parescía,
     con voz que lastimaua assí dezía,
     su cristalino rrostro levantando:
         "No viua yo sin ty, dulce amor mýo,
10   de mi me oluide yo, si te oluidare,
     pues no tengo otro bien ny otra esperanza.
         En ty sólo es, pastor, en quien me fío,
     si en esto en algún tiempo me faltare,
     la muerte me dará de mý vengança".]
```

219

109v   ### GLOSA A MARFIDA

```
     De amores combatida,
     a la fuerça de amor no repuñado,
```

mas antes ya rrendida
y hecha de su bando,
5   *estáuase Marfida contemplando.*

Contempla la dulçura
que en los amantes pechos amor cría,
y como tal procura
tener por compañía
10   *en su pecho al pastor por quien moría.*

Y con el gran deseo
que de verle y hablalle en sý tenía,
con loco deuaneo
y vana fantazía,
15   *ella misma le abla y rrespondía.*

Responde a su pregunta,
sin auer quien rresponda preguntado.
Con él se abraça junta,
besándole y hablando,
20   *que lo tiene delante ymaginando.*

Y sin las rresistir,
su pastor lusitano enamorando,
mil lágrimas salir
veréis de quando en quando,
25   *por sus hermosos ojos destilando.*

Fingiendo mil enojos,
delante del pastor senternecía
tanto que de sus ojos
por su rrostro corría
30   *lo que orientales perlas parecía.*

Y ciega de afición
del fuego que en su pecho sencendía,
con grande turbación,
confusa en demasía,
35   *con voz que lastimaua assí dezía:*

110   "¡Ay, ay!, que en bibo fuego
se está mi coraçón por mí abrasando".

Y a bueltas de esto luego
lestaua alagando
40   *su cristalino rrostro leuantando.*

Y en lágrimas bañada,
sujeta ya del todo a su albedrío,
le dize la cuytada
con amoroso brío:
45   *"No viua yo sin ty, dulce amor mýo.*

"De mí me halle esquiua
si de tu amor vn punto me oluidare,
no quiera Dios que biba,
y si viua quedare,
50   *de mí me oluide yo, si te oluidare.*

"No puedo yo oluidarte
ny en tu querer, pastor, hazer mudança,
mas antes confirmarme
a fuer de buena vsança,
55   *pues no tengo otro bien ny otra esperança.*

"Tú sólo eres mi gloria,
todo lo demás me da fastidio,
tú sólo en mi memoria
te hallas sin oluido,
60   *en ty sólo es, pastor, en quien me fío.*

"Confío que estarás
propinco a me ayudar si te llamare,
que no me oluidarás
hasta que me rrepare
65   *si en esto en algún tiempo me faltare.*

"Y por que no se diga
de mý que faltó la confianza, [*sic*]
por la qual se me obliga
sin alguna tardança,
70   *la muerte me dará de mý vengança".*

_____

54 "a fuerça de buena" en ms.

220

[SONETO]

110v

  Amor en perfessión examinado,
la causa principal en ser perfecto
es que amando vn hombre sea secreto,
contento con el bien de su cuidado.
5 Con ánimo curioso y rreposado
encubre causa y bien de su conceto,
y ansí será amador sabio y discreto
y amando será justo ser amado.
  Tenga, si bien amare, sufrimiento
10 y espere que aya tiempo, con paciencia,
do pueda bien su dama ser amada.
  Calle, sufra y padezca algún tormento,
que amor y mundo han dado esta sentencia:
quien no sabe callar, no alcançe nada.

---

11 "pueda bien de su dama ser hablado" en ms.
12 "y padezca tormento" en ms.
14 "no alcanzar nada" en ms.
Enmendamos según MP 2803, 6.

221

[SONETO]

111

  Estando con Apolo en su exercicio
las moradoras del Parnaso ameno,
se les bino a quexar Diego Moreno
de vn cierto fauno trobador nouicio.
5 Diziendo que sacó sus pies de quicio
sin saber escreuir malo ni bueno,
y que sería rrazón ponerle vn freno
y priuarle diez años del officio.
  Respóndele rriendo: "Soga y dardo,
10 buscad y no tratéis de agenas vidas,
que tenéis la muger moça y parlera.
  Y si lo saben los sátiros del Pardo
que andáis en estas ydas y venidas,
se vengarán de vos de otra manera".

222

[SONETO]

111v
      Sossiegue el coraçón, gentil pastora,
y apártese de ty tal pensamiento,
que sólo ymaginar tu descontento
suspira el coraçón y el alma llora.
5   Quien dize que me voy, dulce señora,
no deue de sentir lo que yo siento,
ni deue dentender que mi contento
consiste en ver tu rrostro cada hora.
      Que si entendiesse lo que en esto gano
10   y lo que pierdo quando no te veo,
vería que ni tarde ni temprano.
      Me apartaré del bien que aquí posseo,
porquel partirme yo no está en mi mano
como en la tuya el fin de mi desseo.

223

112
OTRAS [DE JUAN
RODRÍGUEZ DEL PADRÓN]

Bibe leda si podrás
y no penes atendiendo,
que según peno partiendo,
ya no esperes que jamás
5   *te veré ni me verás.*

224

[GLOSA]

      Señora, sin ty, conmigo,
¿dónde yré que voy sin mý?,
¿quién sin ty será mi abrigo?,
que no de verme contigo
5   nadie me querrá sin ty.
Tú sin mý verte deseas ,
yo sin ty nunca jamás,
pero, porque alegre seas,

quando tú sin mí te veas,
10   *bibe leda si podrás.*

Sí podrás, ques fácil cosa,
oluidar el mal ageno,
porque no eres tan piädosa
que de la pena que peno
15   jamás te sentý penosa.
Si de verme yr muriendo
en mi venida pensares,
piensa lo que voy sintiendo,
que me matan tus pesares
20   *y no penes atendiendo.*

225

OTRAS

Puesto ya el pie nel estribo,
con las ansias de la muerte,
señora, aquesta te escribo,
que partir no puedo bibo,
5   quanto más boluer a verte.

226

[COPLAS]

Y en verme tan peligroso
parto de mí descuidado,
de mis cuidados cuidoso,
de mi ventura quexoso,
112v
5   de vos, señora, pagado.
Y lo que me aze sentir
tan grauemente mi pena,
es verme de vos partir,
no me pesa del morir
10   que la vida no es tan buena.
Que si aquesto ymaginara
y tal mi ventura fuera,
en mý de vos me vengara.

My mal, porque acabara,
15   más que a my bien le quisiera;
por tanto, señora, os digo
quel coraçón se me abraza,
bien meresce este castigo
quien entrega a su enemigo
20   todas las llaues de casa.

227

CHILINDRÓN

Quantos aquí son venidos
jugarán al chilindrón,
jugarán los escogidos
de noble generación.

5   Jugará la Virgen pura
ques bien que juege primero
esse punto del altura
ques su Hijo verdadero.
Jueguen segundo y tercero
10   los tres azes en presencia,
ques vn solo Dios en esencia [*sic*]
sin ninguna definición. [*sic*]

[Quantos aquí son venidos
jugarán al chilindrón,
15   *jugarán los escogidos*
de noble generación.]

Juegue en dos el Padre [   ]
que bien puede entrar en qüenta,
pues nos libró de lafrenta
20   la qual nos causó Satán.
Por cuya culpa nos dan
los malos mil ocasiones,
y rrescibe dos mil baldones
la humana generación.

25   *[Quantos aquí son venidos*
jugarán al chilindrón,

jugarán los escogidos
de noble generación.]

113   Esse tres puede jugar
     30   Eba la que nos parió,
            quel diablo la engañó
            en figura de culebra.
            La cabeça se me quiebra
            en pensar en estos males,
     35   que si no somos yguales
            ella fuera la occasión.

                    [Quantos aquí son venidos
                    jugarán al chilindrón,
                    jugarán los escogidos
     40   *de noble generación.]*

            El quatro, porque más quadre,
            será bien que juegue agora
            esse alto eterno Padre,
            por la gente peccadora.
     45   Que ruegue a nuestra Señora
            y consienta en el rescate,
            que su hijo nos desate
            del demonio y su prisión.

                    [Quantos aquí son venidos
     50   *jugarán al chilindrón,*
                    jugarán los escogidos
                    de noble generación.]

            Jugará la Magdalena
            el cinco, pues que la dio,
     55   y Christo la conuertió
            y la sacó de cadena.
            Y ella fue con gana buena
            donde Christo predicaba:
            mira qué yntención lleuaua,
     60   pues le abastó aquel sermón.

                    [Quantos aquí son venidos
                    jugarán al chilindrón,

jugarán los escogidos
de noble generación.]

65   Y sin más se detener
juegue el seis el gran Baptista,
pues nos quiso defender
del demonio y su conquista:
que su furor nos rresista
70   con su falsa tentación.

[Quantos aquí son venidos
jugarán al chilindrón,
jugarán los escogidos
de noble generación.]

75   Juegue el siete en continente
la muy gloriosa Santa Ana,
pues que Dios omnipotente
le dio gracia soberana.
Ella juegue muy vfana,
80   pues traxo la saluación.

[Quantos aquí son venidos
jugarán al chilindrón,
jugarán los escogidos
de noble generación.]

113v   85   Juegue el ocho con presteza
Dauid, profeta excelente,
pues con Dios omnipotente
le ha dado tan buena empresa
que de su naturaleza
90   procedió tan buen troncón.

[Quantos aquí son venidos
jugarán al chilindrón,
jugarán los escogidos
de noble generación.]

95   Essa águila San Juan
juegue el nueue y muy aýna,
pues sacó sciencia diuina

del pecho del gauilán.
Quantos a la mesa están
100　mirando cómo comía,
Christo con ellos partía
de su gracia y bendición.

　　[Quantos aquí son venidos
　　jugarán al chilindrón,
105　*jugarán los escogidos*
　　de noble generación.]

　　Essa sota jugará
Judas el que vendía Christo,
mas en qüenta no entrará
110　que de todos es mal quisto.
¡Miren si tal mal se había,
vender al manso Cordero!
Por la gula del dinero
lo vendió el falso traidor.

115　*[Quantos aquí son venidos*
　　jugarán al chilindrón,
　　jugarán los escogidos
　　de noble generación.]

　　El cauallo jugará
120　aquel bendito ladrón
que alcançó la bendición
de aquél que en la cruz estaua.
Bien podemos todos ya
demandar misericordia,
125　pues alcançó tal vitoria
en alcançar tan gran don.

　　[Quantos aquí son venidos
　　jugarán al chilindrón,
　　jugarán los escogidos
130　*de noble generación.]*

　　Juegue el rey aquel Señor
que murió puesto en la cruz,
por salbar al peccador

de las tinieblas a luz.
135 Muy bien puede hazer la [   ]
Lucifer a sus queridos,
que ya somos rredemidos
por la su muerte y passión.

[Quantos aquí son venidos
140 *jugarán al chilindrón,*
jugarán los escogidos
de noble generación.]

228

[LIRAS]

114
Por vn verde prado,
de frescas sombras lleno y de mil flores,
adonde amor descansa y se rrecrea,
lleuan su ganado,
5   mil gracias desparziendo y mil amores,
las dos pastoras Siluia y Galatea.

Sobre sus cabellos,
que al fino oro de Arabia escurecían,
de varias flores lleuan sus guirnaldas,
10   y a sus ojos bellos,
questrellas de Oriente parescían,
de aquel color que son las esmeraldas.

Haze noche escura,
y el ayre estaua de tinieblas lleno,
15   que apenas vna estrella parescía,
y con su hermosura
quedó el cielo tan claro y tan sereno,
qual suele estar el sol al medio día.

114v
Y al Amor tirano,
20   que estaua allý durmiendo en vna fuente,
hurtáronle las flechas de la aljaba.
Presas de las manos
cantauan tan suäue y dulcemente,
que al ayre con su boz enamorauan.

25   Y el pastor Tirseo,
        de la pastora Siluia enamorado,
        la soberana voz ha conoscido,
        que con gran deseo
        de ver su hermosura, en aquel prado
30   quedóse entre las flores escondido.

        [Su alma enamorada,
        los ojos hechos fuentes, distilando,
        testigos de la pena por quien llora,]
        y con boz turbada,
35   le dize: "Siluia mía, ¿hasta quándo
        quieres que pene vna alma que te adora?"

        Y ella le dezía
        con vn dulce mirar: "Pastor, espera,
        que con vn firme amor todo se alcanza".
40   Y él, con alegría,
        bendize el soto y prado y la rribera
        adonde amor le dio tal esperança.

        [Mas su triste hado,
        por acortar el hilo de su ystoria,
45   que con laxos de amor yva texida,
        traxo al verde prado
        tres sátiros contrarios de su gloria,
        mortales enemigos de su vida.

        Por el prado verde,
50   yéndolos venir con tal ruýdo,
        se parte cada qual muy presurosa;
        y el pastor, que pierde
        tal tiempo, tal sazón, pierde el sentido
        de verse así apartado de su ninpha hermosa.]

_____

31-33, 43-54 tomados de NH B 2486, 195v-196.

229

OTHER

OTRAS

115

En el verde prado,
do el árbol de la sciencia esparze flores,
y adonde el Padre eterno se rrecrea,
pierden lo ganado
5   mil gracias, mil contentos, mil fabores,
los dos que nos dexaron sus libreas.

Sobre sus cabellos
que corona de gloria merescían,
la culpa del dolor puso guirnaldas,
10   y sus ojos bellos
que al mismo Dios mirauan y le bían,
rrubíes son de llanto y no esmeraldas.

Presos de la mano,
y a muerte condenados ygualmente,
15   del paraíso el ángel los lançaua,
y el traidor tirano,
que de la mar de vicios es la fuente,
les tira con las flechas de su aljaba.

Mas el rrey que veo,
20   del ánima hermosa enamorado,
la voz del fuerte llanto ha conoscido,
y con gran deseo
de quebrantar las fuerças del pecado
en nuestra carne humana se ha escondido.

115v   25   Su alma enamorada [sic]
por sus diuinos ojos va mostrando,
efetos de la culpa por quien llora.
Y su madre amada
le dize: "Hijo mío, ¿hasta quándo
30   ha de penar vuestra alma y quien la adora?"

Luego le dezía:
"Dichoso el pecador que en vos espera,
pues con diuino amor todo se alcança,
y con alegría

35 bendize la cabaña y la rribera,
    a donde se cumplió nuestra esperança".

    El Verbo humanado
vino a cortar el hilo de la historia
que con lazos dengaño yua texida,
40 y de fuerça o grado
yrán los tres contrarios de su gloria:
demonio, mundo y carne, de vencida.

    Bístase de verde
el alma que de negro se ha vestido,
45 y buele para el cielo presurosa.
Siempre se le acuerde
questá, por su ocasión, el rey nascido
en braços de la Virgen gloriösa.

230

116   AL TONO DEL "VERDE PRADO",
A LOS REYES

    En el claro oriente,
después de amanecido el sol diuino,
los rreyes ven su estrella rrutilante,
y con zelo ardiente,
5 apresurando el passo a su camino,
la lleuan por farol siempre delante.

    "Esta clara estrella,
dezían, es señal muy conoscida
de vn gran señor venido al mundo. [*sic*]
10 Vamos em pos della,
busquemos el autor de gloria y vida,
que suyo es vn misterio tan profundo".

    Luego como entraron
la gran Hierusalén, vieron perdido
15 el norte que astallý los ha guiado,
y ansí preguntaron:
"¿Adónde está el Infante que ha nascido,
señor y rey de todo lo criado?"

Siguen caminando,
20 y assí como pisaron la campaña
les buelue a parescer su amado norte,
que les fue guiando
116v   hasta llegar a la pobre cabaña
do estaua el Rey diuino con su corte.

25 Párase la estrella,
y sobre aquel portal tiende su lumbre;
y entrando dentro dél, luego allaron
a la Virgen bella
que en braços tiene el Rey del alta cumbre
30 y puestos por el suelo lo adoraron.

Abren su thesoro
y offrescen al Infante soberano
tres dones de valor con igual zelo:
como a rey el oro,
35 la mirra como a hombre ques humano,
y encencio como a Dios de tierra y cielo.

231

AURUM TUUS MIRRAN HOMINIBUS
REGIS DEO

En el monte sagrado,
vide a nuestro bien
estar crucificado.

117   Testigo de vista, yo, señor, os vy,
5 como euangelista todo lo escreuý.
Siempre yo os seruý con mucho cuidado:
vide [a nuestro bien
estar crucificado.]

Vídeos en el güerto haziendo oración,
10 de sudor cubierto en contemplación.
Judas, con traysión, todo alborotado:
vide [a nuestro bien
estar crucificado.]

Vy cómo os herían con tanto furor
15 y cómo os dezían "¡Muera el malhechor!"
Siendo vos señor de todo lo criado:
vide [a nuestro bien
estar crucificado.]

Vídeos enclauar vuestros braços diuinos,
20 también coronar con juncos marinos,
también vy a Longinos que os abrió el costado:
vide [a nuestro bien
estar crucificado.]

Vídeos amarrar, Señor, a vna coluna,
25 y rezio açotar sin culpa ninguna.
Vídeos accusar no siendo culpado:
vide [a nuestro bien
estar crucificado.]

117v   Vídeos lleuar, Señor, por vn camino,
30 y a vna muger dar vn paño de lino
do el rostro diuino quedó figurado:
vide [a nuestro bien
estar crucificado.]

Vídeos lleuar con gran bozería,
35 y vy desmayar a la Virgen María.
Y al tercero día rresuscitado:
vide [a nuestro bien
estar crucificado.]

Vi las tres Marías hazer mil estremos,
40 a Barimathías, también Nicodemus,
diziendo: "Quitemos el cuerpo enclavado":
vide a nuestro bien
despinas coronado.

232

OTRAS

¿Por qué quieres tratarme de tal suerte,
pastora, pues natura me ha criado

sólo para seruirte con cuidado
y tú quieres en vida darme muerte?
5   Pues mira bien quán firme es mi qüidado
que sé que otro pastor es de ty amado,
118   y sírvole yo a él con tal cuidado
como a ty por entender de complazerte.
Y es tu aborrecerme a mí tan fuerte
10   que sólo por descuido auer alçado
tus ojos para mý no puedes verte.
Yo modos ni maneras no he hallado,
ni sé de qué huir por no ofenderte,
si no es dar fin con muerte a mi cuidado.
15   Y assí he determinado de no verte
por saber ser para mí tu absencia
más cruda muchas vezes que la muerte.
Y por sólo a ty, alma, complazerte
deseo y quiero lo que quieres
20   ques ni avn en mi pecho contemplarte.

233

[CUARTETOS]

¿Por qué quieres, diuina tan hermosa,
entristecer essos alegres ojos?
No puedo pensar ser de otra cosa,
diuina Siluia, si de mis enojos.
5   Mas, ¡ay, triste de mí, que ansí me engaño!,
pensar ques darme algún fabor tu yntento,
mas ante, si me succede algún daño,
tu coraçón rrescibe gran contento.
118v   Y si quieres saber quién lo ha causado
10   hauerme yo metido assí en abrojos,
y qués lo que me haze andar penado,
y si mi muerte y llanto son despojos,
es por querer tomar, señora mía,
trabajos que me son a mi contento,
15   por serte tal plazer, y avn alegría,
que alegran tu memoria y vencimiento.
Y es tanto contento el que rrescibes
en ver que ando siempre por rrastrojos,
que de que tú con piedad me mires,
20   seguro estoy de tus hermosos ojos.

        Pues tu contento es de mí dar quexas,
        bien puedes dezir hartas a descuento,
        y puedes maltratar tú mis ouejas
        que no rrescibirán ningún tormento.
25   Mira, pues, que no ay en esta villa
        quien por te agradar sufra más penas
        que yo, y no quieres tener manzilla
        de ver estas canciones de amor llenas.
        Y pues me tienen presos tus amores,
30   tus dorados cabellos son cadenas:
        buelue a mí essos ojos matadores,
        pues son figura y sombra de mi pena.

119   Si miras bien quán firme es mi firmeza
        que te tengo en amar y no a otra alguna,
35   que los vientos ni mar, con su braveza,
        la muerte, el amor ni avn la fortuna
          no podrán abatir la fortaleza,
        ni quanto abraza el cerco de la luna:
        que tengo ques más que vn peñasco fuerte
40   en quererte y tú a mí dar cruda muerte.

234

[*AGRADOS* Y *ENFADOS* A LO DIVINO.

TERCETOS]

Magdalena   Agrádanme las hebras de oro fino
                   con que la soberana Magdalena
                   limpió los sanctos pies del Rey diuino.
Santa Catalina de Sena   Agrádame el dolor, angustia y pena
            5 que padesció por Christo aquella sancta,
                   que tanto yllustra con su nombre a Sena.
Santa Catalina   Agrádame el cochillo a la garganta
                   de aquella reina virgen, cuya rrueda
                   hasta el supremo cielo la leuanta.
Santa Ysabel   10   Agrádame el exemplo que nos queda
                   de aquella que, por ser reina de Vngría,
                   trocó por la pobreza el oro y seda.
119v Santa Lucía   Agrádanme los ojos de Lucía
                   perdidos por ganar allá en el cielo
          15 el bien que acá con los del alma vía.

Santa María
    Y más me agrada aquel humilde zelo
del pecho virginal, pues pudo tanto
que traxo al mismo Dios a nuestro suelo.

San Pedro
    Agrádame el amor de aquel gran sancto
20 que después de negar todo el bien nuestro,
gastó la triste vida en triste llanto.

San Pablo
    Agrádame llamar valiente y diestro
al vajo de elección, Pablo sagrado,
pues se rindió a la voz de su maestro.

San Juan Baptista 25
    Agrádame la voz que en despoblado
rresuena hasta agora del Baptista
que fue del mismo Dios aleuantado.

San Juan Euangelista
    Agrádame también el buelo y bista
del águila que al sol miraua en hito
30 para ser de sus obras choronista.

Santiago
    Agrádame aquel ánimo infinito
del guerrero español que sólo en verlo
se espanta y huye el bárbaro pre[   ].

120 San Francisco
    Agrádame el suäue yugo al cuello
35 del sancto en cuyos pies, costado y manos
ymprime de sus armas Christo el sello.

San Agustín
    Agrádame la luz que a los christianos
dexó san Agustín, doctor profundo,
en su doctrina y libros soberanos.

Jesús dize: 40
    Y más me agrada aquel amor jocundo
del buen Jesús que dize desta suerte
como enfadado de ver tan ciego el mundo:

Peccados mortales

Soberuia
    "Enfádame vn soberbio altiuo y fuerte
45 que no le humilla ver que fue humillada
por él mi humanidad hasta la muerte.

Avaricia
    "Enfádame vna bolsa que cerrada
está contino al pobre estando abierto,
mi tierno pecho de cruel lançada.

Lujuria 50
    "Enfádame vn amor, vn desconcierto,
que ciega la rrazón y la desuía
del bien quel casto amante tiene cierto.

120v Yra
    "Enfádame el furor, la frenesía
de aquél a quien en balde se predica
55 que aprenda mansedumbre de la mía.

Gula   "Enfádame vna mesa auara y rica
                que harta el cuerpo y empobrece el alma
                del que la templança multiplica.
Peresa   "Enfádame vna nao que en vento y calma
          60   no puede nauegar de peresosa,
                sabiendo que al que corre dan la palma.
Ymbidia   "Enfádame vna sierpe ponzoñosa
                que de su propia carne se sustenta
                y nunca, de envidiosa, está contenta".

235

SONETO

           Hermosa Siluia, en quien con larga mano
           mostraron las estrellas de vna en vna,
           en quanto abraça el cierco de la luna,
           effetos de valor más soberano.
121   5   Rescibe con semblante alegre, vfano,
           mi pobre don; si acaso ves alguna,
           los celestiales pechos no importuna,
           humilde sacrificio de vn humano.
           Verás, diosa gentil, en él pintadas
       10   mis esperanças de temores llenas,
           mi gloria tan costosa y desuentura.
           Verás sin fruto al viento derramadas
           lágrimas, quexas tristes, crudas penas,
           y sobre todo a ty siempre más dura.

236

OCTAUA RRIMA

           Diuina Siluia, si de mis enojos
           tu coraçón rrescibe algún consuelo,
           y si mi llanto y muerte son despojos
           que alegran tu memoria y vencimiento,
        5   seguro estoy de tus serenos ojos
           que no rrescibirán ningún tormento
           de ver estas canciones de amor llenas
           pues son figura y sombra de mis penas:

121v   Señora, aquessas labores
       10   de diuersas manos hechas,
               van pintando mis dolores,
               mis selos y mis sospechas,
               avnque son harto menores.
               Porque mirando el tormento
       15   que lamentan y lamento,
               y sus penas y las mías,
               fueron como professías
               de las menores que siento.

237

SONETO

               De oy más no argüiré vida trabajada:
               lo pardo ante [e]s amor, si bien se mira,
               pues no ay descanso ygual que ver a Elbira
               con ropa de frailesa aderezada.
        5   Dichosa el alma, y bienaventurada,
               que viendo su beldad llora y suspira,
               avnques tan desleal que a todos tira
               y nunca se le da por nadie nada.
               Elbira, el verte assí libre de amores
       10   es cosa para mí de tanta rabia
               que basta a darme vida discontenta.
122   Goza de tu jardín la fruta y flores,
               no digan que aparesces en la gauia
               después de fenescida la tormenta.

238

OTRO

                 ¡Ai, Leonor soberana!, a quien el cielo,
               por darnos de su ser clara figura,
               sumó toda la gracia y hermosura
               questaua rrepartida por el suelo.
        5   Volved los ojos a mi desconsuelo,
               si no lo contradize mi ventura,

veréis la fee más firme y más segura
de quantos en amor an dado buelo.
    Veréis vn coraçón herido y muerto

10   y vuestra mano llena de despojos,
que de mí le offresció mi dura suerte.
    Mas para ver mi mal más descubierto,
mirad con vuestros ojos, Leonor mía,
que allý veréis la causa de mi muerte.

239

OTRO

122v   El sol ya no da luz como solía,
ni el claro rrío sigue su corriente,
y el prado a que miraua alegremente
desdén, dolor, de cada parte embía.

5   Fortuna que su rrostro me bolbía,
en agradable, mansa y clara fuente
agora que me vee de vos absente,
trueca en eterno llanto mi alegría.
    Amor, de verme assí, triste se muestra

10   y dízeme quesfuerçe, ques baxeza
que desmaye vn amante verdadero.
    Y yo que tal me veo a causa vuestra
le digo que, pues vy vuestra belleza,
por vos he de morir y por vos muero.

240

OTRO

    Hermosos ojos, dulce acogimiento,
de mis sospiros tristes y cansados.
Cabellos rubios, crespos, enlazados,
a cuya causa arder el alma siento.

123   5   Cuello gentil, por quien al mío consiento
mil lazos con estrecho ñudo atados.
Discreción, que dais vida a mis cuidados,
manos, que sois de amor dichoso assiento.

¿Cómo puedo bibir en vuestra ausencia?,
10 que si de contemplaros mi alma viue,
mi vida muere a mi razón captiuo.
    Mas, ¡ay de mí!, que amor me da paciencia
por ser más el tormento que rrescibe
el que quedó sin vos quedando bibo.

241

OTRO

Verdes, rresplandecientes y hermosos,
ojos sobre el mortal modo serenos,
de magestad de gracia y de amor llenos,
de dar descanso y pena poderosos.
5   Aquí veréis dos berços amorosos
que no pretenden más, ni quieren menos,
de ver el prado y árboles amenos
a donde los que mueren son dichosos.
123v   Y cuando los cantares, Syluia mía,
10 acuérdate del triumpho y la vitoria
con que robaste quanto bien tenía.
    Que no hay en esta vida mayor gloria,
ni se puede esperar más alegría
questar vn punto sólo en tu memoria.

242

OTRO

Si alguna nube con dorada lista
se opone al sol, y es algo trasparente,
pueden los ojos de la mortal gente
mirarle sin temor de su conquista.
5   Y es tan sendrado el sol de vuestra vista,
dulcíssima Leonor, que no consiente
mirar su claridad sin que de frente
se ponga alguna nube que rresista.
    Y esta nube no os haze menos bella,
10 antes, os enriquece con despojos
que fueran sin efeto a no tenella,

porque es tanta la luz de vuestros ojos
que nadie los pudiera ver sin [   ]
y assí no diera amor tantos enojos.

243

OTRO

124
      ¿Por qué quieres tratarme de tal suerte,
señora, pues seruirte es mi contento?,
y avnque sepa morir con este intento,
te tengo de querer hasta la muerte.
5   Y pues que la fortuna me [e]s contraria,
no sé qué le hazer sino morirme,
y assí siempre mi fe será tan firme
como la dura peña herbolaria.
      Y pues mi coraçón a ty lo he dado
10 y no tengo otra cosa ya que darte,
quel alma mucho ha ya te la é entregado.
      Pues mira, mi señora, quán de veras
mil vidas perderé por sólo amarte,
y tú siempre cruel más que las fieras.

244

A LA SONADA DE *SU ALUEDRÍO*

      Al pie de vn alto pino vy cantando
vna pastora muy hermosa y bella,
y nimphas y pastores escuchando
la muy suäue voz desta donzella.
124v   5   Cantaua esta canción de aquesta suerte:
"No te canses, pastor, que no te quiero,
que por el mi Siluano peno y muero
y a ty no te querré, ni avn querría verte.
      No me hagas sonetos ni canciones,
10 porque glosa ninguna han de ser parte,
ni digas que por mí tienes passiones,
porque jamás pensé ni pienso amarte.

Ni digas que yo doy a otro fabores
y quel de mí se burla y no me quiere,
15   sus burlas yo las tengo por fabores
porque yo estoy fiada quél me quiere".

245

A SAN HIERÓNYMO

Entre ásperas montañas encerrado
sufre de bestias fieras el bramido,
por no ser con aquel dulce sonido
de sirenas mundanas anegado.
5   Tiene el suelo con lágrimas rregado,
125   con dura piedra el pecho malferido,
porquel rrebelde cuerpo ansí vencido
por sola la rrazón fuesse guiado.
¡O sancto Dios, que tanto tesmeraste,
10   que lo que en muchos hombres rrepartiste
en Hierónymo sólo lo enserraste!
¡O gran doctor, quen duda nos posiste
si fue más la doctrina que dexaste,
que no la sancta vida que heziste!

246

ESTANCIAS A NUESTRA SEÑORA

No viéramos el rrostro al Padre eterno
alegre, ni en el suelo al hijo amado
quitar la tiranía del ynfierno,
su fiero capitán encadenado.
5   Bibiéramos en llanto sempiterno,
durara la ponçoña del peccado,
sereníssima Virgen, si no hallara
tal madre Dios en vos donde encarnara.

125v   Que avnque el amor del hombre auía hecho
10   mober al Padre eterno que embiasse
el único engendrado de su pecho,
y que, encarnado en vos, le rreparase,

        por vos se mejoró nuestro derecho
        y que nuestra salud se mejorasse.
15   Estubo en vuestro sý, y entonces fuistes
        madre dina de Dios quando quesistes.

        No tubo el Padre más, Virgen, qué daros,
        pues quiso que de vos su hijo nasciesse,
        ni vos tuuistes más que desearos,
20   no siendo el deseo tal que en vos cupiesse
        ni aviendo de ser madre contentaros.
        Pudiérades, con serlo, de quien fuesse
        menos que Dios, porque para tal madre
        auía de ser Dios el hijo y padre.

25   Con la humildad que el alma enriquecistes
        vuestro ser sobre el cielo leuantaste[s],
126   y aquello que Dios solo no fuistes
        y quando no fue Dios atrás dexastes.
        El alma sancta al alma concebistes,
30   y dentro en vuestro bientre le cifrastes,
        que los cielos y tierra no acabaron,
        vuestras sacras entrañas lo encarnaron.

        Y avnque sois madre, sois virgen entera,
        hija de Adán de culpa preseruada,
35   en orden de nascer no sois primera
        y antes quel siglo fuesse soys criada.
        Sois piadosa, y la serpiente fiera
        por vos uió su cabeça quebrantada.
        A Dios, de Dios baxáis del cielo al suelo
40   y al hombre le subís del suelo al cielo.

        Si Dios a Dios nos dio para librarnos
        del fiero capitán acerbo y fuerte,
        a sólo Dios nos dio para saluarnos
126v   de su escura prisión y graue suerte.
45   Mas, Virgen, más que a Dios pudistes darnos
        para boluer en vida nuestra muerte,
        pues Dios y hombre nos distes en la tierra
        que dio la palma y laura a nuestra guerra.

      Estáis agora, Virgen generosa,
50 con la perpetua Trinidad sentada,
      do el Padre os llama hija y el Hijo esposa,
      el Espíritu Sancto dulce amada.
      De allý, con larga mano poderosa,
      nos rrepartís la gracia que os es dada,
55 allý gozáis y aquí cesso mi pluma,
      que en la gracia de Dios está la pluma.

247

Cierta digressión entre el pensamiento y
el hombre hablando consigo mismo y
quasi quexando de los disfabores que
le hauía hecho vna dama y quéxase
della asý proprio.

128v   Mi memoria y vuestro oluido
      se juntan a guerrearme,
      y an jurado de negarme
      el rremedio que les pido,
5 por acabar de matarme.

      Caro me costó miraros
      porque ansí me hechizaste,
      que después que supe amaros,
      avnque sé que me olvidaste,
10 no sé jamás olvidaros.

129   Vuestro oluido no se acuerda,
      mi memoria, que no oluida,
      por que vos seáys seruida,
      han acordado que pierda,
15 por, vuestra causa, la vida.

      Y avnqués justa mi querella
      consiento en esta sentencia,
      pues vos fuistes en ella,
      no me da pena paciencia,
20 ny me canso de tenerla.

Hechizeros de vender
vuestros ojos, reina mía,
quitan y dan alegría,
quitan y pone plazer,
25 y todo en vn mesmo día.

Aquél en que me prendistes,
con los vuestros me mirastes,
los míos adolecistes,
porque, según me matastes,
30 contino viuirán tristes.

Y este triste que se alexa,
viendo que a morir se va,
pues que tan llegando está,
si vuestra merced le dexa,
35 cierto está que morirá.

Y el captiuo coraçón,
avnque hará penitencia,
con hallarse en su prisión,
presente en vuestra presencia,
40 descansaua su passión.

248

130 Por ser ya vuestros amores
de qualidad tan contraria,
temo más vuestros dolores,
que los tengo por mayores,
5 que la pena es hordinaria.

Que según se ha empleado
el amor que me apassiona,
es hablar en lo escusado
pensar de ser rremediado,
10 si no mandáis la persona.

249

130v   De tan secreto cimiento
            nasce mi pena de amor,
            que avnque llegando me siento,
            a mi propio pensamiento
5   no descubro mi dolor.
            Callando muero dichoso
            sin mostralle mi herida,
            el hablalle es peligroso,
            pedir la muerte no oso,
10   ¿cómo le pidiré vida?

            Amar donde es conoscida
            la passión que padescemos,
            avnque mal passe la vida,
            con ser la pena sentida,
15   es bien que nos consolemos.
            Es ymppossible hazer
            de bien a mal la mudança,
            que pensar poder hauer
            rremedio del padescer
20   es muy vana confiança.

250

            Ya, ya mi parescer es
            que deuéis, señor, mudar
            los sospiros que tenéis
            en otro estilo al reués,
5   si queréis algo alcançar.

            Y pues con tan cruel mano
            os ha tocado el amor,
            pienso ques consejo sano
            bibáis del todo aldeano,
10   quiçá os dexará el dolor.

251

131   Condenado me tened,
           y el coraçón, avnque fuerte,
           la vida para la muerte
           las entrañas a merced.
     5   En esta guerra mortal
           soldados son los dolores,
           el amor, con sus amores,
           es capitán general.

252

           De ningún tranze se espanta
           la virtud de fortaleza,
           ni por rrigor se quebranta
           ni la vence la flaqueza.
     5   [   ] la soga a la garganta
           escudo viste de azero,
           el que los golpes espera
           no desmaya de ligero,
           porque el amor verdadero
    10   el temor lança de fuera.

253

131v   Ante las muy estremadas
           gracias y muy excelentes
           de quien mata mi bibir,
           oluídanse las pasadas
     5   y an embidia las presentes,
           penarán las por venir.

           Porque quiso Dios hazella
           en hermosura sin par
           y en valor tan sola vna,
    10   que mirándola a ella
           pueden todas segurar
           de mirar otra ninguna.

---

4 "passiones" en ms.

254

132

      Pues sola vuestra beldad
es prisión de los humanos,
ablandad la voluntad,
que poca necessidad
5   tiene desto vuestras manos.
Mas curaldas de manera,
pues que sobran de hermosas,
que por ellas nadie muera
y el leal que en vos espera
10 las sienta muy pïadosas.

255

132v

      Con dolor de amor esquiuo
dormido estoy y despierto,
libre soy y soy captiuo,
es lo público de viuo
5   y lo secreto de muerto.
Y la muerte, según creo,
de rrazón no tardará,
que quasi venir la veo,
mas en ver que la deseo
10 quiçá se encarecerá.
Y assí, porque y la quiero,
de venir se me encarece,
y con mal tan lastimero
poder yo bibir no espero
15 pues la vida mentristece.
Contemplad, pues, mi tormento,
y ved la vida que bibo,
y forçad el pensamiento
a pensar lo que yo siento
20 quanto más que lo que escriuo.

256

La justicia que os condena,
pues en algo ya os desculpa,
que haze vos libre, ordena
de la pena de la culpa
5   mas no de la de la pena.
Porque quieres que se os dé
todo vuestro acostamento,
hauiendo respeto a [   ]
lo que ya faltáis en [   ]
10   sobráis en merecimiento.

III. NOTAS

Todas las fuentes manuscritas e impresas que se incluyen en las notas, igual que las citas bibliográficas abreviadas que figuran al final de las mismas, remiten a IV. Bibliografía.

ABREVIATURAS

BC	Barcelona, Biblioteca de Catalunya
BUB	Barcelona, Biblioteca Universitaria
CBU	Coimbra, Biblioteca da Universidade
Cancionero español	*El cancionero español*
Cancionero teatral	*El cancionero teatral*
Cancionero tradicional	*Cancionero tradicional*
Corpus	*Corpus de la antigua lírica*
El cancionero del XV	Dutton, *El cancionero del siglo XV*
EM	El Escorial, Biblioteca del Monasterio
Ensayo, I	Piacentini, *Ensayo de una bibliografía*, I
Ensayo, I, Anejo	Piacentini, *Ensayo de una bibliografía*, I, Anejo
Ensayo, II	Piacentini, *Ensayo de una bibliografía*, II
Ensayo, III	Piacentini, *Ensayo de una bibliografía*, III
EP	Évora, Biblioteca Pública
EPH	Elvas, Biblioteca Públia Hortênsia
Flor de enamorados	*Cancionero llamado Flor de enamorados*
FN	Florencia, Biblioteca Nazionale
FR	Florencia, Biblioteca Riccardiana
FRG	*Flor de romances y glosas*
Íncipit de poesía española	Lambea, *Íncipit de poesía española*
LB	Londres, British Library
LPA	Lisboa, Palacio da Ajuda

LMAB Lisboa, Museu Nacional de Arqueologia, Belém
LN Lisboa, Biblioteca Nacional
LTT Lisboa, Torre do Tombo
MBCR II Rodríguez-Moñino, Antonio. *Manual,* 1973
MCSIC Madrid, Biblioteca del CSIC (Fondo Rodríguez Marín)
MiB Milán, Biblioteca Braidense
MiT Milán, Biblioteca Trivulziana
MLG Madrid, Biblioteca de Lázaro Galdiano
MN Madrid, Biblioteca Nacional
MP Madrid, Biblioteca de Palacio
MRAE Madrid, Biblioteca de la Real Academia Española de la Lengua
MRAH Madrid, Biblioteca de la Real Academia de la Historia
NDic Rodríguez-Moñino, Antonio. *Nuevo diccionario*
NH Nueva York, Library of the Hispanic Society of America
NVE Nápoles, Biblioteca Vittorio Emanuele III
Nueva contribución Getino, *Nueva contribución*
OA Oxford, All Souls College Library
PBA París, L'École Nationale Superieure de Beaux Arts
Peralada Biblioteca del Castillo de Peralada
PMBM Palma de Mallorca, Biblioteca de Bartolomé March
PN París, Bibliothèque Nationale
RaC Rávena, Biblioteca Classense
RAV Roma, Biblioteca Apostólica Vaticana
Romancero *Romancero*. Ed. Paloma Díaz-Mas
SC Sevilla, Biblioteca Colombina
SMP Santander, Menéndez Pelayo
TC-LM Toledo, Biblioteca de Castilla-La Mancha
"Un millar de cantares" Devoto, "Un millar de cantares"
WHA Wolfenbüttel, Herzog August Bibliothek

Remitimos a la edición de Cristóbal Cuevas para la poesía de Fray Luis de León, a la de José Ignacio Díez Fernández para la de Diego Hurtado de Mendoza, a la de Luis F. Díaz Larios para la de Acuña, a la de Valentín Núñez Rivera para la de Alcázar. Cuando podemos ampliar el repertorio de fuentes de estas ediciones las añadimos en las notas correspondientes. Entiéndanse como razonables las fechas que damos para algunos de los manuscritos.

1. *Qué descansada vida.*

1587-1590	MN 22.028, 187 (*Poesías de Fray Melchor de la Serna*, núm. 176)
XVI-XVII	MP 1578, 109v
1600	MRAH 9/7069, 140v
XVII	FR 2864, 10v

Fray Luis de León, núm. 1

J.M. Blecua no da bien la signatura de este códice: donde dice "Cod. 3.079 de la Biblioteca Nacional de Lisboa" (pág. 142) debe leerse "Cod. 3.072". Cuevas, al parecer, sigue a Blecua sin enmendar la errata.

2. *He dado en tener en poco.*

1570-1580	RAV 1635, 72v, con la glosa de cuatro estrofas "Ya, Cupido, no me placen"
1580	MP 1579, 103v, con la glosa de cuatro estrofas "Ya, Cupido, no me placen"
1580-1600	MP 570, 123, con la glosa de cuatro estrofas "He dado en no se me dar"
1580-1590	NH B 2486, 244, con la glosa de dos estrofas "Yo solía andar perdido" (*Cancionero sevillano*, núm. 511)
1585	MP 531, 59v, con la glosa de cuatro estrofas "Sabía que mi cuydado" 148v, y de cuatro estrofas "Señora, todos los dones" de F[ray] Hier[ónimo] Mar[ton] (*Cartapacio de Francisco Morán*, núm. 295 y núm. 699)
1580	PN Esp. 307, 241, con la glosa de dos estrofas "Ya no peno ni me muero", 275v, y de tres estrofas "Las penas y desconçiertos"
1590-1610	México, Códice Gómez de Orozco, 45 (*El códice Gómez de Orozco*, núm. 18)

3. *Quién os engañó, señor.*

Se citan versos de "Mira Nero de Tarpeya", "Morir vos queredes, padre", "Media noche era por filo", "Oh Belerma, oh Belerma", "Por aquel postigo viejo", "Fontefrida, Fontefrida" y "Doliente se siente el rey".

1570-80	RV 1635, 20, "Coplas de don Diego de Mendoça contra Francisco de Fonseca"
1580-1600	MN 12.622, 171v, *Coplas hechas a don Alfonso de Fonseca*
1582	MN 3924, 34, *Coplas a un caballero que tubo un concierto y no pudo concertarse* (*Cancionero de Pedro de Rojas*, núm. 35)
1584	MRAE 330, 138, *Respuesta del amigo*
1585	MP 531, 12, *Coplas hech[as] p[or] d[on] J[uan] d[e] Al[meida], de don Fra[ncisco] d[e] F[onseca] y D[oña]*

J[uana] d[e] Az[cebedo]. Carranza (Cartapacio de Francisco Morán, núm. 64)

1586   MP 973, 62, *Carta de d. Juan Manuel a don Francisco de Fonseca*

1590   MP 1580, 66, *Coplas a un ynpotente*

1593   MP 1581, 53 (folio arrancado)

1580-1600   MP 570, 123v, *A un galán ynpotente*

1600-10   Alfonso Cassuto, 145v, *Sátira a certo amante indo ter com hûa dama contençũo de satisfaçer seu deseio se achou burlado porque consentido ella se vu quis embriadas* (sic) *o sindeiro*

1620   MN 3915, 43, *A un capón, que por serlo se descassó su muger*

1669   NH B 2428, 374, *A un impotente*

XVII   BC 20.555, *Segunda parte de las Obras de Baltasar del Alcáçar. Ynsigne poeta sevillano*, 66, *A un capón, que por serlo se descasó su mujer*

1854-1864   SMP M-125 *Poesías de Baltasar del Alcázar...aora refundida i adizionada por D. Cayetano Alberto de la Barrera*, pág. 177

Baltasar del Alcázar. Obra poética, núm 122.

Alzieu *et al., Poesía erótica*, pág. 191, las imprimen, tomando el texto de MN 3924. Blanco Sánchez, *Entre Fray Luis*, pág. 665, imprime y coteja las versiones contenidas en MP 531 y Gallardo, *Ensayo*, I, 85, y da las variantes que saca de la versión del MN 3924 y del MP 1580.

Gallardo, *Ensayo*, I, col. 85, imprime el texto. Según Zarco del Valle y Sancho Rayón, que se encargaron de coordinar y aumentar la edición del *Ensayo*, Gallardo copió del manuscrito que describe como el núm. 93 del *Ensayo* y que tiene el siguiente epígrafe: "Don Francisco Chacón casó en años pasados con doña Juana de Acebedo, y dentro de poco tiempo, á título de impotente, se deshizo el casamiento por sentencia, á este propósito hizo Baltasar de Alcázar los versos que siguen".

En *Poesías de Baltasar de Alcázar*, ed. de Bibliófilos Andaluces, 1878, pág. 157, figura el poema, copiado probablemente del *Ensayo* de Gallardo, porque tiene el mismo epígrafe y unas variantes muy ligeras en cuanto a la versión del *Ensayo*. Francisco Rodríguez Marín, en su *Poesías de Baltasar del Alcázar*, Madrid, Real Academia Española, 1910, no lo vuelve a imprimir, ni lo menciona en su introducción.

Jorge de Sena, *Francisco de la Torre e D. João de Almeda*, París: Fundação Calouste Gulbenkian, 1974, págs. 142-145, menciona y coteja varias versiones de las coplas, trata el tema de las atribuciones, poniendo en duda si el poema sale de la pluma de Alcázar y afirmando que la atribución a Carranza de MP 531 merece más atención. El último estudio, firmado por Valentín Núñez, da como buena la atribución a Alcázar, pág. 430.

"Todo lo miraua Nero".

Dos versos del romance "Mira Nero de Tarpeya" en "Quién os engaño, señor".

1535-1540	[*Cancionero recopilado por Velázquez Dávila*] sin foliar (*Cancionero gótico de Velázquez de Ávila*, pag. 99 y *Pliegos poéticos de la Biblioteca Nacional*, V, núm. 180; *NDic.* núm. 629)
1547	MRAE RM 6952, 16v
s.a.	*Cancionero de romances*, 226v, *Romance que dizen Mira Nero de Tarpeya*, y en las eds. de Millis 1550, Amberes 1550, 1555, 1568, Lisboa 1581 (*Cancionero de romances*, pág. 271)
1550	*Primera parte de la Silva de romances*, 136v, *Romance de cómo Nero hizo dar fuego a Roma*, y en la *Silva* de Barcelona 1550 y 1552 (*Silva de romances*, pág. 200)
1555	BC 2050, 144, 1 citado en "Vuestra merced se apercibe" de Fernández de Heredia
1563	Sepúlveda, *Cancionero de romances*, 1563, y en las eds. de Medina del Campo 1570, Alcalá 1571, Valladolid 1577
1563	Sepúlveda, *Recopilación de romances*, 101
1573	Timoneda, *Rosa gentil*, 23v (*Rosa de romances*, 23v)
1578	*Silva recopilada*, y en las eds. de Barcelona 1582, 1587, 1602, 1611, 1612, Zaragoza 1617, Barcelona 1622, 1635, 1636, 1645, Zaragoza 1657, 1658, Barcelona 1666, Zaragoza 1673, Barcelona 1675, 1684, 1696
1580	MP 961, 92, 1 verso citado en "Muerto iaze un cauallero" (*Poesías del Maestro León*, núm. 37)
1580-1600	MP 570, 121, citado en "Metidos en confusión"
1582	López de Úbeda, *Vergel*, 21v, en la ed. de Alcalá 1588, vuelto a lo divino "Mira el limbo Lucifer"
1590	*Aquí comiençan las coplas de la Magdalena...El primero contrahecho al que dize Mira Nero de Tarpeya* "Miraua el Rey de la gloria", (*NDic.* núm. 664.5)
1590	MiT 994, 9v, con la glosa "De ser cruel no cansado"
1598	EM Ç-III.22, 92v
1600-1610	EP CXIV/2-2, 151, citado en "Metidos en confusión" (*Cancioneiro de corte*, núm. 181)
XVI	*Espejo de enamorados* (*Espejo de enamorados*, *Pliegos poéticos de Lisboa*, núm. 14 y *Romancero* núm. 101; *NDic.* núm. 870)
XVI	*Síguese vna glosa nueuamente hecha* (*Pliegos poéticos de Praga*, II, núm. 77; *NDic.* núm. 1077)
XVII	LN F.G. Cod. 8920, 186, citado en "Metidos en confusión"
XVII	NH B 2459, 51v

Ensayo, I, núm. 107 y *Ensayo*, II, núm. 158

"Sólo don Sancho que calla".

Un verso del romance "Morir vos queredes, padre" en "Quién os engañó, señor".

1550	*Cancionero de romances*, 158 y en las eds. de Amberes 1555, 1568 y Lisboa 1581 (*Cancionero de romances*, pág. 213 y *Romancero*, núm. 6)
1550	*Primera parte de la Silva de varios romances*, 79v y en la *Silva* de Barcelona 1550 y 1552 (*Silva de romances*, pág. 158)
1563	Sepúlveda, *Recopilación de romances*, 43
1563	Sepúlveda, *Cancionero de romances*, 43 y en la ed. de Medina del Campo 1570, Alcalá 1571, Valladolid 1577, Sevilla 1584 (*Cancionero de romances*, pág. 320)
1573	Timoneda, *Rosa española*, 21 (*Rosa de romances*, pág. 21)
XVI	*Glosa de los romances y canciones...hechas por Gonçalo de Montaluo*, con la glosa "Por mayor y menos fuerte" (*Pliegos poéticos de Cracovia*, núm. 6; *NDic.* núm. 377)
XVI	*Glosa de Olorosa clauellina*, con la glosa "Por menor y menos fuerte" (*Pliegos poéticos de la Biblioteca Nacional*, II, núm. 70; *NDic.* núm. 888)
XVI	*Las glosas de los romances que en este pliego se contienen... nueuamente trobadas por Hurtado*, con la glosa "Todas las que nacistes" (*Pliegos poéticos de Praga*, I, núm. 19; *NDic.* núm. 255)
XVI	*Glosas de los romances y canciones...hecho por Gonçalo de Montaluo*, con la glosa "Por menor y menos fuerte" (*Pliegos poéticos de la Biblioteca Nacional*, III, núm. 115; *NDic.* núm. 376)
XVI	*Glosas de los romances y canciones... hechas por Gonçalo de Montaluán*, con la glosa "Por menor y menos fuerte" (*Pliegos poéticos de Praga*, II, núm. 61; *NDic.* núm. 375)
XVI	*Glosas de vnos r[omances] y canciones hechas por Gonzalo de M[ontalbán]*, con la glosa "Por menor y menos fuerte" (*Pliegos poéticos de Praga*, II, núm. 64; *NDic.* núm. 378)
XVI	*Glosas de vnos romances y canciones hechas por Gonçalo de Montaluán* con la glosa "Por menor y menos fuerte" (*Pliegos poéticos de la Biblioteca Nacional*, II, núm. 69; *NDic.* núm. 379)

Ensayo, I, núm. 111 y *Ensayo*, II, núm. 163

"Durmiendo está el conde Claros"

Los dos primeros versos del romance. Existe relación con "Media noche era por filo, / los gallos querían cantar, / conde Claros con amores / no podía reposar" en "Quién os engañó, señor".

1515	*Otro romance del conde Claros... fecho por Juan de Burgos* (*Pliegos poéticos de The British Library*, núm. 7; *NDic*. núm. 76)
1525	*Libro en el qual se contienen cincuenta romances* (*Pliegos poéticos de Morbecq*, núm. 4; *NDic*. núm. 936), queda constancia del romance en el título pero no se halla el texto en este fragmento de pliego)
XVI	*Romance del conde Claros nueuamente trobado por otra manera. Fecho por Antón Pansac andaluz* (*Pliegos poéticos de la Biblioteca Nacional* III, núm. 126; *NDic*. núm. 423)

"Media noche era por filo" se halla en:

s.a.	*Cancionero de romances*, 85, y en las eds. de Millis 1550, Amberes 1550, 1555, 1568, Lisboa 1581 (*Cancionero de romances*, pág. 168)
1550	*Segunda parte de la Silva de varios romances*, y en la ed. de Zaragoza 1552 (*Silva de romances*, págs. 390)
1561	*Silva de varios romances*, 80v, y en las eds. de Barcelona 1561, 1578, 1582, 1587, 1602, 1611, 1612, 1622, 1635, 1636, 1645, 1666, 1675, Zaragoza 1617, 1657, 1658, 1673. (*Silva de varios romances*, 80v)
1594	*Séptimo qvaderno de letrillas* (*Pliegos poéticos de Pisa*, núm. 17; *NDic*. núm. 1160)
XVI	*Romance del conde Claros de Montaluán nueuamente sacado a luz de su hystoria por Diego de Reynosa*, (Chapin Library, *NDic*. núm. 477)
XVI	*Romance del conde Claros de Montaluán* (*Pliegos poéticos de Praga* III, núm. 3; *NDic*. 1017)
XVI	*Romance del conde Claros de Montaluán* (*Pliegos poéticos de la Biblioteca Nacional*, II, núm. 64; *NDic*. núm. 1019)

Ensayo, I, núm. 46, *Ensayo,* I, Anejo, núm. 103, *Ensayo,* II, núm. 153

"Que entre Torres y Ximena".

El primer verso de la canción "Entre Torres y Ximena" en "Quién os engañó, señor".

XVI	LB 10.328, 103v, citado en "Como otras veces solía"

XVI	*Glosa de los romances y canciones… hechas por Gonçalo de Montaluo*, con la glosa "Caminando por la sierra" (*Pliegos poéticos de Cracovia*, núm. 6; *NDic.* núm. 377)
XVI	*Glosas de los romances y canciones…hecho por Gonçalo de Montaluo*, con la glosa "Caminando por la sierra" (*Pliegos poéticos de la Biblioteca Nacional*, III, núm. 115; *NDic.* núm. 376)
XVI	*Glosas de los romances y canciones… hechas por Gonçalo de Montaluán*, con la glosa "Caminando por la tierra" (*Pliegos poéticos de Praga*, II, núm. 61; *NDic.* núm. 375)
XVI	*Glosas de vnos r[omances y canciones hechas por Gonzalo de M[ontalbán]*, con la glosa "Caminando por la tierra" (*Pliegos poéticos de Praga*, II, núm. 64; *NDic.* núm. 378)
XVI	*Glosas de vnos romances y canciones hechas por Gonçalo de Montaluán*, con la glosa "Caminando por la tierra" (*Pliegos poéticos de la Biblioteca Nacional*, II, núm. 69; *NDic.* núm. 379)

"Muerto jaze Durandarte"

El primer verso del romance en "Quién os engañó, señor".

1551	*Tercera parte de la Silva de varios romances*, 116, *Romance de Montesinos* (*Silva de romances*, pág. 490)
1553-1578	EP CXIV/1-17, 46v (*The Cancioneiro de Évora*, núm. 106)
1554	*Cancionero de obras nuevas*, 115v, con la glosa de Villalobos "Aunque nueuas de pesar" (*Cancionero general de obras*, núm. 76)
1565-1580	PN Esp.371, 45, con la glosa de Burguillos "Por pago de sus dolores"
1573	Timoneda, *Rosa de amores*, 31v (*Rosas de romances, Rosa de amores*, pág. 31v)
1578	*FRG*, 239, con la glosa "De mil ansias rodeado". Se glosan 8 versos que recuerdan los del romance.
1580	MP 961, 101v (*Poesías del Maestro León*, núm. 73)
1582	Romero Cepeda, *Obras*, 138v, citado en "En medio del verano"
1583	MP 2803, 108, con la glosa de Burguillos "Por pago de sus dolores"
1585	MP 531, 40v, con la glosa de Burguillos "Por pago de sus dolores"
1590	MN 2621, 156v, *Otras suyas en que le scriue un romance que empieza "Duro en l'arte"* empieza "Por la riza y gran plazer"
1590	MP 1580, 68v, con la glosa de Burguillos "Por pago de sus dolores"
XVI	*Aquí comiençan dos romances con sus glosas* (*Pliegos poéticos de Praga*, I, núm. 17; *NDic.* núm. 659)

XVI	*Aquí comiençan dos romances con sus glosas*, (*Pliegos poéticos de la Biblioteca Nacional*, II, núm. 86; *NDic*. núm. 660)
XVI	*Chiste nueuo con seys romances…por Francisco de Arguello* (*Pliegos poéticos de The British Library*, núm. 3; *NDic*. núm. 29)
XVI	MN 1317, 443v
XVII	BUB 1649, 123, con la glosa de Burguillos "Por pago de sus dolores"

Ensayo, I, núm. 113 y *Ensayo*, II, núm. 166.

"Muerto jaze Durandarte".
   Un verso del romance "Oh Belerma, oh Belerma" en *"Quién os engañó, señor"*.

1536	*Trouas de dous pastores…feytas por Bernaldino Ribeyro*, con la glosa "Quando está con la razón" (*Pliegos poéticos de Lisboa*, núm. 20; *NDic*. 486bis)
1550	*Cancionero de romances*, 269v, y en las eds. de Millis 1550, Amberes, s.a., 1555, 1568, Lisboa 1581(*Cancionero de romances*, pág. 303)
1551	*Tercera parte de la Silva de varios romances*, 116, *Romance de Durandarte*, versión más breve de 40 versos (*Silva de romances*, pág. 489)
1555	BC 2050, 58, con glosa de Fernández de Heredia, "Si tan poco sentimiento"
1580-1600	MP 570, 121v, citado en "Metidos en confusión"
1582	Romero Cepeda, *Obras*, 138v, citado en "En medio del verano"
1590	MN 2621, 39
1600-1610	EP CXIV/2-2, 152, citado en "Metidos en confusión"
XIX	MN 3721, 198, con la glosa de Bartolomé de Santiago, "Con mi mal no soy pagado", 206, con la glosa "El conde Partinuplés", 234, con la glosa de Alberto Gómez, "Oyendo cómo salieron"
XIX	MN 4138, III: 139, *Romance de "O, Belerma"*
XVI principios	MN 5593, 29, con la glosa de Fernández de Heredia, "Si tan poco sentimiento", 31, con la glosa "Cuando está con la razón"
XVI	*"Belerma", romance con glosa con las coplas del vir*, con la glosa "O, batalla de dolor" (*NDic*. núm. 747, desconocido)
XVI	*"Belerma", romance, glosa sobre él*, con la glosa "O, batalla carnicera" (*NDic*. núm. 747.5, desconocido)
XVI	*Aquí comiençan vnas glosas nueuamente hechas y glosadas por Francisco Marquina*, con la glosa "En los tiempos que en la Francia" (*Pliegos poéticos de Praga*, II, núm. 79; *NDic*. núm. 339)

XVI   *Aquí comiençan vnas glosas nueuamente hechas y glosadas por Francisco Marquina*, con la glosa "En los tiempos que en la Francia" (*Pliegos poéticos de la Biblioteca Nacional*, II, núm. 56; *NDic.* núm. 340)

XVI   *Glosa al romance de "O, Belerma" nueuamente glosado por Bartolomé de Santiago*, con la glosa "Con mi mal no soy pagado" (*Pliegos poéticos de la Biblioteca Nacional*, III, núm. 119; *NDic.* 534)

XVI   *Glosa de los romances de "O, Belerma"… todas hechas disparates*, con la glosa "El conde Partinuplés" (*Pliegos poéticos de la Biblioteca Nacional*, III, núm. 116; *NDic.* núm. 891)

XVI   *Glosa nueuamente compuesta*, con la *Glosa nueuamente trobada sobre "Belerma", la qual, al mi parecer, es mejor que quantas otras se han trobado y es ésta* "Quexoso boy del biuir" (*Pliegos poéticos de The British Library*, núm. 78; *NDic.* núm. 890)

XVI   *Romance de "O, Belerma"…glosado por Alberto Gómez*, con la glosa "Oyendo cómo salieron" (*Pliegos poéticos de The British Library*, núm. 19; *NDic.* núm. 222)

XVI   *Romance de "O, Belerma"…glosado por Alberto Gómez*, con la glosa "Oyendo cómo salieron" (*Pliegos poéticos de la Biblioteca Nacional*, III, núm. 94; *NDic.* núm. 223)

XVII   LN F.G. Cod. 8920, 187, citado en "Metidos en confusión"

Ensayo, I, núm. 116 y *Ensayo*, II, núm. 170.

NDic. núms. 747 y 747.5, desconocidos, pero registrados en el *Abecedarium* de Colón.

"Muriera dentro en Zamora"

Dos versos del romance "Por aquel postigo viejo" en "Quién os engañó, señor".

s.a   *Cancionero de romances*, 159, y en las eds. de Millis 1550, Amberes 1550, 1555, 1568, Lisboa 1581 (*Cancionero de romances*, 220)

1550   *Primera parte de la silva de varios romances*, 80v y en la *Silva de Barcelona* 1550 y 1552 (*Silva de romances*, pág. 159)

1563   Sepúlveda, *Cancionero de romances*, 43, y en las eds. de Granada 1563, Medina del Campo 1570, Alcalá 1571, Valladolid 1577, Sevilla 1584 (*Cancionero de romances*, pág. 303)

1572   *Síguense ocho romances viejos* (*Pliegos poéticos de Cataluña*, núm. 41; *NDic.* núm. 1068)

1573   Timoneda, *Rosa española*, 32 (*Rosas de romances*, 32)

Ensayo, I, núm. 125 y *Ensayo*, II, núm. 177.

Romancero, núm. 10.
"Un millar de cantares", núm. 409.

"Que ni posa en ramo verde".
Dos versos del romance "*Fontefrida, Fontefrida*" en "*Quién os engañó, señor*".

1511	*Cancionero general*, 133, con la glosa de Tapia "Andando con triste vida", y en las eds. de Valencia 1514, Toledo, 1517, 1520, 1527, Sevilla 1535, 1540, Amberes 1557, 1573 (*Romancero*, núm. 91)
¿1515?	Fernández de Constantina, *Cancionero llamado Guirlanda esmaltada*, 58v, con la glosa de Tapia "Andando con triste vida"
1525	*Libro en el qual se contienen cincuenta romances* (*Pliegos poéticos de Morbecq*, núm. 4; *NDic*. núm. 936)
1525-1530	Fragmento de un pliego (*Pliegos poéticos de Morbecq*, núm. 32; *NDic*. núm. 1170)
1547	MRAE RM 6952, 25v
s.a	*Cancionero de romances*, 245, y en las eds. de Millis 1550, Amberes 1550, 1555, 1568, Lisboa 1581(*Cancionero de romances*, pág. 285)
1550	*Primera parte de la Silva de romances*, 153v (*Silva de romances*, pág. 213)
1552	*Segunda parte del Cancionero general*, 44, con la glosa "Andando con triste vida" (*Segunda parte*, pág. 115)
XVI	*Aquí comiencan ciertos romances con glosas y sin ellas*, con la glosa de Tapia "Andando con triste vida" (*Pliegos poéticos de Praga*, I, núm. 7; *NDic*. 654)
XVI	*Espejo de enamorados*, con la glosa de Tapia "Andando con triste vida" (*Espejo de enamorados, Pliegos poéticos de Lisboa*, núm. 14; *NDic*. núm. 870)
XVI	*Romance de "Rosa fresca" con la glosa de Pinar*, con la glosa de Tapia "Andando con triste vida" (*Pliegos poéticos de Viena*, núm. 11; *NDic*. núm. 1038)
XVI	*Romances de "Rosa fresca" con la glosa de Pinar y otros muchos romances*, con la glosa de Tapia "Andando con triste vida" (*Pliegos poéticos de Praga*, II, núm. 75; *NDic*. núm. 1039)
XIX	MN 3724, 158

Ensayo, I, núm. 80, *Ensayo*, II, núm. 127.

"Con los pies hazia el Oriente".
Dos versos del romance "Doliente se siente el rey" en "Quién os engañó, señor".

1550	*Cancionero de romances*, 146, y en las eds. de Amberes 1555, 1568, Lisboa 1581 (*Cancionero de romances*, pág. 213 y *Romancero* núm. 5)
1550	*Primera parte de la Silva de rromances*, 79, *Romance del rey don Fernando primero*, texto diferente al de *Cancionero de romances* (*Silva de romances*, pág. 158)
1563	Sepúlveda, *Cancionero de romances*, 42, *Romance del rey don Fernando el primero*, texto diferente al de *Cancionero de romances*, y en las eds. de Granada 1563, Medina del Campo 1570, Alcalá 1571, Valladolid 1577, Sevilla 1584 (*Cancionero de romances*, pág. 302)

4. *Ana de mí tan amada.*

XVII	PN Esp. 314, 153. Se cita "La mañana de San Juan / al tiempo que alboreaua"

"La mañana de San Juan" figura en:

1573	*Aquí comiençan seys romances* (*Pliegos poéticos de Praga*, II, núm. 68 y III, núm 8 (reducido); *NDic.* núm. 683)
1573	*Romance de la hermosa Xarifa y Abindarráez* (*Pliegos poéticos de Cracovia*, núm. 13; *NDic.* núm. 1010)
1573	Timoneda, *Rosa española*, 52v, *Los romances de cosas de Granada y este primero es aquel que dice "La mañana de San Juan"* (*Rosa de romances*, 52v)
1580	MP 1579, 164v, se cita en "Cuando el ser del rojo Apolo"
1582	López de Úbeda, *Vergel de flores*, 23v, contrahecho en "Mañana de Navidad" y 24, contrahecho en "La noche de Navidad", y en la ed. de 1588
1585	MP 973, ii
1588	MP 1587, 106v, se cita en "Ya desposan a Veleta" (*Cancionero de poesías varias*, núm. 176)
1590	MP 1580, 126v, glosado en "Cuando el rey Chico tenía"
1595	MP 996, 120, se cita en "Quien madruga, Dios le ayuda" (*Romancero de Palacio*, núm. 73)
1597	*Flor novena*, 43, y en la ed. de Alcalá 1600 (*Fuentes del Romancero general*, XI), se cita en "Quien madruga, Dios le ayuda)
1600	MN 3913, 50, se cita en "Quien madruga, Dios le ayuda"
1600	*Romancero general*, 327, se cita en "Quien madruga, Dios le ayuda", y en la ed. de 1602
1662	MN R-22.671, *Comedia famosa de disparates del rey don Alfonso en de la mano horadada*, versos 130-131 (*Comedia famosa...* Ed. Carlos Mata Induráin, 1998, pág. 114)

s.a.	*Tercero cuaderno de varios romances* (*Pliegos poéticos de Pisa*, núm. 13), se cita en "Quien madruga, Dios le ayuda"
XVI	*Aquí comiençan seys romances* (*Pliegos poéticos de la Biblioteca Nacional*, II, núm. 87; *NDic.* núm. 679)
XVII	MN 3890, 14, se cita en "Que bailan las serranas"
XVII	PN Esp. 314, 163v, se cita en "Ana de mí tan amada"
XIX	MN 3723, 139

Ensayo, I, nos 92-93 y *Ensayo*, II, núm. 140

5. *Dungandux, dungandux.*

En su edición de Estebanillo González, Madrid, 1990, II, pág. 281, A.Carreira y J. A. Cid, al anotar el pasaje en que el autor llama a su moza "garitera perdurable / del juego del dingandux", se refieren al uso de la palabra "dingandux" o "dinganduj" en los textos aducidos por Rodríguez Marín, *Dos mil quinientas voces*...págs. 130-131, para significar el juego al que alude Estebanillo y cómo adquiere a veces, según anotan Alzieu *et al.* en su *Poesía erótica*, págs. 221-226, el sentido de *cunnus*. El *Léxico del marginalismo* insiste que la palabra significa órgano sexual masculino o femenino. En este poema es el masculino.

7. *Todo es poco lo possible.*

1511	*Cancionero general.* Valencia, 143v, 145, y en las eds. de Valencia 1514, Toledo 1517, 1520, 1527, Sevilla 1535, 1540, Amberes 1557, 1573 (*Cancionero general recopilado*, 143v)
1580-1600	MP 570, 109v
1587-1590	MN 22.028, 248v (*Poesías de Fray Melchor de la Serna*, núm. 252)
1595-1610	MN 3968, 177v

10. *Dama de gran hermosura.*

Se cita "Plega a Dios que alguno quiera / como yo, mi bien te quiero", que se halla en:

1547	MRAE RM 6952, 29
1550-1560	MN 3902, 69, con la glosa "Pues que deviendo quererme"
1585	MP 531, *Letra d[e]l mes[mo] a[utor. Pedro de Lemos]*, con la glosa "Aquel que fue poderoso"
1585	PN Esp. 373, 99, con la glosa "No sé qué diga ni haga" y 100v, con la glosa "Pues que deviendo quererme"
1587-1590	MN 22.028, 247, con la glosa "Pues que deviendo quererme"

14. *Si a mi Dios pluguiesse.*

Se menciona "Tiempo bueno, tiempo bueno". "Tiempo bueno" se halla en las siguientes fuentes:

1480	MA 871, 145 (*The Musical Manuscript*)
1500	BC 454, 189v
1516	*Cancioneiro geral*, 217
1535-1540	[*Cancionero recopilado por Velázquez Dávila*] (*Cancionero gótico de Velázquez de Ávila*, pág. 20 y *Pliegos poéticos de la Biblioteca Nacional*, V, núm. 180; *NDic.* núm. 629)
1540	*Aquí comiença dos maneras de glosas nueuas*, con la glosa, "Por la gloria en ti passada" (*Seis pliegos poéticos*, núm. 1; *NDic.* 658.5)
1550-1560	MN 3902, 95v, atribuida a Burguillos (*Cancionero de poesías varias*, núm. 111)
1570	MP 617, 161 (*Cancionero de poesías varias*, núm. 166)
1570	OA 189, 54
1580	PN Esp. 372, 75v
1580	PN Esp. 307, 264v
1582	Romero de Cepeda, *Obras*, 86v, con la glosa "Qualquier esperança vana", 138v, citado en "En medio del verano"
1590	MN 2621, 115, *Glosa al romançe de Tiempo bueno hecha a la muerte del príncipe de Portugal por Montemayor*, "247, con la glosa "Triste ventura mía"
XVI	MN 3691, 79
XVI	*Aquí comienzan unas glosas*. Francisco Marquina. (*Pliegos poéticos de Praga*, II, núm. 79; *NDic.* núm. 339); MM, R-3664 (*Pliegos poéticos de la Biblioteca Nacional*, II, núm. 56; *NDic.* núm. 340)
XVI	*Breve parlamento qve hizo el orador y poeta Áluaro de Cadabal Valladares de Sotomayor*, con la glosa "O, triste ventura mía" (*Pliegos poéticos de Portugal*, núm. 2; *NDic.* núm. 77.3)
XVI	*Glosa nueuamente compuesta*, con la glosa "O, vida de mi penar" (*Pliegos poéticos de The British Library*, núm. 78; *NDic.* 890)

El cancionero del XV, núm. 1991.
Íncipit de poesía española, pág. 298.
MBCR II, págs. 779, 792.
"Un millar de cantares", núm. 562.

17. *Quán linda que eres, Pascuala.*

1580	MP 961, 111, con sólo una estrofa de la glosa "Dessos rubios cabellos" (*Poesías del Maestro León*, núm 95)
XVI	*Villete de amor*, con la glosa "Desgraciado y lindo gesto" (*Villete de amor*, 4v)

18. *Dessos rubios cabellos.*
1580   MP 961, 111, versión mas breve de una estrofa, la tercera de
      LN F.G. Cod. 3072, "Yo quería enloquecer" (*Poesías del*
      Maestro León, núm. 95)

19. *Monte fértil lusitano.*
1570-1580 RAV 1635, 56v
1580-1600 MP 570, 120v, incompleto, 148
1586   MP 973, 194
1590   MP 1580, 229v
1595-1610 Peralada 091, 185v
1600   MN 12.622, 172v *Epístola enbiada por Juan de Alcalá, de*
      Seuilla, a Jorge de Montemayor, portugués, contradiziéndole
      vn pie de vnas coplas que hizo en la Pasión de Nuestro Señor
      Jesucristo
1600-1650 NH B 2341, 94v
1601   MRAE RM 6925, 73v, *Sátira de Juan Alcalá, sastre, a Jorge*
      de Montemayor, el de "La Diana", porque un cancionero a
      lo diuino dijo no sé qué disparate por lo que le vedaron"
XVI-XVII MP 1578, 304
López de Toro, "El poeta sevillano"
Nueva contribución, pág. 335

20. *So palabras de loor.*
1570-1580 RAV 1635, 57
1580   MP 570, 148
1586   MP 973, 195
1590   MP 1580, 230
1595-1610 Peralada 091, 185v
1600   MN 12.622, 173, *Respuesta de Montemayor*
1600-1650 NH B 2341, 95v
1601   MRAE RM 6925, 74
XVII   MN 17.681
XVI-XVII MP 1578, 304
López de Toro, "El poeta sevillano"
Nueva contribución, pág. 337

21. *Montaña seca nublosa.*
1570-1580 RAV 1635, 57v
1580-1600 MP 570, 148v
1586   MP 973, 195v
1590   MP 1580, 230v

1595-1610	Peralada 091, 186
1600	MN 12.622, 173, *Rrespuesta de Juan de Alcalá*
1600-1650	NH B 2341, 96v
1601	MRAE RM 6925, 74v
XVI-XVII	MP 1578, 305

López de Toro, "El poeta sevillano"
Nueva contribución, pág. 339

22. *A su aluedrío y sin orden alguna.*

1570	PMBM 861, 59v, sólo 4 versos (*Cancionero musical*, I, pág. 47, núm. 41)
1570	MP 617, 318, atribuido a Juan de Orta (*Cancionero de poesías varias*, núm. 470)
1570	OA 189, 161, *Gloza de "A su albedrío"*, "Ya la fresca mañana por los prados"
1570-1580	RAV 1635, 121, con la glosa "Los claros rayos de la luna blanca"
1572	*En este breue tractado se contienen.* BC ESP 102. Cristóbal Bravo, "Andaua vn pecador tan desmandado" *Síguense los versos sobre la letra que arriba diximos* ["A su aluedrío y sin orden alguna"] (*Pliegos poéticos de Cataluña*, núm. 3; *NDic.* núm. 69)
1573	*En este breve tractado se contienen.* BUB, B-59/3/42, Cristóbal Bravo, "Andaua vn pecador tan desmandado" [*Síguense los versos sobre la letra que arriba diximos*, "A su aluedrío y sin orden alguna"] (*NDic.* núm. 69.5)
1574-1576	NH HC 380, 946, 30, "A su albedrío y sin razón alguna / me tiene a mí el amor atormentado"
1575	MN 3806, 41, *Glosa de dos coplas de las que comiençan "A su albedrío y sin orden alguna"*... "La maña que amor tiene dc auisado"
1576-1590	MRAH 9/5880[es copia del ms. E-65], 229, *Octavas antiguas*, y 227, *Las mismas octavas en verso latino por el maestro Sánchez* "Qua fluit hesperius sinuosa durius amne"
1580	MP 1579, 65v, *Estancias* "A su aluedrío y sin orden alguna / ofendió el honbre a Dios por el bocado"
1580	PN Esp. 307, 33, *Estançias*
1580-1590	NH B 2486, 60, con la glosa "Riberas de vn río está vn pastor echado; 152, a lo divino, "A su alvedrío y sin horden alguna / lleva Adán con duelo su ganado"; 265 (*Cancionero sevillano*, núms. 68, 253 y 565)
1580-1600	MP 570, 231, *Otava*

1582	*Romancero historiado*, 219v, *Égloga y floresta pastoril*, se citan varios versos de "A su albedrío y sin orden alguna" (*Romancero historiado*, pág. 217)
1584	MRAE 330, 113, con la glosa "Amor tiene un pastor tan domeñado" y 127 con la glosa "Al claro rayo de la blanca luna"
1585	MP 531, 14v, *Glossa sobre una octava del "Alvedrío", que dize "No me pesa que amor me aya rendido". Por Silvestre. Canzión*, "Rivera humbrosa, quántos desengaños"; 199, *Glosas a las octavas de "A su alvedrío", por Padilla*, "Los árboles amenos y las flores" (*Cartapacio de Francisco Morán*, núms. 76, 792)
1585	Padilla, *Jardín espiritual*, 208v, *Estancias el Sactíssimo Sacramento del altar*. "A su aluedrío sin orden alguna / offendió el hombre a Dios por el bocado"
1585	PN Esp. 372, 203v, con la glosa "Confiado el Gran Turco en su fortuna"
1587-1590	MN 22.028, 184, con la glosa "Al claro rayo de la blanca luna" (*Poesías de Fray Melchor de la Serna*, núm. 172)
1590	LN F.G. Cod. 3071, 97v, *Canción octaua rithma*, "A mi albedrío y sin orden alguna / de ti, mi Dios eterno, descuidado"
1590	MP 1580, 121, *Glosa "al su albedrío"*, "A mi albedrío y sin horden alguna / me vi por vn lugar descaminado", 195, con la glosa "Amor tiene un pastor tan domellado"
1590-1600	MRAE RM 6226, 463v, *Al Nacimiento*, "A su aluedrío y sin orden alguna / guió el Pastor primero su ganado"
1590-1609	VCC 24-125, 36v, sólo 4 versos, "A su albedrío Dios y sin fuerza alguna" atribuida a Sor. María de San Alberto, y 127 (*Libro de romances*, núms. 105bis y 239)
1592 *ca.*	*Aquí se contienen muchas...* "A su aluedrío y sin orden alguna" y *Las mesmas octauas bueltas a lo espiritual* "A su aluedrío y sin orden alguna / veo que [lle]va mi Dios vuestro ganado" (*Las series valencianas*, núm. 188; *Pliegos poéticos españoles de Múnich*, núm. 37; *NDic*. núm. 722)
1592	PMBM 23/4/1, 66, *Estánçias* "A mi albedrío y sin horden alguna / me voy por el lugar descaminado"
1593	MN 6001, 269v, con la glosa "Amor tiene un pastor tan domeñado"
1593	MP 1581, 22v, *Octauas*
1598	EM Ç-III.22, 75, *Octauas*, y 77 con la glosa "El claro rayo de la blanca luna" ("Un cancionero bilingüe", pág. 422, núm. 21)
1604-1607	FN VII-353, 153, con la glosa "Al claro rayo de la luna blanca"

1605	Cervantes Saavedra, *Quijote* II, LIX (*Don Quijote de la Mancha*, pág. 1108)
1662	MN 17.951, 27v, "A su aluedrío y sin orden alguna / guió el Pastor primero su ganado"
XVI	FN Magl. XIX-109 (Medicea Palatina), 8, de una estrofa y con música.
XVI finales	PhUP Codex 193, 87, *Octavas* "A su albedrío el hombre y Dios a una"
XVII	LN F.G. Cod. 8920, 325v, Trouas que hum estudiante fes nemorandose da prinseza, 327, con la glosa "Amor tiene hum pastor tan domeñado", 330v, con la glosa "Solo pensoso triste y sin consuelo", 339, con la glosa "Al claro rayo de la blanca luna" en "A quién daré las quexas amorosas"
XVII	RCor 970, 44, *Ottauas* "A mi albedrío y sin orden alguna / me uoi por el lugar descarriado"

Aguilar, pág. 215.
Blecua, A. "A su albedrío y sin orden alguna", págs. 515-520.
Chaparro Gómez, págs. 199-204.
Covarrubias, *Tesoro*, pág. 108.
Íncipit de la poesía española, pág. 54.
Valladares Reguero, *El poeta linarense*, pág. 134.
Zorita, *et al.* "'A su albedrío'".

24. *Quien dize que el absencia causa oluido.*

1543	Boscán, *Obras*, 42
1551	Vázquez, *Villancicos*, 15v (*Juan Vasquez. Villancicos i canciones*, núm. 8, pág. xxii y 29)
1555	MP 1577 (I), 130, con la glosa "Si amor es pura fuerça que captiva"
1560	EPH 11.973, II: 25v, con la glosa "Si de mi pensamiento" (*O cancioneiro*, núm. 21)
1565-1580	PN Esp. 371, 100, *Glosa de quatro pies de vn soneto de Garçilaso de la Vega*, "Si alguno estando ausente"
1566	Arbolanche, *Los nueve libros de las Habidas*, 63, 1 verso como estribillo
1570	OA 189, 167v, con la glosa "Si de mi pensamiento"
1570-1580	RAV 1635, 37v, con la glosa "Amor y su contrario"
1570-1580	TCLM 506, 398v, con la glosa "No muestra en sus concetos" de Baltasar del Alcázar
1575	MN 3806, 60v, con la glosa "Amor es un deseo congoxoso"
1575-1585	MN 17.689, 70
1580-1600	MP 570, 260, con la glosa "Amor y su contrario"

1580-1590	NH B 2486, 204v, con la glosa "No muestra en sus concetos" (*Cancionero sevillano*, núm. 406)
1582	Romero Cepeda, *Obras*, 76, con la glosa "De amor nunca á gustado"
1582	MP 2803, 210v, con la glosa "Los que amores constantes" 215v, con la glosa "No fue de amor llagado" (*Cancionero de poesías varias*, núms. 133, 143, 144)
1585	MP 531, 7v, con la glosa "Si de mi pensamiento", 23v con la glosa "Según entre amadores", 56 con la glosa "Una dama que siendo yo partido", 97v con la glosa "Amor y su contrario", 186v con la glosa "Si amor es pura fuerça que captiva" (*Cartapacio de Francisco Morán*, núms. 40, 139, 285, 486, 746)
1585	PN Esp. 373, 131, con la glosa "Si de mi pensamiento", 261v con la glosa "Amor y su contrario"
1586	MP 973, 193v, con la glosa "Los que amores constantes"
1590	MP 1580, 112v, con la glosa "Si de mi pensamiento" 114, con la glosa "Con ponzoñosas fieras se ha criado"
1590-1610	LN F.G. Cod. 3069, 83v, contrahecho a lo divino al que le faltan los últimos dos versos (*Cancioneiro devoto*, núm. 92)
1595-1610	MN 3968, 109v, con la glosa "Amor y su contrario"
1598	EM Ç.III.22, 103v, con la glosa "Poco sabe de amor el dulce efecto" ("Un cancionero bilingüe", pág. 441, núm. 45)
1600	*Romancero general*, 351, se citan los primeros dos versos del soneto
1620	MN 3915, 162v, con la glosa "Amor y su contrario"
XVI	*Las coplas de Flerida…por Juan Timoneda*, sin localizar (*NDic* núm. 569)
XVII	FR 2864, 27v, con la glosa "Los que amores constantes"
XVII	MN 4117, 74, "Quien dice que la ausencia causa olvido / fáltale amor o sóbrale paciencia"

DiFranco, "Inspiración y supervivencia".

Íncipit de poesía española, pág. 264.

López Lara, "Quién dice que la ausencia causa olvido".

25. *Amor y su contrario.*

1570-1580	RAV 1635, 37v, de ocho estrofas
1580-1600	MP 570, 260
1585	MP 531, 97v (*Cartapacio de Francisco Morán*, núm. 486)
1585	PN Esp. 373, 261v
1595-1610	MN 3968, 109v, con atribución a Juan de Almeida
1620	MN 3915, 163

26. *Quando Menga quiere a Bras.*

1573	Timoneda, *Guisadillo*, 3, con la glosa "Llama Menga cada hora", cuyos primeros cuatro versos coinciden, con variantes, con los versos 13-16 de la glosa de NH B 2486, 72 (*Cancioneros llamados…*, *Guisadillo* 3; *NDic.* 566)
1578	*FRG*, pág. 146, con la glosa "El interés ha llegado"
1580	PN Esp. 307, 313, con la glosa "Está Blas escarmentado"
1580-90	NH B 2486, 72, con la glosa "Quiso Bras a Menga tanto", 204, con la glosa "Cuando ya Menga quería" (*Cancionero sevillano*, núms. 97 y 404)
1582	MN 3924, 82v, con la glosa "Cuando ya Menga quería" (*Cancionero de Pedro de Rojas*, núm. 87)
1583	Íñiguez de Medrano, *La silva curiosa*, pág. 2, *Cvriosas letras y motes breves y mvy sentidos con diuersos dichos d'amor harto graciosos y también algunas preguntas, prouerbios y sentencias morales con reffranes graves y mui hermosos. Desconcierto d'amor.* Sólo la letra (*La silva curiosa*, pág. 87)
1585	MP 531, 186v, con la glosa "Tiempo fue que Bras amava" (*Cartapacio de Francisco Morán*, núm. 749)
1587-90	MN 22.028, 255, con la glosa "Cuando ya Menga quería" (*Poesías de Fray Melchor de la Serna*, núm. 264)
XVI	*Diversas y nuevas canciones…compuestas por Juan Timoneda*, con la glosa "Quiso Bras a Menga tanto" (Gallardo, *Ensayo de una biblioteca*, núm. 4035; *NDic.* 560), sin localizar
XVII	MN 3657, 114, con la glosa "Ya le llama y le desecha"
XVII	MN 3892, 132, *Sylva de Julián Medrano, caballero navarro*. Sólo la letra.
XVII	NH B 2460, 47, con la glosa "Ya le llama y le desecha"
XVII	MN 4152, 66, con la glosa atribuída a Diogo da Silva e Mendoza "Ya le llama y le desecha"
XVII	NVE II. A.12, 12, con la glosa atribuída al Conde de Villamediana, "Amó Blas aborreçido" (Mele-Bonilla, "Un cancionero", pág. 200)

Cancionero teatral, núm. 143

27. *Está Bras escarmentado.*

1580   PN Esp. 307, 313v

29. *Libro, si tam bien librara.*

1595   MN 4072, 76

30. *Siéntome a la ribera destos ríos.*

1560	MN 1132, 45v (*Poesías varias*, núm. 39)
1570	MP 617, 259v, 277 (*Cancionero de poesías varias*, núms. 405, 434)
1570-1580	TCLM 506, 252, con atribución a Fernando de Acuña
1575	WHA 75, 7
1576-1590	MRAH 9/5880 [es copia del ms. E-65], 244v, con la glosa "Unos por se alegrar" de seis estrofas
1580-1600	MP 570, 232
1582	López de Úbeda, *Vergel*, 42, y en la ed. de Alcalá 1588, con la glosa a lo divino "Cinco ríos corrientes"
1585	PN Esp. 372, 136, se cita el primer verso en "De burlas de amor cansado" y con la glosa "Unos por se alegrar", de una estrofa
1585	PN Esp. 373, 147, con la glosa "Unos por se alegrar", de nueve estrofas
1590	MP 1580, 204, con la glosa "Unos por se alegrar", de seis estrofas
1600	RAV Patetta 840, 7, con la glosa "En un lugar sombrío"
1604-1607	FN VII-354, 145v
1650	MiB AC VIII.7, 241, con la glosa "Unos por se alegrar", de seis estrofas (*Canzoniere ispano-sardo*, núm. CXIV)
XVII	LTT 1835, 46 (*Cancioneiro de d. Cecília*, núm. 34)
XVII	PN Esp. 314, 231, con la glosa de tres estrofas "Unos por se alegrar" (*Pedro Laínez*, I, pág. 450)
XVIII	MN 5914, 71, *Carta de don Diego de Mendoza*
XVII-XVIII	MN 5566, 721, *Carta de don Diego de Mendoza*

Diego Hurtado de Mendoza. Poesía completa, núm. 196, toma el texto de FN VII-354 y lo incluye en el apartado V. *Poemas de atribución compartida. Poemas no atribuidos con claridad.*

33. *La bella mal maridada.*

1465	LB 33.383, 28v, "Soy garridilla e pierdo sazón / por mal maridada" (*El cancionero del XV*, I, pág. 278, núm. 2155)
1498-1520	MP 1335, 136, con la glosa de 3 estrofas "Mira cómo por quererte" (*La música en la Corte de los Reyes Católicos*, IV-2, núm. 234)
1500	LB Add. 10.431, 92v, con la glosa de 8 estrofas "Llorar quiero a ti y a mí" (*El cancionero del XV*, I, pág. 240, núm. 1030)
1511	*Cancionero general*, 228, "de los más lindos que vi" en el poema de Montoro "Antón, a placer de Dios"
1513?	*Coplas en español de "la bella mal maridada"*, sin localizar (Colón, *Regestrum*, núm. 3697; Gallardo, *Ensayo, II*, 1870,

núm. 3967, col. 541; *NDic*. núm. 804; *El cancionero del XV*, 13BE, núm. 4160)

1520?   *Aquí comiençan iii romances glosados*, el romance de 24 versos con la glosa de Quesada, "Cuando amor en mí ponía" de 12 estrofas de 10 versos (*NDic*. 689; *El cancionero del XV*, VI, pág. 326, 20RG, núm. 5016)

s.a   *Aquí comiençan tres romances glosados*, con la glosa de Quesada del romance de 24 versos "Cuando amor en mí ponía" de 12 estrofas de 10 versos (*Pliegos poéticos de la Biblioteca Nacional*, I, núm. 43; *NDic*. núm. 685)

s.a   *Aquí comiençan iii romances glosados*, con la glosa del romance de 24 versos "Cuando amor en mí ponía" de 12 estrofas de 10 versos, sin atribución (*Pliegos poéticos de Praga*, II, núm. 58; *NDic*. núm. 688)

s.a   *Aquí comiençan tres romances* glosados, con la glosa de Quesada del romance de 24 versos "Cuando amor en mí ponía" de 12 estrofas de 10 versos (*Pliegos poéticos de Praga* II, núm. 63; *NDic*. núm. 686)

1521   Gil Vicente, *Comedia de Rubena*, "de las más lindas que yo vi" (*Copilaçam de todalas obras*, 1562, 92b)

1524   *Égloga fecha por Diego de Guadalupe...Vn romance "en los tiempos que me vi". Otro de Juan de Çamora "la bella mal maridada..."*, sin localizar (Colón, *Abecedarium*, núm. 13.157, col. 805 y *Regestrum* 4048; B. J. Gallardo, II, 1870, núm. 4048, col. 547; *NDic*. núm. 240)

1525   Gil Vicente, *Tragicomédia da Frágoa d'amor*, "Le bella mal maruvada / de linde que a mi vê / vejo-ta trisse nojara / dize tu razão puru quê", con la glosa "A mi cuida que doromia" (*Copilaçam de todalas obras*, 153a)

1527   *Cancionero de Juan de Molina*, 34, el romance de 20 versos con la glosa "La gente toda se enleva" de 10 estrofas de 10 versos (Ed. E. Asensio, *Juan de Molina. Cancionero. (Salamanca, 1527)*, Castalia, Madrid, 1951).

1529   Gil Vicente, *Triunfos do Inverno e do Verâo*, "Marido mal maridado / dos mores ladrões que eu vi / vejo-te mal empregado / mas pero vejo eu a mi" (*Copilaçam de todalas obras*, 181d) y "Tu velha bem maridada / das mais bravas que eu vi (*Copilaçam de todalas obras*, 182a)

1532   Gil Vicente, *Auto da Lusitânia*, "de los más lindos que yo vi" (*Copilaçam de todalas obras*, 244c) y "La bella mal maridada, / mal gozo viste de ti" (*Copilaçam de todalas obras*, 244d)

1535-1540   [*Cancionero recopilado por Velázquez Dávila*] sin foliar, con la glosa "Las gracias que repartió", dice el epígrafe: "Glosa al romance de 'la bella mal maridada'" (*Cancionero gótico de Velázquez de Ávila*, pág. 45 y *Pliegos poéticos de la Biblioteca Nacional*, V, núm. 180; *NDic.* núm. 629) y MN 3721, 82, que es copia del XIX. En los folios 81-86 se copian poemas de Velázquez de Ávila.

1538   Narváez, *Los seys libros del Delphín de música de cifra para tañer la vihuela*, 81, con la glosa de Deán de Plasencia "Lucero resplandeciente" (Ed. E. Pujol, 1945)

1547   Valderrábano, *Libro de música de vihuela, intitulado Silva de sirenas (Valladolid, 1547)*, 26v, sólo la letra (Ed. de E. Pujol, 2 vols., 1965)

1550?   *Aquí se contienen dos romances*, con la glosa del romance de 24 versos "Cuando amor en mí ponía" de 12 estrofas de 10 versos, sin atribución (*Pliegos poéticos de The British Library*, III, núm. 55; *NDic.* núm. 718)

1550   MN 3993, 44, con la glosa "Cuando natura os formó" (*El cancionero de Gallardo*, núm. 33)

1550   MN 7075 (I), 46v, con la *Glosa en favor de doña Joana de Aragón, muger del Sr. Ascanio Colona*, "Dios bellas pudo criar" (Gotor, págs. 248-249)

1550-60   FN B. R. 344, 1 con la *Glosa "de la bella bien maridada" dirixida a la illvstrísima i excelentísima señora mi señora doña Leonor de Toledo, duquesa de Florencia*, de 12 estrofas, "Dios bellas pudo criar" (Gotor, págs. 244-47)

1550-1560   MN 3902, 59v, con la glosa de Deán de Plasencia "Lucero resplandeciente" (*Cancionero de poesías varias*, núm. 69)

1550-1575   *Auto de la Resurreción de Christo*. Responde el bobo a la pregunta "¿Qué quieres que se te dé?" con estos versos: "De aquello de la lunada, / una lonja bien asada / y su vino y glosaré / la bella mal maridada" (*Colección de Autos*, III, págs. 13-14, vv. 369-372)

1550-1575   *Auto del Magná*, "Oh, hambre vieja arrugada / de las más linda que vi" (*Colección de Autos*, I, pág. 172, vv. 81-82)

1550-1575   *Farsa sacramental de la fuente de la gracia*, "La bella mal maridada / de las más lindas que vi" (*Colección de Autos*, III, pág. 457, vv. 280-281)

1550-1600   PBA 56, 52v, "Soy garredica / e vivo penada / por ser mal casada" (*Portugaliae musica*, pág. CXCIX)

1551   Sepúlveda, *Romances nuevamente sacados*, 258, y en las eds. de 1576 y 1580, el romance de 54 versos "La bella mal maridada" (*Romancero general o Colección*, II, núm. 1459; J. Cejador, *La verdadera poesía castellana*, II, 1921, núm. 1306)

1554   Montemayor, *Cancionero*, 41v y en las eds. de 1562, 1576, 1580, con la glosa "Bien acertara natura" (*Jorge de Montemayor. Poesía completa*, pág. 39)

1554   Nágera, *Cancionero general de obras nuevas*, 15, con la glosa "Hízoos de tan alto ser" atribuida a Juan de Coloma (*Cancionero general de obras*, núm. III)

1555   BBC 2050, 67v, "Soy garridica / y vivo penada / por ser mal casada. / Quien se para a escuchar..". y 70v, en el chiste de Juan Fernández de Heredia "Vos habéis perdido el seso", "La bella mal maridada / de las más lindas que vi / miémbresete cuán amada, / señora, fuiste de mí" (*Juan Fernández de Heredia. Obras*. Ed. R. Ferreres, segunda ed. Madrid: Espasa Calpe, 1975, págs. 101 y 106)

1555   MP 1577(1), 20v, con la glosa de Deán de Plasencia "Lucero resplandeciente"; 26v, "Soy garridica / y vivo penada / por ser mal casada"; 54v, con la glosa "Naturaleza ha mostrado"; 109, con la glosa "Cuando nos quiso mostrar", faltan los versos 31-40

1557   *Cancionero general*, 391v, y en la ed. de 1573, con la glosa "Qué desventura ha venido" (*Suplemento al Cancionero*, núm. 288)

1560   MN 1132, 144, con la glosa "Hízoos de tan alto ser" (*Poesías varias*, núm. 65)

1560   Aranda, *Glosa peregrina*, en el poema "Lucifer y sus privados", "Ave María sagrada, / de las más lindas que vi...si habéis de tomar amores, / vida, no dejéis a mí" (*Pliegos poéticos de The British Library*, I, núm. 2; *NDic.*, núm. 25; G. Piacentini, "Romances en *ensaladas*", núm. 41)

s.a.   López Alonso Aranda, Luis de, *Glosa peregrina*, en el poema "Lucifer y sus privados", "Ave María sagrada, / de las más lindas que vi...si habéis de tomar amores, / vida, no dejéis a mí" (*Pliegos poéticos de la Biblioteca Nacional*, II, núm. 80; *NDic.*, núm. 27; G. Piacentini, "Romances en *ensaladas*", núm. 41)

1560   MN 2882, 368, con la glosa "La muy prudente natura" (*Cancionero de Ixar*, núm. 125., pág. 863)

1561   Milán, *El cortesano*, jornada II, "Dixo don Francisco: Don Diego, n'os maravilléis deso, que la señora doña Ana se burla de todos por ir de veras con uno, y es su marido, que lo quiere tanto, que hizo apedrear a su Montagudo una noche porque le hacía cantar a la puerta: 'La bella mal maridada' a un ciego" (Milán, *Libro intitulado*, pág. 121) y jornada VI, en el poema "Para quien falta mi pluma", "Más linda que Cleopatra, / de las más lindas que vi" y "para dos lindas que vi" (Milán, *Libro intitulado*, págs. 395 y 398)

1562	Montemayor, *Cancionero*, 165, *A una fea que mandó glosar "La bella mal maridada"*, con la glosa "Señora, no tanto amén" (*Jorge de Montemayor. Poesía completa*, pág. 702)
1562	Gil Polo, *Diana enamorada*, con la glosa "Amor, cata, que es locura" (*Diana enamorada*, pág. 206)
1566	Aranda, *Glosa peregrina*, en el poema "Lucifer y sus privados", "Ave María sagrada, / de las más lindas que vi...si habéis de tomar amores, / vida, no dejéis a mí" (*Pliegos poéticos del s. XVI de la Biblioteca de Cataluña*, núm. 1; *NDic.* 26, G. Piacentini, "Romances en *ensaladas*", núm. 41)
1566	*Los nueve libros de las Habidas*, "Ni a 'la mal maridada' glosas hago" dice en su *Epístola...a Don Melchor Enrico, su maestro en artes* (Gallardo, *Ensayo*, I, núm. 231, col. 259)
1570	MP 617, 165v, con la glosa de Deán de Plasencia "Lucero resplandeciente" (*Cancionero de poesías varias*, núm. 170)
1570-1580	RAV 1635, 4v, con la glosa "Hanse en mi favor mostrado"
1570-1580	TC-LM, 506, 289, *Otra sola a la bella*, "El sino que te faltó", y 296 con la glosa de Alcázar "Pues que tenéis entendido"
1575	MN 3806, 151v, con la glosa "Por que fuistes venturosa"; 153v, con la glosa "Puso la naturaleza"
1575-1585	MN 17.689, 23, en el poema "Moçuela paporroncita", v. 3 "la más linda que miré" y v. 44 "la más bella que miré"; 74, con la glosa "Cuando nos quiso mostrar"; 74v, con la glosa "Bellas Dios pudo criar"
1580	Fray Bartolomé Ponce, *Primera Parte de la Clara Diana*, Libro I, 30, con la glosa "Queriendo el hijo de Dios" y Libro III, 148v, con la glosa "Santa planta consagrada", y en la ed. de 1599
1580-1590	NH B 2486, 220, con la glosa "Qué desventura ha venido; 223, con la glosa "Queriendo mostrar natura" (*Cancionero sevillano*, núms. 433, 445)
1582	López de Úbeda, *Vergel de flores divinas*, 148v, y en la ed. de Alcalá 1588, con la glosa a lo divino "Santa planta consagrada"
1582	Silvestre, *Obras*, 110, y en las eds. de 1592 y 1599, *Glosa de la bella* "Qué desventura ha venido"; 111, *Otra de vn frayle, contra ella* "Muy grande locura ha sido"; 111v, *Otra de Lvys de Soto*, contra esta "Qué donoso casamiento" (F. Rodríguez

Marín, *Luis Barahona de Soto*, pág. 584); 112v, *Otra, del licenciado Ximénez* "Casi estoy maravillado"; 113v, *Respvesta*, de Silvestre "Que os fatigue la bella"; 272, con la glosa "Gran cosa es el alma mía"; y MN 3778, 58v, 59, 59v, 60, 123, copia manuscrita del XIX de las *Obras* de 1592

1582   Romero de Cepeda, *Obras*, 139, *Nueva guerra en muy graciosos disparates que glosan romances viejos*, "La bella mal maridada / de las más lindas que vi" (G. Piacentini, "Romances en *ensaladas*", núm. 116; M. Gauthier, "De quelques jeux", pág. 422)

1583   Padilla, *Romancero*, 244v, con la glosa "Naturaleza esmerar"; 245v, con la glosa "Feas pudo Dios criar"; 246v, con la glosa "Gran razón tiene la bella" (*Romancero*, págs. 437-441)

1585   MP 531, 62, con la glosa de Hurtado de Mendoza "Al tiempo que el cielo quiso"; 62v, con la glosa "Natura quiso mostrar"; 77, con la glosa "Hanse en mi favor mostrado", atribuida a Pedro de Lemos; 134, con la glosa de Jerónimo de los Cobos "Luis y Mingo pretenden"; 134v, con la glosa "Dos pastores sobre apuestas" (*Cartapacio de Francisco Morán*, núms. 306, 307, 368, 656, 657)

1585   PN Esp. 372, 175v, con la glosa "Casi estoy desesperado"; 177, con la glosa de Silvestre "Que os fatigue la bella"; 178v, *Glosa del mismo* [Gregorio Silvestre] *contra los trouadores de la vella* "Qué desventura ha venido"; 276v, con la glosa "El bien de su natural"; 278, con la glosa "Qué desgracia ha venido"

1585   PN Esp. 373, 71, con la glosa "O es defecto de natura"; 84, con la glosa "Cuando nos quiso mostrar" de don Diego de Carvajal; 85, con la glosa "Hanse en mi favor mostrado" de Bernardino de Ayala; 86, con la glosa "Oh, cuán desdichado estado"; 135v, con la glosa "La bella que Dios crió"; 192, con la glosa "Durmiendo anoche soñaba"

1586   MP 973, 92, con la glosa de Jerónimo de los Cobos, "Luis y Mingo pretenden", y 92v, con la glosa de Jerónimo de los Cobos "Dos pastores sobre apuesta"

1587-1590   MN 22.028, 187, con la glosa "Si en el paraíso creado" (*Poesías de Fray Melchor de la Serna*, núms. 187-188)

1590   MN 2621, 89v, *Chiste a vna dama casada y prenyada, menos contenta de su marido que de vn seruidor que, estando en la calle y su dama a la ventana aguardando a su marido, passan las palabras que en el chiste se contienen* "Soy garridica / y vivo penada, / por ser mal casada. / Quien se para a escuchar..". y 98, en el chiste de Juan Fernández de Heredia, "Vos habéis perdido el seso", "La bella mal maridada, / de las más lindas que vi, / miémbresete cuán amada, / señora, fuiste de mí" (*Juan Fernández de Heredia. Obras*. Ed. R. Ferreres, segunda ed., Madrid: Espasa Calpe, 1975, págs. 101 y 106)

1590   MP 1580, 96, con la glosa a lo divino "Alma bella, conoce"; 104v, con la glosa a lo divino "Alma, Dios te quiso hacer"; 166, con la glosa "Bien acertara natura" atribuida a Juan de Castro; 170v, con la glosa de Silvestre "Gran cosa es el alma mía"

1590-1595   Lope de Vega, *Los locos de Valencia*, I, escena VIII, "Floriano: ¿Quién en mi mal os desvela, / la bella mal maridada? / Pido azúcar y canela, / y daisme paja y cebada" (*Comedias escogidas de Lope de Vega*, I. Ed. J. E. Hartzenbusch. Madrid: Atlas, 1946:119)

1590-1600   MiT 994, 17v, con la glosa "Envidiosa, falsa, avara" (G. Caravaggi, "Glosas de romances", pág. 144)

1590-1600   MN 22.783, 43, *A vna dama al tono de "La bella mal maridada" por vn cavallero que siendo tan bella se casó mal*, los primeros dos versos de la canción, las otras dos son distintas, y la glosa "Tres cosas os dio natura"; 47v *A "la bella mal maridada"*, "Luzero resplandeziente"

1593   *Romances nueuamente compuestos por Andrés López*, sin localizar (*NDic*. núm. 271)

1593   MN 6001, 267v, con la glosa "Imagen toda hermosa"

1595   MN 4072, 21v, con la glosa "Hanse en mi favor mostrado" atribuida a Burguillos; 22, con la glosa de Montemayor "Bien acertara natura"; 22v, con la glosa de Montemayor "Señora, no tanto amén"

1595-1610   MN 3968, 175, con la glosa del licenciado Jiménez "Casi estoy desesperado"; 175v, con la glosa de Silvestre "Que os fatigue la bella"

1595-1620   MRAE RM 6880, 86, con la glosa, "Dama triste y querellosa",

1595-1630   MN 3888, 280v, con la glosa "Hanse en mi favor mostrado"

1596   Lope de Vega, *La bella mal maridada*, I, "Si para ser mal casada / tal hermosa os hizo Dios, / bien se dirá que sois vos / la bella mal maridada" "...de las más lindas que vi..".' "...si habéis de tomar amores..." / "...no dejéis por otro a mí" (*La bella mal maridada*. Ed. D. McGrady y S. Freeman. Charlottes-ville: Biblioteca Siglo de Oro, 1986, versos 495-514)

1598   EM Ç-III.22, 113v, con la glosa de Padilla "Naturaleza esmerar" (Zarco, "Un cancionero bilingüe", págs. 444-445, núm. 53)

XVI principios   MN 5593, 81, *Otro chiste a una dama casada y preñada, menos contenta de su marido que de un seruidor que, estando en la*

	calle y su dama a la uentana aguardando a su marido, pasan la plática que en el chiste escriue: "Soy garridica / y vivo penada, / por ser mal casada. / Quien se para a escuchar"
1600	WLC, *D. Sebastião*, 148, en la *ensalada* atribuida a Fernando Correa, "A quien saber de mí espera / vuestra merced le responda / que mi padre era de Ronda / y mi madre de Antequera. / De más desto le dezí / qu'era mi madre casada / la bella mal maridada, / de las más lindas que vi"
1600-1610	EP CXIV/ 2-2, 53v, *A este cantar uelho Doña bella mal maridada*, "Ansý que aquella hermozura" de Sâ de Miranda (*Cancioneiro de Corte*, núm. 48 y *Poesías de Francisco Sâ de Miranda*. Ed. Michaëlis de Vasconcelos. Halle: Max Niemeyer,1885, núm. 65)
1600-1610	FR 2774, 68v, composición italiana "Delle mal maritate / son'io la una"
1600-1630	Palacio Arzobispal de Sevilla, 33-180-6 (hoy perdido), 13, con la glosa de Barahona de Soto "Alma delicada y bella" (F. Rodríguez Marín, *Luis Barahona de Soto*, pág. 593); 106, *Sátira del divino Soto contra los malos poetas afectados y escuros en sus poesías. Al duque de Sesa*, de Barahona de Soto (la sátira comienza: "Si no, echad ojo al viejo cancionero / y esotros que de nuevo ya navegan / cascados como sones de pandero / do veréis que "La bella" cuantos llegan / y en "Vive leda" y otros textos tales / a diestro y a siniestro dan y pegan", F. Rodríguez Marín, *Luis Barahona de Soto*, pág. 712)
1603	Ocaña, *Cancionero*, pág. 61, *Otro al tono de "la bella mal maridada"*, "Si me adurmiere, madre" (Ed. A. Pérez Gómez, *Francisco de Ocaña. Cancionero para cantar la noche de Navidad, y las fiestas de Pascua. Alcalá 1603*, Valencia, 1957)
1603-1608	Lope de Vega, *Ruiseñor de Sevilla*, II: "Dorotea: Y vos, ¿sois pájaro? Riselo: Sí, / y de pluma tan pesada / que he dado una pajarada / de las más lindas que vi" (*Obras de Lope de Vega. Comedias novelescas*, XXXII. Madrid:Atlas, 1972, pág. 113)
1604	MN 4154, 173, con la glosa a lo divino, "Pues que Dios para salvarte" (J. M. Blecua, "El cancionero llamado", pág. 41)
1604	*La pícara Justina*, último capítulo, "Una comedia hicieron los estudiantes de Mansilla de repente...La música fue buena y cantaron el cantar de 'la bella mal maridada'" (Ed. B. Damiani. Madrid: Studia Humanitatis, 1982, pág. 463)
1605	*Guzmán de Alfarache*, prológo a la segunda parte, "que como el campo es ancho con la golosina del sujeto...saldrán más partes del Guzmán que de conejos de soto ni se hicieron glosas

a la Bella en tiempo de Castillejo" (Ed. de B. Brancaforte. Madrid: Cátedra, 1981, pág. 20)

1606   Lope de Vega, *El ausente en el lugar*, III, escena IV, "Carlos: Plega al cielo que casada / quede con tan mala estrella, / que se haya dicho por ella / la bella mal maridada" (*Comedias escogidas de Lope de Vega*, I. Ed. J. E. Hartzenbusch. Madrid: Atlas, 1946, pág. 266)

1608-1612   Lope de Vega, *El acero de Madrid*, III, escena XV: "Lisardo: Por Dios, que debéis de ser / la bella mal maridada. / ¿Tenéis marido?" Beltrán: "Si allí / os halláis, Dios me confunda / si no os pegan una tunda / de las más lindas que vi" (*Obras escogidas*. Ed. F. Sainz de Robles. Madrid: Aguilar, 1966, pág. 995)

s.a.   Lope de Vega, *La adúltera perdonada*, "Mundo: Volved a la edad pasada / si el esposo no os agrada. / Verdad es que, a mi pesar, ninguna os puede llamar / la bella mal maridada"... "de las más lindas que vi"... "Sol, no me dejéis a mí" (*Autos y coloquios II. Comedias de asuntos de la sagrada escritura*, Biblioteca de Autores Españoles, VII, Madrid, 1963, pág. 325)

1610   Hurtado de Mendoza, *Obras del insigne cavallero, Don Diego de Mendoza... recopiladas por Frei Ivan Diaz Hidalgo...*, 146v, *"La bella mal maridada". Glosa a vna muger fea y discreta* "Al tiempo que el cielo quiso" y MN 3816, 180v, que es copia del XVIII de la edición de 1610 (*Diego Hurtado de Mendoza. Poesía completa*, núm. 136)

1612   Tirso de Molina, *Cómo han de ser los amigos*, Jornada III, escena XIV: "Armisenda: que no hay tan áspera muerte / cómo vivir mal casada" (*Obras dramáticas completas*, I. Ed. B. de los Ríos. Madrid: Aguilar, 1946, pág. 310)

1613   Tirso de Molina, *El colmenero divino*, "Placer: Pues tendréis opilaciones / vos estáis bien mal casada. Abeja: A un villano me dio Dios, / que cuanto estima le enfada. Placer: Luego diremos por vos / la bella mal maridada;" (*Obras dramáticas completas*, II. Ed. B. de los Ríos. Madrid: Aguilar, Madrid, 1946, pág. 154)

1614   Cervantes, *Viaje del Parnaso*, I, 247-249 "las ballesteras eran de ensalada / de glosas todas hechas a la boda / de la que se llamó 'mal maridada' ".

1616   *Comedias de diferentes autores*, "Baile de Leganitos" Teresa: Socorro, amigos, socorro / que por mi trato ruín / se me matan lacayos / de los más lindos que vi (*Colección de Entremeses, loas, bailes, jácaras y mojigangas desde fines del siglo XVI a mediados del XVIII*. Ed. E. Cotarelo y Mori, Madrid: Bailly Balliere, 1911, II, pág. 488b)

1617   Lope de Vega, *Lo que pasa en una tarde*, II, 320c, "Blanca:
             Un mal fiero / por vos, por vos, majadero / de los más lindos
             que vi" (Ed. R. Angelo Picerno. Chapel Hill: Univ. of North
             Carolina Press, 1971, pág. 135)

1620   Tirso de Molina, *El caballero de gracia*, Jornada III, escena
             XII: "Ricote: Y trece; / pero no ha de ser pesada, / que cantará
             si me hechiza / con Monsieur de la Paliza, / la bella mal
             maridada" (*Obras dramáticas completas*. Ed. B. de los Ríos,
             III. Madrid: Aguilar, 1958, pág. 300)

1625   Castillo Solórzano, *Donayres del Parnaso*, en la segunda parte:
             "a la fuerza de Lucrecia referida por Julia, dueña de su casa,
             glosando principios de romances": "La bella mal maridada,
             / de las más lindas que vi" (G. Piacentini, "Romances en
             ensaladas", núm. 136)

1627   Antequera, Biblioteca de Unicaja 9816 M/6 (II), 182, con la
             glosa de Diego Espejo "Bien puedo quejoso estar" (*Cancionero
             antequerano*, núm. 201)

s.a.   Calderón, *El acaso y el error*, I, 5c, "de los más lindos que vi"
             (*Obras completas. Comedias*, tomo II. Ed. A. Valbuena Briones.
             Madrid: Aguilar, 1960, pág. 720)

1636   Calderón, *La señora y la criada*, I, 29c, "de los más lindos que
             vi" (*Obras completas. Comedias*, tomo II. Ed. A. Valbuena
             Briones. Madrid: Aguilar, 1960, pág. 841)

1640   Calderón, *Con quien vengo vengo,* II, 241c, "de las más lindas
             que vi" (*Primera parte de Comedias escogidas*, Madrid, 1652,
             fols. 242-266; *Obras completas. Comedias*, tomo II. Ed. A.
             Valbuena Briones. Madrid: Aguilar, 1960, pág. 1145)

1662   MN R-22.671, *Comedia famosa de disparates del rey don
             Alfonso el de la mano horadada*, verso 121, (*Comedia famosa...*
             Ed. Carlos Mata Induráin, 1998, pág. 112)

XVII   LTT 1710, 324, se citan los primeros dos versos en "Quien
             saber quien soy espera"

XVII   LTT 1835, 56v (*Cancioneiro de d. Cecília*, núm. 39), se citan
             los primeros dos versos en "Quien saber quien soy espera"

XVII mediados MN 3724, 163, el romance de 54 versos (es copia del siglo XIX)

XVII   MRAH 9/7569, nos. 25-27, pág. 32 con la glosa de Jerónimo
             de los Cobos *Letra compuesta por un caballero de Salamanca
             en la oposición de la cátedra entre Fr. Luis de León y Dr.
             Domingo de Guzmán* "Luis y Mingo pretenden"

"De los más lindos que vi" en *Testamento de Celestina*

1582	MN 3924, 23v, fragmento, y 140v (*Cancionero de Pedro de Rojas*, núms. 23, 139)
1582-1600	MN 3168, 122 (*Cancionero del Bachiller,* núm. 221)
1588	MP 1587, 142v (*Cancionero de poesías varias*, núm. 227)
1595	MP 996, 208v (*Romancero de Palacio*, núm. 215)
1597	*Aquí se contienen dos testamentos* (*Pliegos poéticos de Múnich*, núm. 33; *Las series valencianas*, núm. 181; *NDic*, núm. 66)
1600	NVE V.A.16, 91 ("Romancero de la Brancacciana", núm. 50)

"La bella mal maridada" en "Parió Marina en Orgaz", coplas de disparates:

1590-1600	BUB 125, 161
1593	MP 1581, 162
1595	MP 996, 192 (*Romancero de Palacio*, núm. 196)
1600	MN 861, pág. 660
1600	MN 2856, 6v
1604-1607	FN VII-353, 88
s.a	SC5 A 100 B 595p (4) López, Juan. *Aquí se contiene un caso.* Harvard, Houghton Library (*Pliegos poéticos de Croft*, núm. 4; *NDic*, núm. 278)

Otros textos sobre la mal casada son:
"De las mal casadas / soy la una".

1611	Ledesma, *Juegos de Nochebuena*, 85v, "De las mal casadas / yo soy la una / mi culpa lo causa / no mi fortuna"
1620	MN 3915, 320, sin glosar
XVII	MN 3890, 21v, en "Regava los verdes campos", 114v, en "El mayor de los planetas", y con la glosa "Case a mi disgusto"

Cancionero español, núm. 103.
Cancionero teatral, núm. 115.
Cancionero tradicional, núm. 774.
Corpus, núm. 225.

"A la mal casada / déle Dios placer".

1582-1600	MN 3168, 43, con la glosa "Déla Dios contento"
1588	MP 1587, 131v, con la glosa "La que tuvo suerte"
1620	MN 3915, 66, con la glosa "Triste y ocupada", y 320, sin glosar

Cancionero español, núm. 799
Cancionero tradicional, núm. 647
Corpus, núm. 243

"De ser mal casada / no lo dudo yo".

    1498-1520   MP 1335, 132 (*La música en la Corte de los Reyes Católicos*, núm. 197)

    1620   MN 3915, 318, sin glosar y 320, sin glosar

    Cancionero español, núm. 103.

    Cancionero tradicional, núm 85.

    Corpus, núm. 224.

"Gran mal es ser mal casada".

    1603   *Cancionero para cantar la noche de la Navidad*, 10, tono para "Oh quien con vos encontrara / Virgen bien de nuestro bien"

    Corpus, núm. 2230.

    Armistead, S. G. y J. H. Silverman, "El antiguo Romancero sefardí", núm. 41.

    Calderón, M., *La lírica de tipo tradicional*, págs. 172-175, 251-253.

    La canción tradicional, núm. 20.

    Cruz, A. "La bella".

    El cancionero español, núm. 38 .

    El cancionero teatral, núm. 151,   A1.

    Corpus, núms. 223-224, *Suplemento*, núm. 225.

    Ensayo, I, núm. 90, *Ensayo*, II, núm. 138, *Ensayo*, III, núm. 35, y *Adiciones*, núm. 53.

    Frenk, *Estudios sobre*, págs.167-168, 193-194.

    Gotor, J. L., "Dos bellas, bien y mal maridadas".

    Íncipit de poesía española, págs. 180-181.

    Lucero del Padrón, D. "En torno al".

    Martínez Torner, E. *Lírica*, núm. 167.

    Menéndez y Pelayo, M., *Antología de poetas líricos*, XII, págs. 503-506.

    Michaëlis de Vasconcelos, C. *Estudos sobre*, págs. 164-173.

    Martínez Torner, E. *Lírica...*, núm. 167.

    Morley, S. G. "Chronological List", págs. 279 y 282.

    Primavera y flor de romances, núm. 142.

    Rodríguez Marín, F. *Luis*, págs. 715-718 y "Las glosas", págs. 451-464.

    Rodríguez-Moñino, A. *Manual bibliográfico*, II, págs. 544-545, 560.

    Romancero, núm. 77 y la nota correspondiente.

    Sánchez Romeralo, A. *El villancico*, núm. 7.

    "Un millar de cantares", núm. 265.

    Wilson, E. y J. Sage, *Poesías líricas*, pág. 33, núm. 48.

34. *Qué desuentura ha venido.*

    1557   *Cancionero general*, 391v (*Suplemento*, núm. 288)

    1580-1590   NH B 2486, 220 (*Cancionero sevillano*, núm. 433)

1582   Silvestre, *Obras*, II: 110
1585   PN Esp. 372, 178v, *Glosa del mismo* [Gregorio Silvestre] contra los trovadores de "la vella"

35. *La bella mal maridada.*
Ver nota al núm 33.

36. *Bien acertara Natura.*
1554   Montemayor, *Cancionero*, 41v y en las eds. de 1562, 1576, 1580 (*Jorge de Montemayor. Poesía completa*, pág. 39)
1590   MP 1580, 166, atribuida a Juan de Castro
1595   MN 4072, 22, atribuida a Montemayor

37. *Bibe leda si podrás.*
1552   *Silva de varios romances*, 79v, con la glosa "Pves a mi desconsolado"(*Silva de romances*, pág. 531)
1555   MP 1577 (I), 109, sin glosar
1557   *Cancionero general*, 395v y en la ed. de Amberes 1573, con la glosa "Vaya la pena de entrambos"
1562   Ramírez Pagán, *Floresta de varia poesía*, *Canción de Joan Rodríguez del Padrón*, con la glosa "No sé cómo parto yo" (*Floresta de varia poesía*, II, pág. 187)
1565-1580   PN Esp. 371, 39v bis, con la glosa "Vive, pues ves cómo muero"
1570   MP 617, 149v, 163v, con la glosa de Burguillos, "Pues que temor de enojarte" (*Cancionero de poesías varias*, núms. 115, 168)
1570-1580   RAV 1635, 15v, con la glosa "Vaya la pena en questamos", 125v
1582   MP 2803, 134, con la glosa "Alma bella retratada" (*Cancionero de poesías varias*, núm. 38)
1584   MRAE 330, 46, con la glosa "Quando de ti y de la vida", 61v, con la glosa "Señora, sin ti y conmigo", 132v, se cita
1585   MP 531, 110, con la glosa de Francisco Morán de la Estrella "Quando de ti y de la vida" (*Cartapacio de Francisco Morán*, núm. 545)
1585   PN Esp. 373, 72, con la glosa "Señora, sin ti y conmigo", 152v, con la glosa "Yo me parto entero"
1590   MP 1580, 25v, con la glosa "Señora, sin ti y conmigo", 92, con la glosa "Baya la pena dentrambos"
1595-1620   MRAE RM 6880, 51, se cita
1595-1630   MN 3888, 282v, con la glosa "Señora, sin ti y conmigo"

1600	PMBM 23/8/7, 259v, se cita, 263v, con la glosa "Yo me parto entero y sano"
1620	MN 3915, 218v, con la glosa "Después que te conocí"
XVII	MN 17.477, 54
XVII	NH B 2331, 83, con la glosa "Tu corazón por sufrido"
XVII	SC 7-T-28, 41v, sin glosar
XIX	MN 3883, 682, sin glosar
XIX	MN 4057, 285, sin glosar
XIX	MN 4106, 202, es copia de la *Floresta* de Ramírez Pagán, de 1562, con la glosa "No sé cómo parto yo"

Cancionero teatral, núm. 167.
El cancionero del XV.
Íncipit de poesía española, pág. 314.
"Un millar de cantares", núm. 597.

40. *No os paresca, señor, gran marauilla*

Tercetos de Juan de Iranzo y de Gutierre de Cetina. Es combinación de "No os paresca, señor, gran marauilla" y "Señor, pues del airado y fiero Marte". "No os paresca, señor, gran marauilla" se halla en:

1570-1580	TCLM 506, 64v, *Enfados de Yranço*, 75 versos (Lapesa, pág. 86), 75 versos
1580-1590	B 2486, 217v (*Cancionero sevillano de Nueva York*, núm. 427), 87 versos

"Señor, pues del airado y fiero Marte".

La versión de LN F.G. Cod. 3072 empieza en el verso 64: "Enfádanme mugeres melindrosas", f. 33v. Se encuentra en:

1555	MP 1577, (1), 27, *Esta obra hizo una dama llamada doña Francisca Manrrique y imbíala a vn cauallero su seruidor dándole qüenta de las cosas que le dan enfado en la corte* (*Nueva contribución*, págs. 363-366),
1570-1580	TC-LM 506, 175, *Epístola y enfados de Cetina* (Lapesa, pág. 79)

Otro *enfado* también relacionado con "Señor, pues del airado y fiero Marte" es el siguiente:

"Enfádame vna dama melindrosa / que huya de un ratón y estando a oscuras", que se halla en:

1592	*Aquí se contienen muchas octauas las quales ha compuesto el Pastor Secreto por su pastora Galatea con otras obras muy graciosas*, coinciden cuatro de los siete tercetos con los de "Señor, pues del airado y fiero Marte" (*Las series valencianas*, núm. 191 y *Pliegos poéticos de Múnich*, núm. 37; *NDic.* núm. 722; Lapesa, pág. 98)

"Señor, todos del mundo ya enfadados".
1570-1580   TC-LM 506, 232, *Contentos* [*de* Miguel *Guarijo*] (Lapesa,
                   pág. 89)

"Venida soy, señor, considerada".
1570-1580   RAV 1635, 79, *Enfados a la duquesa de Alcalá*
1577   MN 2973, 18, *Epístola a modo de enfados, hecha en nombre
                   de cierta dama por Baltasar del Alcázar* (*Flores de baria
                   poesía*, núm. 22 y Lapesa, pág. 95)
         Baltasar del Alcázar. Obra poética, núm. 266

"O, suma y gran bondad de Dios inmenso".
1550-1600   *Aquí se contienen siertos preverbios muy ejemplares y gracio-
                   sos debajo de título de enfados, los cuales son muy naturales
                   sentencias y reprehensión y matraca de muchas vanidades y
                   vicios de este mundo, compuestos por Gaspar de la Cintera,
                   privado de la vista, natural de Úbeda y vecino de Granada.*
                   Sevilla. s.a. [segunda mitad del XVI, según Rodríguez-Moñino].
                   (*Pliegos poéticos de Cataluña*, núm. 7; *NDic.* núm. 142). Es
                   versión de 41 serventesios.
1587-1590   MN 22.028, 53v (*Poesías de Fray Melchor de la Serna*, núm.
                   85). Es versión de 12 serventesios, cuyos primeros tres versos,
                   "Enfádame una dama melindrosa / que fue toda su vida
                   cantonera / y háçese entre manos religiosa" coinciden con los
                   versos 76-78 de los *enfados* de Iranzo, "No os paresca, señor,
                   gran marauilla" según la versión de NH B 2486, 217v. Estos
                   mismos tres versos, en cambio, no figuran en el *enfado* de
                   Cintera.

"Enfádome de ver ya los estados".
1565   *Villete de amor, Enfados de muy grandes avisos y provechosas
                   sentencias* (Lapesa, pág. 99; *NDic.* núm. 576)

"La variedad de la copiosa corte".
1560-1567   MRAH C-56, 232, *Sátira [de Eugenio Salazar] por símiles
                   y comparaciones contra los abusos de la corte*, se citan los
                   versos "Enfádame la dama melindrosa / que huye de un ratón
                   y estando a escuras / es más que cien Roldanes animosa"
                   (Gallardo, *Ensayo de una biblioteca*, IV, cols. 374-386. MN
                   7935 es copia del XIX.

"Desenfádame vna Virgen muy perfecta".
1580-1590   NH B 2486, 152v (*Cancionero sevillano*, núm. 254)

"Enfádame vivir en este mundo".
1579   López de Úbeda, *Cancionero general de la Doctrina cristiana*,
                 100, *Enfados a lo diuino*, y en las eds. de Alcalá 1585, 1586
                 (*Cancionero general de la doctrina*, II, pág. 13 y Lapesa, pág.
                 105)

"Enfádame decir lo que me enfada".
1579   López de Úbeda, *Cancionero general de la Doctrina cristiana*,
                 110, *Estos enfados imprimí en otro libro de doctrina, y por*
                 auer sido tambien recebidos en todas partes, me ha parecido
                 tornarlos a imprimir en este libro, imprimiéronse en vn año
                 ocho veces, a mil y quinientos, en casa de Ioan Íñiguez de
                 Lequerica, impressor de libros, y en las eds. de Alcalá 1585
                 y 1586, 107v (*Cancionero general de la doctrina*, II, 28;
                 Lapesa, pág. 106; *NDic.* núms. 289-296)
1590-1600   MRAE RM 6226, 486v
1590-1605   VCC 24-125, 140v, versión de sólo 9 tercetos, atribuidos a la
                 Madre María de San Alberto (*Libro de romances*, núm. 271)

41. *Amargas horas de los dulces días.*
1555   Dos hojas sueltas adquiridas por Eugenio Asensio en 1966,
                 con atribución a Tablares y el epígrafe: *Soli Deo honor et gloria*
                 in saecula saeculorum. Amen. 1555
1568-1578   MRAE RM 6767, 81 (*The Cancioneiro de Cristóvão Borges*,
                 núm. 154)
1570   PMBM 861, 10v (*Cancionero musical*, I, núm. 13)
1575-1585   MN 17.689, 95
1577   MN 2973, p. 34, con la glosa del maestro Azevedo "Alma
                 rebelde y dura" (*Flores de baria poesía*, núms. 42 y 43)
1580   PN Esp. 307, 66
1582   López de Úbeda, *Vergel de flores*, 182v, y en la ed. de Alcalá
                 1588, *Soneto antiguo glosado con glosas nuevas*, con la glosa
                 "El tiempo mal gastado contemplando"
1584   MLG 681, 33, con música de Navarro ("El cancionero musical",
                 núm. 39)
1586   Antonio del Corro, *Reglas gramaticales para aprender la*
                 lengua española, pág. 126
1590   MN 2621, 195
1590   MP 1580, 193, *Soneto de Tablares*

1590-1600	MRAE RM 6226, 361v, *De un penitente. Tablares*
1590-1610	LN F.G. Cod. 3069, 55v y 83v, *Conversión de un pecador* (*Cancioneiro devoto*, núms. 52 y 93)
1590-1610	NH B 2504, 112, *Soneto a lo diuino. Del Pe. Azevedo, jesuita*, con la glosa "Alma reuelde y dura"
1593	MN 6001, 261v
1595	FR 3358, 170, *Soneto Tablares*
1599	Lope de Vega, *La Arcadia, prosas y versos*, f. 111v, dos sextinas que empiezan "Amargas horas de los dulces días / que un tiempo la fortuna, amor y el cielo" (*La Arcadia*. Ed. Edwin Morby. Madrid: Castalia, 1975, pág. 202)
1600-1625	NH B 2349, 72 *Al mismo pensamiento*
1604	MN 4154, 73v, con la glosa "El tiempo mal gastado contemplando"
1624	Stefano Limido, *Armonía spiritual*, madrigal hecho sobre el texto del soneto (Iglesias, "Amargas horas de los tristes días", págs. 273-283)
1630	NH B 2335, 65
1630	NH B 2350, 65 *Soneto sobre Quem fructum ettc.*
1650	MLG 327, p. 845, *Otro llorando sus peccados y el tiempo perdido*
1674	NH B 2503, *Sextillas* [de Lope de Vega], "Amargas horas de los dulces días / que un tiempo la fortuna, amor y el cielo" 147
XVI	LBL 10.328, 16
XVI	NH B 2475, 2v *Quidan de societate Jesu cecinisse fert. Sequentia. Tablares*
XVI	NH B 2476, 21
XVII	LPA 46-VIII-48, 60v "Soneto ao proprio conhesimento"
XVII	MRAE RM 6225, 45
XVII	RCor 970, 98, *Soneto del padre Tablares*
XVII	SC 57-3-16, 35v, con la glosa "Alma comienza a registrar llorando"
XVII-XVIII	MN 3926, 24v
Imitación en	
1590-1609	VCC 24-125, 134v, *Otro en persona del pecador arrepentido*, "Desventuradas horas mal gastadas" (*Libro de romances*, núm. 253)

Askins, "Amargas horas".
Íncipit de la poesía española, pág. 68.
"Un millar de cantares", núm. 36.

42. Aquí me quedé ayslado.

Incluye 2 versos de "Justa fue mi perdición", "Mal ouiesse el cauallero", "Mis armas tengo empeñadas", "De vos el duque de Arjona", "El mayor dolor que tengo", "Pésame de vos, el conde", "Quédate, adiós, alma mía", "Vuestra fue la culpa, amigo", "Tiempo bueno, tiempo bueno", "Por las sierras de Altamira" y "Ojos que me vieron".

"Justa fue mi perdición", 37.

¿1515?	Fernández de Constantina, *Cancionero llamado Guirlanda esmaltada*, 51
1511	*Cancionero general*, 139, de 14 versos, y en las eds. de Valencia ,1514; Toledo, 1517, 1520, 1527; Sevilla, 1535, 1540; Amberes, 1557, 1573
1534	*Canciones y villancicos* (*Abecedarium* núm. 15108; *NDic*. núm. 752, desconocido)
1536	*Trouas de dous pastores...por Bernaldin Ribeyro*, con la glosa "Bien supo el amor que hizo" (*Pliegos poéticos de Lisboa*, núm. 20; *NDic*. núm 486 *bis*)
ca. 1540	*Aquí comiençan muchas maneras de glosas...por Rodrigo Dáualos* (*NDic*. núm. 159.5, sin localizar)
1543	*Obras de Boscán,* 9v
1552	*Silva de romances*, 183, con la glosa "Bien supo el amor que hizo" (*Silva de romances*, pág. 533)
1552	*Segunda parte del Cancionero general*, 94, *Canción de don Jorge Manrique* (*Segunda parte del Cancionero general,* pág. 61)
1561	*Sarao de amor*, 43v, se cita el primer verso en "A galanas, no' caséys" (*Cancionero llamado Sarao de amor*, 79)
1565-1580	PN Esp. 371, 49v, con la glosa de Fernández de Heredia "Mi mal quiérele apocar"
1570	MP 617, 150v, 155v, de 14 versos, con la glosa de Constançio "Quando más por más perdido" (*Cancionero de poesías varias*, núms. 120, 156)
1570	OA 189, 332v, de 14 versos, con la glosa "Cuando más por más perdido"
1576-1590	MRAH 9/5880 [es copia del ms. E-65], 72, con la glosa de Silvestre "En la perdición primera"
1580	PN Esp. 307, 219, de 14 versos, con la glosa "Cuando más por más perdido"
1582	Romero Cepeda, *Obras*, 84, con la glosa "Tan alta fue la manera", 139v, citado en "En medio del verano"
1582	Silvestre, *Obras*, II: 37, con la glosa "Si amor supiera el metal", II: 280, con la glosa "En la perdición primera"

1590	MN 2621, 35, con la glosa de Fernández de Heredia, "Mi mal quiérele apocar"
1590-1600	MRAH 9/5807, 34v, con la glosa "Después que amor me formó"
1595-1610	MN 3968, 173v, con la glosa de Silvestre "Si amor supiera el metal"
1600-1610	EP CXIV/2-2, 137, de 14 versos, con la glosa de Costana "Cuando más por más perdido" (*Cancioneiro de corte*, núm. 156)
XVI	BC 2050, 55, con la glosa de Fernández de Heredia "Mi mal quiérele apocar"
XVII	MRAE RM 6723, 266, con la glosa de Silvestre "En la perdición primera"
XIX	MN 3778, 30, copia de las *Obras* de Silvestre de 1592, con la glosa de Silvestre "Si amor supiera el metal"

Cancionero teatral, núms. 120, 150, 185
Íncipit de poesía española, pág. 179

"Mal ouiesse el cauallero / que de las mugeres fía", 37. Aparece el romance con la variante en el segundo verso "que de escuderos se fía" en:

1585	MP 531, 239 (*Cartapacio de Francisco Morán* núm. 863)
1586	MP 973, 114
1590	MP 1580, 136v
1591	*Flor de varios romances nueuos. Primera y segunda parte*, 98 (*Fuentes del Romancero general*, II, 98), y en las eds. de Lisboa 1592, Valencia 1593, Madrid 1593, 1595, 1597, Alcalá 1595
1593	MP 1581, 72v
1600	*Romancero general*, 33, y en la ed. de 1602

"Mis armas tengo enpeñadas", 37.
Dos versos del romance "A caza va el emperador" en "Aquí me quedé ayslado".

1550	*Cancionero de romances*, 291 (*Cancionero de romances*, pág. 319 y *Romancero general*, I, núm. 364), y en las eds. de Amberes 1555, 1568, Lisboa 1581.

"De vos el duque de Arjona", 37.
Dos versos del romance en "Aquí me quedé ayslado".

1582	Romero Cepeda, *Obras*, 137v, se citan los primeros dos versos, en "En medio del verano"

"El mayor dolor que tengo", 37v.

Dos versos del romance "Paseábase el buen conde" en "Aquí me quedé ayslado".

1552	*Segunda parte del Cancionero general*, 133, desde el verso "Veo vos, crecida, hija" y con la *Glosa del mismo autor* [Alonso de Armenta] *por mandado de vna donzella a cierta parte de vn romance viejo que dize*, con la glosa "Qual mal fue tan excessiuo" (*Segunda parte*, pág. 245)
XVI	*Cancionero de galanes*, con la glosa "Con sobras de gran tristeza" (*Cancionero de galanes,* 1, y *Pliegos poéticos de The British Library*, núm. 59; *NDic.* núm. 750)
XVI	*Pregunta que fizo vn cauallero mancebo a Alonso de Armenta…el qual responde a ella*, desde el verso "Véoos, hija, crecida" y con la glosa de Armenta "Qual mal fue tan ecessiuo" (*Nueva colección*, núm. 1 y *Pliegos poéticos de la Biblioteca Nacional*, III, núm. 91; *NDic.* 33)
XIX	MN 3725, 36

Ensayo, I, núm. 121 y *Ensayo*, II, núm. 174.

"Pésame de vos, el conde".

Dos versos del romance en "Aquí me quedé ayslado".

1511	*Cancionero general*, y en las eds. de Valencia 1514, Toledo 1517, 1520, 1527, Sevilla 1535, 1540, Amberes 1557, 1573
1514-1524	*Dechado de Galanes*, con la glosa de Francisco de León, "La desastrada cayda"
¿1515?	Fernández de Constantina, *Cancionero llamado Guirlanda esmaltada*, 56, con la glosa de Francisco de León, "La desastrada cayda"
s.a.	*Cancionero de romances*, 90 y en las eds. de Millis 1550, Amberes 1550, 1555, 1568 y Lisboa 1581 (*Cancionero de romances*, pág. 173)
1552	*Segunda parte del Cancionero general*, 35v, con la glosa "La desastrada cayda" (*Segunda parte*, pág. 98)
XVI	*Aquí comiença ciertos romances con glosas*, con la glosa de Francisco de León "La desastrada cayda" (*Pliegos poéticos de Praga*, I, núm. 7; *NDic.* núm. 654)
XIX	MN 3725, II: 123v, copiado del *Cancionero general de Valencia*
XIX	MN 3883, 609, con la glosa de Francisco de León, "La desastrada caída"
XIX	MN 4138, I: 152

Ensayo, I, núm.124 y *Ensayo*, II, núm. 176.

Íncipit de la poesía española, pág. 242.

MBCR, II, pág. 659.

"Quédate a Dios, alma mía".

Dos versos de la canción que empieza "Zagaleja de lo verde" en "Aquí me quedé ayslado".

1560	Vázquez, *Recopilación*, II, núm. 4
1562	*Flor de enamorados* 102v (*Cancionero llamado Flor de enamorados*, 102v)
1575-1585	MN 17.689, 69
1576	Daza, *Libro de música*, 103v
1580	MP 961, 87 (*Poesías del Maestro León*, núm. 26)
1580-1590	NH B 2486, 289 (*Cancionero sevilláno*, núm. 634)

Cancionero español, núm. 453.

Cancionero tradicional, núm. 414.

Corpus, y *Suplemento*, núm. 543.

"Un millar de cantares", núm. 625.

"Vuestra fue la culpa".

Dos versos del romance "Rosa fresca, rosa fresca" en "Aquí me quedé ayslado".

1511	*Cancionero general*, 132, con la glosa de Pinar "Quando y'os quise querida" y en las eds. de Valencia 1514, Toledo, 1517, 1520, 1527, Sevilla 1535, 1540, Amberes 1557, 1573
1514-1524	*Romançe del rey Ramiro con su glosa*, con la glosa de Pinar "Quando yo os quise querida" (Colón, *Regestrum*, núm. 4106; *NDic.* núm. 1035, desconocido)
1515-1517	*Aquí comiençan onze maneras de romances* (*Pliegos poéticos de The British Library*, núm. 52; *NDic.* núm. 668)
1530	*Aquí comiençan diez maneras de romances* (*Pliegos poéticos de la Biblioteca Nacional*, I, núm. 36 y *Cancionerillos góticos*, pág. 60; *NDic.* núm. 658)
1547	MRAE RM 6952, 25, con la glosa de Pinar "Quando y'os quise querida"
1552	*Segunda parte del Cancionero general*, 40v, con la glosa de Pinar "Quando yo os quise querida" (*Segunda parte*, pág. 109)
s.a.	*Cancionero de romances*, 230v y en las eds. de Millis 1550, Amberes 1550, 1555, 1568, Lisboa 1581 (*Cancionero de romances*, pág. 285 y *Romancero*, núm. 73)
1550	*Primera silva*, 153 (*Silva de romances*, pág. 212)
1560-1575	*La glosa del romance qve dize "Rosa fresca, rosa fresca"*, con la glosa "Quando yo os quise querida" (*Pliegos poéticos de Morbecq*, núm. 18; *NDic.* núm. 918)
1564	*Comiença el romance del rey Ramiro*, con la glosa "Quando yos quise querida" (*Pliegos poéticos de Praga*, II, núm. 46 y III, núm. 7; *NDic.* núm. 771)

XVI principios   MN 5593, 42, con la glosa de Pinar, "Quando os quise querida"

XVI   *Comiençan ciertos romances con sus glosas*, con la glosa "Quando yo os quise querida" (*Pliegos poéticos de la Biblioteca Nacional*, II, núm. 46; *NDic*. núm. 772)

XVI   *Comiençan ciertos romances con sus glosas*, con la glosa "Quando yo os quise querida" (*Pliegos poéticos de Praga*, II, núm. 70; *NDic*. núm. 774)

XVI   *Comiençan ciertos romances con sus glosas mueuamente hechas*, con la glosa "Quando yo os quise querida" (*Pliegos poéticos de The British Library*, núm. 60; *NDic*. núm. 773)

XVI   *Romance de "Rosa fresca" a con la glosa de Pinar*, con la glosa "Quando yo os quise querida" (*Pliegos poéticos de Viena*, núm. 11; *NDic*. núm. 1038)

XVI   *Romance de "Rosa fresca" con la glosa de Pinar*, con la glosa "Quando yo os quise querida" (*Pliegos poéticos de Praga*, II, núm. 75; *NDic*. núm. 1039)

Ensayo, I, núm. 148 y *Ensayo*, II, núm. 209.

Íncipit de poesía española, pág. 275.

"Tiempo bueno, tiempo bueno", 37v.

     Dos versos de la canción, en "Aquí me quedé ayslado".

     Ver nota al núm. 14.

"Por las sierras de Altamira", 38.

     Dos versos del romance "Domingo era de Ramos", en "Aquí me quedé ayslado".

s.a   *Cancionero de romances*, 229v, y en las eds. de Millis 1550, Amberes 1550, 1555, 1568, Lisboa 1581(*Cancionero de romances*, pág. 284 y *Romancero general*, I, núm. 394)

1551   *Silva tercera*, 124 *Romance del rey Marsín* (*Silva de romances*, pág. 495)

1586   *Glosa de los romances y canciones que dizen...hechas por Gonçalo de Montaluo*, con la glosa "Mirando la gran constancia" (*Pliegos poéticos de Cataluña*, núm. 2; *NDic*. 374, sin localizar)

XVI   *Glosa de los romances y canciones...hechas por Gonçalo de Montaluo*, con la glosa "Mirando la gran constancia" (*Pliegos poéticos de Cracovia*, núm. 6; *NDic*. núm. 377)

XVI   *Glosas de los romances y canciones...hecho por Gonçalo de Montaluo*, con la glosa "Mirando la gran constancia" (*Pliegos poéticos de la Biblioteca Nacional*, III, núm. 115; *NDic*. núm. 376)

XVI	*Glosas de los romances y canciones... hechas por Gonçalo de Montaluán*, con la glosa "Mirando la gran constancia" (*Pliegos poéticos de Praga*, II, núm. 61; *NDic.* núm. 375)
XVI	*Glosas de vnos r[omances] y canciones hechas por Gonzalo de M[ontalbán]*, con la glosa "Mirando la gran constancia" (*Pliegos poéticos de Praga*, II, núm. 64; *NDic.* núm. 378)
XVI	*Glosas de vnos romances y canciones hechas por Gonçalo de Montaluán*, con la glosa "Mirando la gran constancia" (*Pliegos poéticos de la Biblioteca Nacional*, II, núm. 69; *NDic.* núm. 379)
XVI	*Síguense cinco romances* (*Pliegos poéticos de Praga*, I, núm. 24 y *NDic.* núm. 1061)

Armistead, *et al.*, *Judeo-Spanish Ballads from Oral Tradition*, pág. 40.

Ensayo, I, núm. 42, y *Ensayo*, II, núm. 64.

42. *Ojos que me vieron yr.*
Dos versos del romance "Oh Belerma, oh Belerma", en "Aquí me quedé ayslado".
Ver nota al núm. 3.

43. *Niña, si por vos sospiro.*

1579	López de Úbeda, *Cancionero general de la doctrina cristiana*, 31, y en las eds. de Alcalá 1585, 1586, contrahecho a lo divino "Niño Dios, por quien sospiro (*Cancionero general*, pág. 229)
1580-90	NH B 2486, 236v, con la glosa "Soys el bien de mi querer, / clara luz de mi deseo" (*Cancionero sevillano*, núm. 490)
1582	López de Úbeda, *Vergel*, 16, y en la ed. de Alcalá 1588, *Villancico contrahecho al que dize "Niña por quien yo sospiro"*, "Buen Jesús, por quien yo sospiro", con la glosa "Soys el bien de mi querer, / soys mi deseo y mi gloria"
1585	MP 531, 95, con la glosa "Por la rivera del mar", 252, con glosa de Francisco Morán de la Estrella y fecha de 1582 "Una zierta propensión" (*Cartapacio de Francisco Morán*, núms. 474, 882)
XVII	PN Esp. 314, 211v, con la glosa "Mi contento es sólo ueros" (*Obras de Pedro Laýnez*, pág. 430)

45. *Zagala, más me agradáys.*
Es contrahecho a la Virgen de "Zagala, no me agradáis" que se halla en:

1575	MN 3806, 14, con la glosa "Huís de conuersación"
1580-90	NH B 2486 64v, con la glosa "Descuydada andáis vagando" 132v, a lo divino, "Donzella, a Dios agradáis" con la glosa "Agradáys al Rey del cielo" y 276, con la glosa "Zagala, mal me parcsçe" (*Cancionero sevillano*, núms. 77, 183 y 595)

1585	MP 531, 228v, con glosa de Fray Jerónimo Marton, "Qualquier muger graciosa" (*Cartapacio de Francisco Morán*, núm. 845)
1587-90	MN 22.028, 254, con la glosa "Zagala, mal me pareze" (*Poesías de Fray Melchor de la Serna*, núm. 263)
1596	Bernardes, *Rimas Várias-Flores do Lima* (*Diogo Bernardes. Obras completas*, I, pág. 188)
1595-1605	Peralada 091, 223, sólo la letra
1595-1610	MN 3968, 176v, con la glosa "Amor, tan a costa mía"
XVI	*Aquí comiença el Auto cómo San Juan fue concebido...hecho por Estevan Martín* (*Autos*, I, núm. 7; *NDic.* núm. 342)

Cancionero teatral, núms. 168, 197 y Apéndice B Autos, 92.
Cancionero tradicional, núm. 470.
Corpus, núm. 62ª.

46. *Rey alto en quien adoramos.*

1514	*Cancionero general*, 192, *El Pater noster de las mugeres, hecho por Salazar*, con ligeras variantes, y en las ediciones de Toledo 1517, 1520, 1527, Amberes 1557, 1573
1514-1524	*Dechado de galanes, El Pater noster de las mujeres, compuesto por Salazar* (no se conserva ejemplar, los datos salen del *Regestrum* de Fernando Colón)
XVII	RCor 970, 72, *Pater noster contra las mujeres*

En MP 1580, 232v, se copió *El Pater noster a las mugeres,* que empieza de la misma manera pero continúa de forma distinta: la segunda estrofa empieza "Y a decir el poco amor". En MN 3915, 103, hay un *Pater noster glosado contra ellas* [las monjas] que empieza de la misma forma, pero cambia en la segunda estrofa que empieza: "Las monjas que sin rrazón". En MP 973, 66v-67 figura *El Pater noster glossado contra las monjas*, pero sólo queda la primera estrofa, el resto ha sido tachado. En MN 22.028 queda constancia, en la tabla del manuscrito, de un *Pater noster aplicado a las mugeres*, pero el folio en que figuraba ha sido arrancado. En MRAE RM 6213, 130, hay un *Pater noster a las monjas* que empieza "Para que pueda decir"

Otras glosas del *Padre nuestro* se encuentran también en las siguientes fuentes:

1555	BC 2050, 20v, con la glosa de Fernández de Heredia, "Si de nuestras culpas"
1580	MP 1579, 166, con la glosa "Si volvemos a las manos"
1580-1590	MP 570, 151v, *Glosa del Pater noster de mase Pasquin contra Clemente,* "Cúmplase la profecía"
1582	Silvestre, *Obras*, II: 281, con la glosa "Inmenso padre eternal"
1582	López de Úbeda, *Vergel*, 209, y en la ed. de Alcalá 1588, con la glosa de Silvestre "Inmenso padre eternal"

1590	MN 2621, 24, con glosa de Fernández de Heredia "Si de nuestras culpas"
1590	LN F.G. Cod. 3071, 6 *Glosa segunda al Padre nuestro*, "Jesucristo rey sin par"
XVII	LN F.G. Cod. 2, 11, *Sobre o Padre Nuestro*, "Ynmenso padre eternal" (Silvestre)
XVII	LN F.G. Cod. 3200, 122v, con la glosa "Prudente rey a quien aman"
XVII	CBU 1080, 30, *O Padre nosso acomodado a el rey don Sebastião*, "Invicto rey cuya fama", y 65, *El Padre nosso accomodado a el rey Phillipe 4º*, "Felipe que el mundo aclama"
XVII	MiB Ad. XI.57, 37, *El Padre nuestro glosado por Francisco de Quevedo hablando con el rey Felipe 4º*, "Felipe que el mundo aclama"
XVII	MRAE RM 6710, 51, con la glosa "Bueno y señor maestro"
XVII	MRAE RM 6872, 181, con la glosa "Felipe que el mundo aclama"
XVIII	PhUP Codex 183, 65, con la glosa "Prudente rey a quien aman"

47. *Sin Dios, y con el pecado.*

1590-1600	MRAE RM 6226, 234v, *Otro villancico*
1590	LN F.G. Cod. 3071, 17
XVII	SC 57-3-16, 10

Este poema es un contrahecho a lo divino de "Sin vos, y con mi cuidado" y "Con amor y sin dinero" que se halla en:

1575	MN 3806, 143v, "Sin plazer y con cuidado", con la glosa "De la fortuna quexoso"
1580-1590	NH B 2486, 70v, "Sin vos y con mi cuidado", con la glosa "Con vn cuidado qu'estoy" (*Cancionero sevillano*, núm. 92)
1582	Silvestre, *Obras*, II: 81, "Sin vos y con mi cuidado", con la glosa "Con vn cuydado que estoy"
1583	Padilla, *Romancero*, 287, "Sin vos y con mi cuidado", con la glosa "Sólo para entretener"
1585	MP 531, 95v, "Sin amor y con dinero", con la glosa "Después que dejé de amar" y 104, *Glosa a la letra "Con amor y sin dinero"*, con la glosa "No quiero ser consolado" (*Cartapacio de Francisco Morán*, núms. 476 y 508)
1585	PN Esp. 372, 155v, "Con amor y sin dinero", con la glosa "Entre todos los tormentos"
1585	PN Esp. 373, 233v, "Sin vos, y con mi cuidado", con la *Glosa de D.M.* "Ausente de vos, bien mío"

1586	López Maldonado, *Cancionero*, II: 29v, "Sin vos, y con mi cuidado", con la glosa "Si estando en vuestra presencia"
1588	MP 1587, 77, "Sin vos, y con mi cuidado", con la glosa "Ausente de vos, bien mío" (*Cancionero de poesías varias*, núm. 118),
1590	Padilla, *Thesoro*, 216, "Sin vos, y con mi cuidado", con la glosa "Sólo para entretener"
1590-1600	MiT 994, 5, "Con amor y sin dinero", con la glosa "Entre todos los tormentos" (*"Cancioneros* spagnoli", pág. 23)
1590-1600	MRAH 9/5807, 50v, "Sin vos, y con mi cuidado", con la glosa "Vendo amor que em uoz uer"
1591	Espinel, *Diversas rimas*, "Sin vos, y con mi cuidado", con la glosa "Si queréys saber, señora" (*Diversas rimas,* pag. 669)
1595-1630	MN 3888, 280, "Sin vos, y con mi cuidado", con la glosa "Si vuesa merced murió"
1596	Bernardes, *Rimas varias*, "Sem vos, e com meu cuidado" con la glosa "Vendo amor que con vos ver", (*Diogo Bernardes. Obras*, I, pág. 194),
1607	Ledesma, *Segunda parte de los conceptos*, pág. 253, "Tengo amor sin esperanza / mirad con quién y sin quién", con la glosa "Es la esperanza la sal"
	Camões, *Rimas*, núm. 37, "Sin vos, y con mi cuidado"con la glosa "Querendo Amor esconder"
XIX	MN 3778, *Obras de Silvestre*, 47v, "Sin vos, y con mi cuidado", con la glosa "Con un cuidado que estoy"
XVI	LN T 4/59 6384, 208, "Con amor y sin dinero", con la glosa "Cosa es de admirable espanto" y 214v, "Con amor y sin dinero", con la glosa "Tañan por amor a muertos" (*Poesías inéditas de Andrade Caminha*, núms. 451 y 452)
XVII	MN 3917, 65, "Mirad con quién o sin quién", con la glosa "Cierta dama por fauor"
XVII	MN 3920, 144v, "Sin vos, y con mi cuidado", con la glosa "Después que mi dura suerte"
XVII	MN 3985, 133, "Sin vos, y con mi cuidado", con la glosa "En uiéndoos, Flora, que os ui"
XVII	MRAE 25, 186, "Sin vos, y con mi cuidado", con la glosa "Si queréis saber, señora"
XVII	MRAE RM 6710, 332, "Con amor y sin dinero", con la glosa "Con dinero y sin amor"

Otros contrahechos a lo divino
1576-1590	MRAE 9/5880 [es copia del ms. E-65], 41, con atribución a Garcés, "Sin vos, y con mi cuidado, / gustad, ánima, el manjar, vos"
1579	López de Úbeda, *Cancionero de la doctrina*, 6v, y en las eds. de Alcalá 1585, 1586, *Villancico contrahecho al que dize "Con amor y sin dinero"*, con la glosa "Con amor y sin dinero" (*Cancionero general de la doctrina*, I, pág. 195).
1582	López de Úbeda, *Vergel*, 20, y en la ed. de Alcalá 1588, *Glosa contrahecha a la que dize "Con amor y sin dinero"*, con la glosa "Con amor y sin dinero"

Cancionero teatral, núm. 142.
Nueva contribución, pág. 308, contrahecho a lo divino con la glosa "Alma mía fabricada".
Wilson-Sage, núm. 108, ejemplos de "Mirad con quién y sin quién" en las obras de Calderón, Padilla, López de Úbeda, Antonio de Mendoza, Quiñones de Benavente y Vélez de Guevara.

48. *Sin Dios, sin quien vn momento.*
1590	LN F.G. Cod. 3071, 17

49. *Humana naturaleza.*
Es un contrahecho a lo divino de "Oh Belerma, oh Belerma" y "Muerto yace Durandarte.
Ver nota al núm. 3 para las fuentes de "Muerto yace Durandarte".
Ver nota al núm. 3 para las fuentes de "Oh Belerma, oh Belerma".
Otro contrahecho de "Oh Belerma, oh Belerma" es "Oh Borgoña, oh Borgoña", que halla en:
1560	EPH 11.973, 14, *De don Bernaldino de Ayala a la corte, el qual fue hallado quando murió debaxo de la almohada de su cama*
1580	PN Esp. 373, 115v, *Romance contrahecho al de "Belerma", por don Bernardino de Ayala*
1600	MRAH 9/7069, 122, entre las obras de Hurtado de Mendoza
XVI finales	MP 2805, 72, entre las obras de Hurtado de Mendoza
XVI finales	PhUP Codex 70, 144, entre las obras de Hurtado de Mendoza

Diego Hurtado de Mendoza. Poesía completa, núm. 163

51. *Ya se acerca, señor, o es ya llegada.*
1588	MP 1578, 95
1592	PMBM 23/4/1, 355v

Hernando de Acuña. Varias poesías, núm 94

52. *Señora, si en la tierra ver deseas.*

1580-1590   NH B 2486, 256, "Hermosa Silvia, si saber deseas", ocho cuartetos (*Cancionero sevillano*, núm. 545)

1580-1590   LTT 2209, 167, "Hermosa Syluia, si saber deseas", seis cuartetos y cinco tercetos y el estribillo "que es dar al moro muerto gran lançada" ("Diogo Bernardes and Ms. 2209", pág. 154)

1590-1600   MRAH 9/5807, 57, "Hermosa Sylvia, si saber deseas", seis cuartetos

1592, *ca*   *Aquí se contienen muchas*, "Florida, si en la tierra ver desseas", de trece cuartetos (*Las series valencianas*, núm. 198; *Pliegos poéticos españoles de Múnich*, núm. 37; *NDic.* núm. 722.

53. *Inmenso Padre eternal.*

1582   López de Úbeda, *Vergel de flores*, 209, y en la ed. de Alcalá 1588, *Este Pater noster es antiguo, de aquel gran poeta Syluestro, la bondad dél me haze pone ponerle aquí*

1582   Silvestre, *Obras*, II: 281v

1584   MRAE 330, 145

1590   LN F.G. Cod. 3071, 3, acéfalo, empieza "Donde auemos de gozarte"

1593   MP 1581, 227, acéfalo, empieza "Dulce Jesús…"

XVII   FN Magl. XXXV-319 (Medicea Palatina), 60, *El Pater Noster glosado en quintillas. 1ª glosa*

XIX   MN 3778, Gregorio Silvestre. *Obras*, 126, *Glossa del Pater Noster*

XVII   MN 8607, 130v, *Pater noster*

54. *Diónos en la tierra vn aue.*

1582   López de Úbeda, *Vergel de flores*, 102v, y en la ed. de Alcalá 1588, *Parescióme que quadraua acabar lo que tocaua a esta festiuidad de la Anunciación con el Aue María*

1582   Silvestre, *Obras*, II: 287, *Glosa de la Ave María*

1590   LN F.G. Cod. 3071, 10, *Glosa sobre la oración de Ave María*

1593   MP 1581, 228v, *Glosa del Aue María*

XVII   FN Magl. XXXV-319 (Medicea Palatina), 60, *Ave María glosa*

XIX   MN 3778, Gregorio Silvestre. *Obras*, 128, *Glossa del Ave María*

55. *Las tristes lágrimas mías.*

1535-1540	[*Cancionero recopilado por Velázquez Dávila*], sin foliar, con la glosa "Qualquier pena interior" (*Cancionero gótico de Velázquez de Ávila*, pág. 44 y *Pliegos poéticos de la Biblioteca Nacional*, V, núm. 180; *NDic.* núm. 629)
1552	*Secvnda parte del Cancionero general*, 136v, con la glosa "Muera, muera, ques razón" (*Segunda parte del Cancionero general*, pág. 252)
1554	*Cancionero de obras nuevas*, 14, con la glosa "Cuando remedio se espera" (*Cancionero de obras*, núm. 2)
1557	*Cancionero general*, 390, con la glosa "Ando tan apesarado" (*Suplemento*, núm. 282)
1560	EPH 11.973, I: 63v, con la glosa "Lágrimas bien empleadas" (*O cancioneiro musical*, núm. 25)
1560	MN 1132, 143, con la glosa "Cuando remedio se espera" (*Poesías varias*, núm. 64)
1561	Timoneda, *Sarao de amor*, 43v, se cita el primer verso en "Ay galanas, no's caséys" (*Cancionero llamado Sarao de amor*, núm. 79)
1562	Gil Polo, *Diana enamorada*, con la glosa "Vuestra rara gentileza" (Gil Polo, pág. 204)
1570	OA 189, 346, con la glosa "La gota solemos ver"
1570	MN 3902, 83, con la glosa "La gota solemos ver" (*Cancionero de poesías varias*, núm. 93)
1570	MP 617, 168v, con la glosa "La gota solemos ver" atribuida a Burguillos (*Cancionero de poesías varias*, núm. 180)
1570-1580	RAV 1635, 110, con la glosa "Mis ojos cuando os miraron"
1578	*FRG*, 136, con la glosa "Amor, poco ha aprovechado"
1579	López de Úbeda, *Cancionero de la doctrina*, 96, y en las eds. de Alcalá 1585, 1586, con la glosa "Tus misericordias canto"
1580	MP 1579, 96v, con la glosa "Mis ojos cuando os miraron"
1580	Padilla, *Thesoro*, 289, con la glosa "Mis ojos cuando os miraron"
1580	PN Esp. 307, 258v, 271, con la glosa "La gota solemos ver"
1580-1590	NH B 2486, 208, con la glosa "Esme tan crudo el amor" (*Cancionero sevillano*, núm. 412)
1580-1600	MP 570, 110v, con la glosa "Por los ojos que os miraron"
1582	Romero Cepeda, *Obras*, 87v, con la glosa "Del rayo suele dar seña"
1582	Silvestre, *Obras*, II: 271v, con la glosa "Tus misericordias canto"

1582	MP 2803, 211v, el primer verso citado en "Soñaba, señora mía" (*Cancionero de poesías varias*, núm. 134)
1585	PN Esp. 372, 85v, con la glosa "La gota solemos ver"
1585	PN Esp. 373, 113, con la glosa "El mal que no tiene medio", 169, con la glosa "En el avismo metido", 249, con la glosa "De llorar continamente"
1585	MP 531, 56, con la glosa "De llorar continuamente" (*Cartapacio de Francisco Morán*, núm. 286)
1585-1600	MCSIC R.M. 3879, 291, con la glosa "Tus misericordias canto"
1590	MP 1580, 63v, con la glosa "Tus misericordias canto", 75, 94
1590-1600	MN 22.783, 45, con la glosa "Larga vida no la quiero"
1590-1600	MRAE RM 6226, 234v, con la glosa "Tus misericordias canto", 411v, *A una sotana rota glosando aquellas que comiençan "Las tristes lágrimas mías,"* con la glosa "La culpa vos la tenéis"
1590-1600	MRAH 9/5807, 226v, con la glosa "Tus misericordias canto"
1590-1609	VCC 24-125, 126v, con la glosa "Tus misericordias canto" (*Libro de romances*, núm. 238)
1600	*La vida del estvdiante pobre...compuesta por Benito Carrasco*, con la glosa a lo divino "Alma, no seas tan esquiua" (*Pliegos poéticos de The British Library*, núm. 9; *NDic*, núm. 98)
1604	MN 4154, 153, con la glosa "Tus misericordias canto", 200v, con la glosa "Tus misericordias canto"
1620	MN 3915, 262, con la glosa "Tus misericordias canto"
1590	LN F.G. Cod. 3071, 22, con la glosa "Assí como en quanto Dios", 23, con la glosa "Quando Dauid lamentaua", 24, con la glosa "Tus misericordias canto"
XVI	*Aquí comiença dos maneras de glosas...por Pedro de Tirante*, con la glosa "Muera, muera, ques razón" (*Pliegos poéticos de la Biblioteca Nacional*, I, núm. 17 y *Cancionerillos góticos*, pág. 64)
XVI	*Aquí se contienen dos romances*, con la glosa "Muera, muera, ques razón" (*Pliegos poéticos de The British Library*, núm. 55; *NDic*. 579)
XVI	*Glosa agora nueuamente compuesta*, con la glosa "En vnos montes espessos" (*Pliegos poéticos de Praga*, I, núm. 32; *NDic.*, núm. 880)
XVI	*Reprehensión de vicios y estados en general*, con la glosa "En vnos montes espessos" (*Pliegos poéticos de The British Library*, núm. 85; *NDic.*, 987)
XVI finales	PhUP Codex 193, 4v, con la glosa "Tus misericordias canto", 130v, con la glosa "Tus misericordias canto"
XVI	MP 644, 160, con la glosa "Tus misericordias canto"

XVII	LN F.G. Cod. 3079, 64, con la glosa "Tus misericordias canto"
XVII	MRAE RM 6723, 269, con la glosa "Tus misericordias canto"
XVII	NH B 2459, 62, *A una sotana vieja y rota. Sobre "Las tristes lágrimas mías"*, con la glosa "La culpa vos la tenéis"
XVIII	MN 3909, 529, *Glosa de Sotto* "Si os digo que peno y muero"
?	Velázquez Mondragón, Cristóbal. *Trovas varias*, 8, con la glosa "La pena, siendo en el alma" (Gallardo, *Ensayo de una biblioteca*, IV, núm. 4248, col. 993)
XIX	MN 3778, Gregorio Silvestre. *Obras*, 122v, con la glosa "Tus misericordias canto"

Cancionero teatral, núms. 153 y A1.
Cancionero tradicional, 230.

56. *Tus misericordias canto.*

1579	López de Úbeda, *Cancionero general de la doctrina*, 93, y en las eds. de Alcalá 1585, 1586. Figura en el apartado que lleva el siguiente epígrafe: *Prometimos en el principio desta obra que haríamos vna sylua de muchas y varias cosas y que sería de cosas escogidas assí en loor de santos como otras para edificación de nuestras conciencias. Confío y espero en Nuestro Señor dará contento a los píos lectores y deuotos de oýr curiosidades.*
1582	Silvestre *Obras*, II: 271v
1585-1600	MCSIC RM 3879, p. 291
1590	LN F.G. Cod. 3071, 24
1590	MP 1580, 63v
1590-1600	MRAE RM 6226, 234v
1590-1600	MRAH 9/5807, 226v
1590-1609	VCC 24-125, 126v (*Libro de romances*, núm. 238)
1604	MN 4154, 153, 200v
1620	MN 3915, 262
XIX	MN 3778, Gregorio Silvestre. *Obras*, 122v
XVI finales	PhUP Codex 193, 4v, 130v
XVII	LN F.G. Cod. 3079, 64
XVII	MRAE RM 6723, 269

57. *Tú que me miras a mý.*

1582	Silvestre *Obras*, II: 273v
1590-1610	NH B 2498, 34
1593	MP 1581, 175
1620	MN 3915, 296
1650	MLG 327, p. 14

XVIII   MN 3784, 147
XIX   MN 3778, Gregorio Silvestre. *Obras*, 123,

58. *Juuentud florida y sana.*
    1582   Silvestre *Obras*, II: 273
    1620   MN 3915, 296
    1650   MLG 327, p 14
    XIX   MN 3778, Gregorio Silvestre. *Obras*, 123v

59. *El fresco ayre del fauor humano.*
    1570   PMBM 861, 197v
    1590   MN 2621, 196
    1590-1600   MRAE RM 6226, 480, *Otro. Padre Tablares a Rui Gómez*
    1595-1630   MN 3888, 300
    1600-1610   EP CXIV/2-2, 144v (*Cancioneiro de Corte*, núm. 169)
    1604-1607   FN VII-1317, 147, *Soneto de Tablares*
    XVI   MP 644, 179v
    XVII   BUC 143 v. 86, II: 339
    1615   MRAE RM 6213, 135
    XVI-XVII   MP 1578, 113
    Íncipit de la poesía española, pág. 141.
    Labrador Herraiz, "Estancia de Marco Antonio de Vega".

61. *Suäue sueño, que con tardo buelo*, 48-48v.
    Sólo las dos primeras estrofas.
    1585   MP 531, 195v, con atribución a Burguillos
    1585   PN Esp. 372, 103, con atribución a Lope de Salinas y estado
                    redaccional que coincide con el de LN F.G. Cod. 3072
    1619   *Versos de Fernando de Herrera*, 14 (*Fernando de Herrera.*
                    Poesía castellana, pág. 514 y *Fernando de Herrera. Poesías*,
                    pág. 233).
    XVII   MN 10.159, 153v-153v, con atribución a Herrera (*Fernando*
                    de Herrera. Rimas inéditas, pág 80, y *Fernando de Herrera,*
                    Obra poética, II, pág. 49)
    J. Montero, "Una versión inédita", considera que la redacción de PN Esp. 372
    es intermedia entre la de MP 531 y MN 10.159.

63. *Por vn camino solo, al mundo abierto.*
    1582   *Algunas obras de Fernando de Herrera*, 19v, "Por un camino
                    solo, al Sol abierto" (*Fernando de Herrera. Poesía castellana*,
                    pág. 395, *Fernando de Herrera. Poesías*, pág. 422 y *Algunas*
                    obras. Ed. López Bueno, pág. 246

1619   *Versos de Fernando de Herrera*, 93, otra redacción "Por un estrecho camino, al sol abierto" (*Fernando de Herrera. Poesía castellana*, pág. 831, sólo se dan las variantes con respecto a "Por un camino solo, al mundo abierto")

XVII   MN 10.159, 186v, "Por un camino solo, al sol abierto"

Los editores de las obras de Herrera desconocen LN F.G. Cod. 3072.

71. *Fabor, priuanca, ymperio y grande assiento.*
1566-1578   MRAE RM 6767, 83 (*The Cancioneiro de Cristóvão Borges*, núm. 160)
1590   MN 2621, 196v
1590-1600   MRAE RM 6226, 350, *Contra la alteça del mundo. P. Tablares a Rui Gómez* ("Tres cancioneros manuscritos", págs. 117-118)
1595-1630   MN 3888, 300 (Foulché Delbosc "237 Sonnets", 515)
1600-1610   EP CXIV/2-2, 144v (*Cancioneiro de Corte*, núm. 170)
1604-1607   FN VII-1317v, *Soneto del mismo [Tablares]*
1615   MRAE RM 6213, 135
1620   MN 3915, 297 (que lo copia con otros sonetos religiosos)
XVII   BUB 1649, 90
XVII   BUC 143 v. 86, II: 339v
XVI-XVII   MP 1578, 113v

72. *Dezid, ociosos pensamientos vanos.*
1568-1578   MRAE RM 6767, 86 (*The Cancioneiro de Cristóvão Borges*, núm. 170)
1595-1630   MN 3888, 299
XVI   MP 644, 197
XVII   NH B 2484, 165

73. *Si yo pensasse acá en mi pensamiento.*
1590   Silvestre, *Obras*, 416, y en la ed. de 1599.
1595   FR 3358, 102v
XIX   MN 3778, *Obras de Silvestre*, 174v

74. *Alço los ojos de llorar cansados.*
1577   MN 2973, p. 361 (*Flores de baria poesía*, núm. 321
1600   MRAH 9/7069, 65v
XVI finales   BUC 75/116, 77v
XVI finales   MP 2805, 116v
XVI finales   PhUP Codex 70, 82
Diego Hurtado de Mendoza. Poesía completa, núm. 35
"Un millar de cantares", núm. 24

75. *O, tú, que vas buscando con cuydado.*
    1590-1600   MRAE 6226, 350v, *A Cristo crucificado*

76. *Amargas horas de los tristes días.*
    Ver nota al núm. 41.

77. *La offensa es grande, séalo el tormento.*
    1555   Dos hojas sueltas adquiridas por Eugenio Asensio en 1966,
                        con atribución a Tablares y el epígrafe: *Soli Deo honor et gloria*
                        in saecula saeculorum. Amen. 1555
    1570-1580   NH B 2475, 2v
    1575-1585   MN 17.689, 95
    1577   MN 2973, pág. 46 (*Flores de baria poesía*, núm. 55)
    1580   PN Esp. 307, 66v
    1584   MLG 681, 34v ("El cancionero musical", núm. 40)
    1589   Guerrero, *Canciones y villanescas espirituales* (Ed. Querol
                        Gavaldá, núm. 11)
    1590   MN 2621, 195v
    1590-1610   LN F.G. Cod. 3069, 55v, versión sin los tercetos, y 84
                        (*Cancioneiro devoto*, núms. 53 y 94)
    1593   MN 6001, 261v
    XVI   NH B 2476, 21
    XVII   LN F.G. Cod. 3072, 98, *Soneto a Jesús*
    XVII   LN F.G. Cod. 3762, 58v
    XVII-XVIII   MN 3926, 24v
    "Un millar de cantares", núm. 312

78. *Pasando el mar Jesús el animoso.*
    1590-1609   VCC 24-125, 122v-123 (*Libro de romances*, núm. 231), poema
                        de 16 versos que comparte los 9 primeros. Véase también la
                        nota siguiente.
    XVI finales   NH B 2498, 22
    Glaser, "El cobre convertido", pág. 65.
    Sánchez Martínez, *Historia y crítica*, págs. 125-130
    Es contrahecho del soneto de Garcilaso "Pasando el mar Leandro el animoso"
    y se halla en:
    1535   Ribeiro, *Trouas de dous pastores* LN Res. 218 V (*Pliegos*
                        poéticos de Lisboa, núm. 20)
    1543   *Obras de Boscán*, [v], *Soneto de Garcilaso que se oluido poner*
                        a la fin con sus obras.
    1547   MRAE RM 6952, 64v
    1552   Pisador, *Libro 7*

1554	Fuenllana, *Orphenica lyra*, 126
1555	MP 1577 (I), 5, con la glosa "Después que aquella seña deseada" (*The Cancioneiro de Cristóvão Borges*, núm. 61, en la nota correspondiente, Askins publica este texto)
1562	*Flor de enamorados*, 64v (*Cancionero llamado Flor de enamorados*, 64v)
1568-1578	MRAE RM 6767, 33v, con la glosa "Aquel que ya su vida va cumpliendo" (*The Cancioneiro de Cristóvão Borges*, núm. 61)
1570	PMBM 861, 143v
1570	OA 189, 185
1570-1580	TCLM 506, 353
1575-1585	MN 17.689, 81v
1577	MN 2973, 89 (*Flores de baria poesía*, núm. 102)
1580	MP 961, 99v, con la glosa Amor, que nunca diste" y 101 (*Poesías del Maestro León*, núms. 65, 70)
1580	Padilla, *Thesoro*, 265, con la glosa "Forzado del deseo y combatido"
1580	PN Esp. 307, 93, con la glosa "Amor, que nunca diste"
1585	MP 531, 98v, con la glosa "Amor, que nunca diste" (*Cartapacio de Francisco Morán*, núm. 489)
1588	MP 1587, 57v, con la glosa "Amor, que nunca diste" (*Cancionero de poesías varias*, núm. 79)
1590-1600	MN 22.783, 53v, contrahecho que utiliza muchos versos del soneto de Garcilaso, 54v, con la glosa "Entre la Asia y la Evropa rrepartido"
1591	Cosme de Aldana, *Segunda parte*, 61v, con la glosa "Entre el Asia, Europa es repartida"
1598	EM Ç-III.22, 94, con la glosa "Amor, que nunca diste" ("Un cancionero bilingüe", núm. 37)
XVI	Belem *Livro de recreação*, 154v
XVII	MN 3940, 254
XVIII	MN 1127, 17v
XVII-XVIII	MN 3708, 182v

Hay noticias de otro contrahecho a lo divino en el pliego MN, *Las coplas de Flérida...va también el de Flérida y Leandro bueltos a lo spiritual por Juan Timoneda*, "Criando el mundo Dios el animoso" (*NDic.* núm. 569).

Alatorre, "Gran fortuna de un soneto".

Íncipit de poesía española, pág. 237.

79. *Estando el buen Jesús agonizando.*
1590-1609   VCC 24-125, 122v-123 (*Libro de romances*, núm. 231), el
                   primer verso del poema de LN F.G. Cod. 3072 es el verso 13
                   del poema de VCC 24-125

80. *Leandro en amoroso fuego ardía.*
1562   Montemayor, *Cancionero*, 122v
1570   *Romance de Leandro compuesto por Juan de Boraualis Mayayo*
                   (*Pliegos de Cracovia*, núm. 22)
1580-1590   NH B 2486, 73v (*Cancionero sevillano* núm. 100)
Cossío, *Fábulas mitológicas*, págs. 151 y sigs.
Moya del Baño, *El tema de Hero.*

81. *Alegre estoy, carillo, grandemente.*
1590   MP 1580, 144v
1580   MP 1579, 183
1570-1580   TCLM 506, 319
1570-1580   RAV 1635, 78
XVI finales   PhUP 193, 57v

84. *Por qué no quieres, Juana, a quien te quiere.*
1584   MRAE 330, 69

85. *Yo soy aquel a quien a quien faltó ventura.*
1580   MP 961, 83 (*Poesías del Maestro León*, núm. 15)
1590   MP 1580, 177
1588   MP 1587, 112 (*Cancionero de poesías varias*, núm. 180)
1600   Parma 1506, 1

86. *Ay, Fortuna cruel, ay, ciego Amor.*
1576   Daza, *Libro de música*, 77v
1584   LG 681, 22v, con música de Navarro ("El cancionero musical",
                   núm. 27)
Íncipit de la poesía española, pág. 84.

87. *Ya los peñascos duros se enternecen.*
1585   PN Esp. 373, 186
1580-1600   MP 570, 232

89. *Por quién suspiras, carillo.*
1580-1590   NH B 2486, 294, con la glosa "É de verte gran dolor"
                   (*Cancionero sevillano*, núm. 650)

94. *Doncella, a Dios agradáis.*
  1576-1590 MRAH 9/5880 [es copia del ms. E-65], 356
  1580-1590 NH B 2486, 132v (*Cancionero sevillano*, núm. 183)
  Cancionero teatral, núms. 168, 197
  Ver nota al núm. 45.

95. *Agradáis al Rey del cielo.*
  1579-1590 MRAH 9/5880 [es copia del ms. E-65], 356, "Agradáis a Dios
         del cielo"
  1580-1590 NH B 2486, 132v (*Cancionero sevillano*, núm. 183)

97. *Vuestro amor, señora.*
  NH B 2486, 130v, *Otras al tono* [de] *"El tu amor, Juanica"*
  (*Cancionero sevillano*, núm. 180)
  "El tu amor, Juanica", se halla en:
  1580-1590 NH B 2486, 130v, tono para "Vuestro amor, Señora"
  1580-1590 NH B 2486, 131v, tono para "El tu amor, Señora"
  1590   MP 1580, 239v
  Cancionero tradicional, núm. 439.
  Corpus, núm. 495.

98. *Lindo es el donzel.*
  NH B 2486, 130v (*Cancionero sevillano*, núm. 180)

99. *Ya está vencido el perro moreno.*
  El segundo verso "que sienpre me dixo malo y no bueno" recuerda la canción
de Diego Moreno. Ver la nota al núm. 221.

103. *Es tan grande mi passión.*

"Riberas de Duero arriba".
  Dos versos del romance en "Es tan grande mi passión".
  1550   *Segunda parte de la Silua de varios romances*, 54v, y en la ed.
         de Zaragoza 1552 (*Silva de romances*, pág. 305)
  1573   Timoneda, *Rosa española*, 24 (*Rosa de romances, Rosa*
         española, 24)
  1588   Mendaño, *Segunda parte de la Sylua de varios romances*, 44v
         y en la ed. de Cadiz 1646 (*Silva de varios romances*, 44v)
  1590-1600 MN 22.783, 95v
  XVI   *Aquí comiençan dos romances* (*Pliegos poéticos de la*
         Biblioteca Nacional, IV, núm. 169; *NDic.* núm. 663)

XVI	*Romance que dize Riberas de Duero arriba…con su glosa hecha por Francisco de Argullo*, con la glosa "En la lid que es muy reñida" (*Pliegos poéticos de Praga*, II, núm. 73; *NDic.* núm. 31)
XVI	*Glosas de los romances de "O Belerma"*, con la glosa "La blancura de Guinea" (*Pliegos poéticos de la Biblioteca Nacional*, III, núm. 116; *NDic.* núm. 891)
XVI	*Glosa del romance que dize Riberas de Duero arriba…glosada agora nueuamente por Burguillos*, con la glosa "Andando el conde de Aranda" (The Hispanic Society; *NDic.* núm. 77)
XVI	*Aquí comiençan dos romances* (*Pliegos poéticos de la Biblioteca Nacional*, IV, núm. 169; *NDic.* núm. 663)
XVI	*Aquí se contienen tres romances* (*Pliegos poéticos de The British Library*, núm. 56; *NDic.* núm. 736)
XVI	*Cancionero de galanes*, con la glosa "Con muy crescida agonía" (*Cancionero de galanes*, 5; *Pliegos poéticos de la Biblioteca Nacional*, I, núm. 23; *NDic.* 750)
XVI	*Glosas de los romances de "O Belerma"…todas hechas en disparates*, con la glosa "La blancura de Guinea" (*Pliegos poéticos de la Biblioteca Nacional*, III, núm. 16; *NDic.* núm. 891)

Ensayo, I, núm. 146 y *Ensayo*, II, núm. 205.
"Un millar de cantares", núm. 485.

"Si amores me han de matar".

1498-1520	MP 1335, 116 (*Cancionero musical de Palacio*, núm. 466), sin glosar
1556	*Villancicos de diuersos autores*, 49v, con la glosa "Ahora que estoy penado" (*Cancionero de Uppsala*, núm. 51)
1562	Milán, *El cortesano*, 52v, sin glosar
1580	MP 1579, 12v, con la glosa "Ahora que me ha llegado" 250, con la glosa "Ahora que es acabado"
1580-1590	NH B 2486, 173v, con la glosa "Herido vengo de amores" (*Cancionero sevillano*, núm. 307)
1604-1607	FN VII-353, 207, con la glosa "Ya por cierta cosa sé"

Cancionero tradicional, núm. 54.
Corpus, núm. 618.
Íncipit de poesía española, págs. 282-283.
"Un millar de cantares", núm. 498.

"Triste estaua el padre Adán".
| 1519 | *Pronóstico o juyzio nueua y sutilísimamente sacado por el muy reuerendo padre Fray Diego de Torres* (*NDic.* núm. 589) |
| XVI | *Romances compuestos por Torres Naharro* (*Pliegos poéticos de la Biblioteca Nacional*, III, núm. 118 y *Cancionerillos góticos*, pág. 42; *NDic.* núm. 594) |

"Oyan todos mi dolor".
1498-1520	MP 1335, 250, con la glosa "Sepan que ando perdido" y 264, sólo las dos primeras palabras del verso 1 y con música de Gabriel (*La música en la Corte*, núms. 373 y 401). Según la nota de Romeu Figueras, "Lleva música de Mondejar y fue copiada tardíamente, aprovechando un blanco dejado en el folio"
1560	EP11.973, I: 98v, con la glosa "Sepan todos como peno" (*O cancioneiro*, núm. 60)
1550-1600	PBA 56, 33v (*Portugaliae musica*, pág. CLXXXI)
XVI	*Canción hecha por Luys del Castillo*, con la glosa "Es tal por quien son mis males" (*Pliegos poéticos de la Biblioteca Nacional*, I, núm. 24; *NDic.* núm. 113)

"Miraua de Campoviejo", 72v.
Dos versos del romance en "Es tan grande mi passión".
1550	*Cancionero de romances*, y en las eds. de Millis 1550, Amberes 1550, 1555, 1568, Lisboa 1581 (*Cancionero de romances*, pág. 307)
1550	*Segunda silva*, y en la ed. de Zaragoza 1552 (*Silva de romances*, pág. 321y *Romancero*, núm. 34))
1561	*Silva de varios romances*, 94v, y en las eds. de Barcelona 1578, 1582, 1587, 1602, 1611, 1612, 1622, 1635, 1636, 1645,1666, 1675, 1684, 1696, Zaragoza 1617, 1657, 1658, 1673 (*Silva de varios romances*, 94v)
1596	*Siete romances de diuersas hystorias* (Chapin Library; *NDic.* núm.1060)
XVI	*Glosa agora nueuamente compuesta a un romance antiguo*, con la glosa "En el nombre del señor" (*Pliegos poéticos de Praga*, I, núm. 32; *NDic.* núm. 880)
XIX	MN 3883, p. 145
XIX	MN 4073, f. 45
XIX	MN 4138, III: 152, *Romance que dizen*: "*Mirava de Campoviejo*"

DiStefano, "El rey que mira".

Ensayo, I, núm. 106 y *Ensayo*, II, núm. 157.

Marín Padilla, "Un texto arcaico".

Piacentini, "Romances en *Ensaladas*", núm. 82.

Tato, "El romance".

"Rebelóse mi cuydado", 72v. [Villancico en "Es tan grande mi passión"].

Está relacionado con "Estas noches atan largas / para mí, / no solían ser así" que se encuentra en:

1498-1520	MP 1335, 269 (*La música en la Corte*, núm. 410)
1556	*Villancicos de diuersos autores*, 20v (*Cancionero de Uppsala*, núm. 26)
1570	MP 617, 170, con la glosa de Burguillos "Las que otro tiempo pasaua" (*Cancionero de poesías varias*, núm. 186)

Cancionero tradicional, núm. 112

Corpus, núm. 585A

"Castellanos y leoneses", 72v.

Dos versos del romance en "Es tan grande mi passión".

XV	NH B 872, [13v, sin foliar] Dutton-Faulhaber ("The 'Lost' Barrante," pág. 196), con el comentario: "It is not clear that the following *romance* forms part of the Barrantes *cancionero*".
s.a.	*Cancionero de romances*, 161, y en las eds. de Millis 1550, Amberes 1550, 1555, 1568, Lisboa 1581 (*Cancionero de romances*, pág. 227)
1552	*Silva de varios romances*, 77, *Romance del rey don Sancho Ordóñez* (*Silva de romances*, pág. 151)
1572	*Síguense ocho romances* (*Pliegos poéticos de Cataluña*, núm. 41; *NDic.* núm. 1068)
XVI	*Maldiciones de Salaya*, (*Pliegos poéticos de la Biblioteca Nacional*, I, núm. 12; *NDic.* núm. 504)
XIX	MN 4138, II: 94, *Romance del rey don Sancho Ordóñez*

Ensayo I, núm. 26 y *Ensayo*, III, núm. 44.

Piacentini, "Romances en *Ensaladas*, núm. 63.

Romancero, núm. 23.

"Las tristes lágrimas mías.

Ver nota al núm. 55.

"Por Guadalquiuir arriba" 72v.

Dos versos del romance en "Es tan grande mi passión".

1572	*Síguense ocho romances viejos* (*Pliegos poéticos de Cataluña*, núm. 41; *NDic.* núm. 1068)

XVI	*Maldiciones de Salaya* (*Pliegos poéticos de la Biblioteca Nacional*, I, núm. 12; *NDic.* núm. 504)
XIX	MN 3883, 57
XIX	MN 4073, f. 14
XIX	MN 4138, II: 147, *Romance de Abenámar*

Ensayo, I, núm. 128.

"Las tristezas no me espantan", 72v.

1535-1540   [*Cancionero recopilado por Velázquez Dávila*], sin foliar, con la glosa "Cómo nacida me sea" (*Cancionero gótico de Velázquez de Ávila*, pág. 47 y *Pliegos poéticos de la Biblioteca Nacional*, V, núm. 180; *NDic.* núm. 629)

Íncipit de poesía española, pág. 187.

114. *A su aluedrío y sin orden alguna / lleua Adán con duëlo su ganado.*

1580-1590   NH B 2486, 152 (*Cancionero sevillano*, núm. 253)

Ver nota al núm. 22 para las fuentes en otra versión.

115. *Enfádame vna dama tan golosa.*

Ver nota al núm. 40 para las fuentes de otros *enfados*.

117. *De sus pastoras dos ya desterrado.*

1590   MP 1580, 31v, *Quatro octauas al conde de Alua partiéndose de caça y dejaua vna dama a quien quería con todas veras, y era della desdeñado, quiriéndole otra, y siendo poca agradada su voluntad por tenella el conde en la primera.*

118. *Aquel cauallero, madre.*

1561   *Silva de varios romances*, 180, "Madre, por ell cauallero" de tres estrofas, sólo coincide la primera estrofa de la glosa con la versión de LN F.G. Cod. 3072, y en las eds. de Zaragoza 1617, 1657, 1658, 1673 (*Silva de varios romances*, 180)

1562   *Flor de enamorados*, 26v, "Madre, por aquel caballero", de tres estrofas, sólo coincide la primera estrofa de la glosa con la versión de LN F.G. Cod. 3072 (*Cancionero llamado Flor de enamorados*, 26v)

Para otras letras que comienzan "Aquel caballero, madre":

1498-1520   MP 1335, 227v (*La música en la Corte*, núm. 329)

Cancionero tradicional, núms. 101, 124, 222.

Corpus, núms 281-284.

El cancionero del XV, núms. 0835, 3839, 3847.

120. *Quán libres alcé mis ojos.*
1561   *Silva de varios romances,* 179v, con la glosa "Alcélos por os
                mirar" y en las eds. de Zaragoza 1617, 1657, 1658, 1673 (*Silva
                de varios romances,* 179v)
1562   *Flor de enamorados,* 25v, con la glosa "Alcélos por os mirar",
                y en las eds. de 1601, 1608, 1612, 1626, 1645, 1681 (*Cancione-
                ro llamado Flor de enamorados,* 25v)
1580-1590   NH B 2486, 203v, con la glosa "Alcélos por os mirar"
                (*Cancionero sevillano,* núm. 402)
Cancionero de Sebastián de Horozco, núm. 128, con la glosa "Libre estaba a
la sazón" (*El Cancionero de Sebastián,* núm. 128)
Cancionero tradicional, núm. 316

122. *Ya no me porné guirnalda.*
1580   PN Esp. 307, 284v, con glosa de tres estrofas "Pues se parten
                mis amores"
1587-1590   MN 22.028, 236, con la glosa de seis estrofas "Ya no me pondré
                jazmines" (*Poesías de Fray Melchor de la Serna,* núm. 235)
1595   MP 996, 120v, "Cómo cojeré yo berbena" como parte de la
                ensalada "Quien madruga, Dios le ayuda", y con la copla
                "Como cogeré yo claueles" (*Romancero de Palacio,* núm. 73)
1597   *Flor novena.* Madrid, 44, y en la ed. de Alcalá 1600, "Que no
                cogeré yo beruena" como parte de la *ensalada* "Quien madruga,
                Dios le ayuda", y con la copla "Que no cogeré yo claueles"
1597   *Quinto quaderno de varios romances* (*Pliegos poéticos de
                Múnich,* núm. 14, pág. 191; *Las series valencianas,* núm. 79,
                pág. 188; *NDic.* núm. 1149), "Que no cogeré yo berbena" como
                parte de una *ensaladilla* que empieza "Antona, Juana y Belisa"
1600   MN 3913, 50, "Que no cogeré yo berbena" como parte de la
                ensalada "Quien madruga, Dios le ayuda" y la copla "Que no
                cogeré yo claueles"
1600   *Romancero general,* 327v, y en la ed. de 1602, "Que no cogeré
                yo beruena" como parte de la *ensalada* "Quien madruga, Dios
                le ayuda", y con la copla "Que no cogeré yo claueles"
1625   *Danza de galanes,* con la glosa de dos estrofas "Ya no me porné
                jazmines" (Diego de Vera, *Cancionero llamado Danza de
                galanes,* pág. 67)
s.a.   S.R.6.12 (13). *Tercero quaderno de varios romances.* (*Pliegos
                poéticos de Pisa,* núm. 13, pág. 194; *NDic,* núm.1130), "Que
                no cogeré yo berbena" como parte de la *ensalada* "Quien
                madruga, Dios le ayuda"
Cancionero español, núm. 754.

Cancionero teatral, núm. 106.
Cancionero tradicional, núm. 610.
Corpus, núm. 522 A y B.

123. *Pues se parten mis amores.*
1580	PN Esp. 307, 284v
1587-1590	MN 22.028, 236v, comparte la estrofa "Pues se parten mis amores" con la glosa de LN F. G. Cod. 3072 (*Poesías de Fray Melchor de la Serna*, núm. 236)

125. *O, contento, dónde estás.*
Con las variantes en el primer verso "Contentamiento" o "Di, contento" se halla en:
1570-1580	RAV 1635, 45v
1575-1585	MN 17.689, 103
1582	*Romancero historiado*, 204 (*Romancero historiado*, pág. 201)
1585	MP 531, 23 *Letra del duque de Sesa* (*Cartapacio de Francisco Morán*, núm. 135)
1590	MP 1580, 118, 201v
1590-1600	MRAE RM 6226, 240, *El desengaño del vano contentamiento*
1595	MN 4072, 44v
1620	MN 3915, 55v
1650	NH B 2509 *Evente de Aganipe. Rimas varias de Manuel de Faria i Sovsa*, 44
1662	MN 17.951, 162v
1666	MN 3992, Cancionero recopilado por don Manuel de Faria, 97, *Attribúyese la glosa al rey don Philippe II* (*The Cancioneiro de Manuel Faria*, núm. 132)
XVII	MN 4152, 96, *Atribúyesse al rey Phelipe 2º de España la glossa*
XVII	MRAE RM 6227, 221

Cancionero teatral, núm. 155 y Apéndice B *Autos*, núm. 58.

126. *Lo que se dexa entender.*
1590-1600	MRAE RM 6226, 240, *Glosa del rey Felipe II*
1662	MN 17.951, 162v, *Glosa del contento*, y al lado "Versión de Felipe II. G."
1666	MN 3992, 97, "Lo que se deue entender"
XVII	MN 4152, 96, "Lo que se deue entender"
XVII	MRAE RM 6227, 221

127. *Si de mi baxo estilo.*
Contrahecho de "Si de mi baja lira", de Garcilaso, que se halla en:
1543   *Obras de Boscán*, 177v
1580   PN Esp. 307, 39v
XVI   FN Magl. XXXV-319 (Medicea Palatina), 7v, de una estrofa
                con música
Íncipit de poesía española, pág. 283.
"Un millar de cantares", núm. 519.

128. *Madre, al amor quiérole.*
1528   Caietein, *Second livre d'airs chansons*, 18v
1553-1578   EP CXIV/1-17, 18v, con la glosa "Dicen que es cruel" (*The
                Cancioneiro de Évora*, núm. 49)
1580-1590   NH B-2486, 92 (*Cancionero sevillano*, núm. 156), vuelto a
                lo divino "Tal niño y pastor, / quiérole y ámole, / y ámole y
                quiérole por señor"
1585   PN Esp. 373, 230, con la glosa "Dicen que es ciego"
Cancionero tradicional, núm. 447.
Corpus, núm. 47.

129. *Dizen que es ciego.*
1553-1578   EP CXIV/1-17, (*The Cancioneiro de Évora*, núm. 49), con las
                primeras dos estrofas trastocadas con respecto a la versión de
                LN F.G. Cod. 3072.
1585   PN Esp. 373, 230v, pero con otro orden estrófico con respecto
                a la versión de LN F.G. Cod. 3072

132. *Falsa me es la espigaderuela.*
1528   Caietain, *Second livre d'airs chansons*, 19v
Cancionero tradicional, núm. 927.
Corpus núm. 640.
"Un millar de cantares", núm. 224.
Se cita el segundo verso de "Las tristes lágrimas mías". Para las fuentes de esta canción, ver nota al núm. 55.

133. *Una dama desta tierra.*
1528   Caietan, *Second livre d'airs chansons*, 19v
Corpus núm. 640.

134. *Si mal me quisiera Menga.*
1580   PN Esp. 307, 315
XVII   PN Esp. 314, 173v, solo el segundo verso "eso le convenga".

135. *Si Menga me quiere mal.*
1580	PN Esp. 307, 315v
XVII	PN Esp. 314, 173v

136. *Cómo te va, di, carillo.*
1560	EP 11.973, II: 36 (*O cancioneiro musical*, núm. 35)
1580-1600	MP 570, 127
1590	MP 1580, 175

137. *Las burlas y niñerías.*
1590	MP 1580, 175-175v, con el orden de las estrofas trastocado con respecto a la versión de LN F.G. Cod. 3072

138. *Pasquala le dize a Gil.*
1587-1590	MN 22.028, 281, con la glosa "Tanto a Xil quiere Pascuala", cuya primera estrofa coincide, con variantes sustanciales, con la glosa de LN F.G. Cod. 3072 (*Poesías de Fray Melchor de la Serna*, núm. 300)

140. *Afuera, consejos banos.*
1553-1578	EP CXIV/1-17, 36, parte de la primera estrofa de una glosa a "Quitaos allá, desengaños" (*The Cancioneiro de Évora*, núm. 76)
1565	Villegas, *Inventario* (*Inventario*, I, pág. 112), parte de la primera estrofa de una glosa de "Quitaos allá, desengaños"
1565-1580	PN Esp. 371, 38, parte de la primera estrofa de una glosa de "Quitaos allá, desengaños"
1570	OA 189, 320v, parte de la primera estrofa de una glosa de "Quitaos allá, desengaños"
1570-1580	RAV 1635, 18, con la glosa "Ha querido mi ventura," 73v, con la glosa "Para qué me perseguís"
1570-1580	TC-LM 506, 348, parte de la primera estrofa de una glosa de "Quitaos allá, desengaños"
1573	Timoneda, *Guisadillo*, 10, parte de la primera estrofa de una glosa de "Quitaos allá, desengaños" (*Cancioneros llamados...*, *Guisadillo*, 10)
1575	WHA 75.1, 37, parte de la primera estrofa de una glosa de "Quitaos allá, desengaños"
1578	*FRG,* pág. 256, con la glosa "Consejos de mi memoria"
1580	PN Esp. 307, 269, con la glosa "Cuidados, por qué no os vais"

1580	MP 961, 107v, se citan los primeros dos versos como estribillo a otra composición que comienza "Debajo de un blanco velo" (*Poesías del Maestro León*, núm. 86)
1580	Padilla, *Thesoro*, 363v, *Glosa propia*, "Ha querido mi ventura"
1580-1590	NH B 2486, 259v, con la glosa "No vengáis a matarme" (*Cancionero sevillano*, núm. 549)
1582	MN 3924, 46v, con la glosa "Consejos de mi memoria" (*Cancionero de Pedro de Rojas*, núm. 56)
1582	Romero de Cepeda, *Obras*, 130, con la glosa "En medio de un verde prado"
1585	MP 531, 34v, con la glosa "Después poco más de una hora" (*Cartapacio de Francisco Morán*, núm. 176)
1586	MP 973, 201, con la glosa "Ha querido mi ventura" de Padilla
1584	MRAE 330, 143v, con la glosa "Consejos de mi memoria"
1587-1590	MN 22.028, 284, con la glosa "Consejos de mi memoria" (*Poesías de Fray Melchor de la Serna*, núm. 304)
1588	MP 1587, 71, con la glosa "Ha querido mi ventura" (*Cancionero de poesías varias*, núm. 105)
1589	RaC 263, 46v, con la glosa "De contino os serviré" 78, parte de la primera estrofa de una glosa de "Quitaos allá, desengaños"
1590	MP 1580, 188v, con la glosa "Consejos de mi memoria"
XVI	*Aquí se contienen muchas octauas*, con la glosa "Damas, si queréys que os ame" (*Las series valencianas*, núm. 186 y *Pliegos poéticos de Múnich*, núm. 37; *NDic*, núm. 722)
XVI	LN T4-59 6384, 219v, hay una larga composición de 30 estrofas, "Del pensamiento cansado", que glosa la versión de "Afuera, consejos vanos" que es glosa de "Quitaos allá, desengaños" (*Poesías ineditas de Andrade Caminha*, núm. 455)
1600-1610	EP CXIV/ 2-2, 141, parte de la primera estrofa de una glosa de "Quitaos allá, desengaños" (*Cancioneiro de corte*, núm. 76)
1620	MN 3915, 217, con la glosa "Ha querido mi ventura"
XVII	BUB 1649, 131v, con la glosa "Ha querido mi ventura"
XVII	LN F.G. Cod. 8920, 23, *Do duque de Sesa a este vello e alheo*, parte de la primera estrofa de una glosa de "Quitaos allá, desengaños"
XVII	PN Esp. 314, 215v, composición de 29 estrofas "Al que está con gran pasión", que glosa la glosa de "Quitaos allá, desengaños" con el primer verso "Afuera, consejos vanos"

Cancionero teatral, núms. 136, 178.

J. I. Díez Fernández, en *Diego Hurtado de Mendoza*, núm. CCV, publica un poema que se sirve de esta canción para los primeros cinco versos de una glosa del poema "Quitaos allá, desengaños". Este poema se halla en: TC-LM 506, 348; PN Esp. 307, 269v; PN Esp. 371, 38; OA 189, 320v; RaC 263, 78, *Inventario*, Guisadillo *de amor*, 10.

141. *Ha querido mi ventura.*

1570-1580	RAV 1635, 18
1580	Padilla, *Thesoro*, 363v
1586	MP 973, 201
1588	MP 1587, 71 (*Cancionero de poesías varias*, núm. 106)
1620	MP 3915, 217

142. *La dama que no es briosa.*

1604-1607	FN VII-353, 49, , con el orden de las estrofas trastocado y una estrofa más

143. *Llamáuale la donzella al vil.*

La versión de LN F.G. Cod. 3072 combina estrofas de la glosa de Alcaudete, "Llamáualo, di, perdido" con la glosa "Asomada a vna ventana". La glosa de Alcaudete se halla en:

1535-1539?	*Glosa sobre el romance que dizen Tres cortes armara el rey...nueuamente compuesta por Alonso de Alcaudete*, con las coplas (*Pliegos poéticos de Morbecq*, núm. 7; *La dama y el pastor*, págs. 64; *NDic* núm 11)
ca. 1550	*Glosa sobre el romance que dizen Tres cortes armara el rey...nueuamente compuesta por Alonso de Alcaudete* (*Pliegos poéticos de la Biblioteca Nacional*, II, núm. 73; *NDic* núm 12)
1560-1570?	*Glosa sobre el romance que dizen Tres cortes armara el rey...nueuamente compuesta por Alonso de Alcaudete* (*Pliegos poéticos de Praga*, II, núm. 78; *NDic.* núm. 10)
ca. 1565	*Romance de los condes de Carrión* (*Pliegos poéticos de Praga*, I, núm. 4; *NDic.* núm. 1034)
1573	*Romance de la hermosa Xarifa y Abindarráez* (*Pliegos poéticos de Cracovia*, núm. 13; *NDic.* núm. 1010)
1580	*Glossa sobre el romance que dizen Tres cortes armara el rey...nueuamente compuesta por Alonso de Alcaudete* (*Pliegos poéticos de la Biblioteca Nacional*, II, núm. 62; *NDic.* Núm 9)
XVI	*Síguense dos glosas...hechas agora nueuamente por Alonso de Alcaudete*, sin localizar (*NDic.* núm. 15)

"Asomada a vna ventana" se halla:

ca. 1530   *Coplas de vna dama y vn pastor* (*Pliegos poéticos de The British Library*, núm 64; *NDic*. núm. 795)

XVI   *Coplas de vna dama y vn pastor* (*Pliegos poéticos de la Biblioteca Nacional*, I, núm. 27; *La dama y el pastor*, pág. 66; *NDic*. núm. 796)

XIX   MN 3721, 134, *Coplas de una dama y un pastor que dice "Llamábale la doncella...nueuamente compuestas*

Como indica Askins en su descripción del pliego de la British Library, núm. 64, "las coplas *Llamáuale la donzella*, popularísimas en la primera mitad del siglo, se rastrean a menudo en el *Diccionario* (solas, con varias otras glosas profanas o a lo divino)", *Pliegos poéticos de The British Library*, I, pág. 147. Ver los núms 703, 887, 1034 y 1108 del *Nuevo diccionario*. También figura en *Segunda parte del Cancionero general*, pág. 137 (*Segunda parte*, pág 253). Ver también *Cancionero tradicional*, núm. 237 y *Corpus*, núm. 1634, para otras fuentes, menciones correspondencias y supervivencias.

145. *La bella mal maridada.*
Ver nota al núm. 33.

146. *Quando nos quiso mostrar.*
1555   MP 1577 (I), 109, faltan los versos 31-40
1575-1585   MN 17.689, 74
1585   PN Esp. 373, 84

147. *Todo es poco lo possible.*
Ver nota al núm. 7.

149. *A, Muerte, vida mía. Quién me llama.*
1580   MP 1579, 182v
1580-1590   NH B 2486, 76 (*Cancionero sevillano*, núm. 111)
1585   MP 531, 190v (*Cartapacio de Francisco Morán*, núm. 769)
1570   MP 617, 293, *Soneto a la muerte, de Scobar* (*Cancionero de poesías varias*, núm. 454)
1570-1580   TCLM 506, 368v, *Soneto del licenciado Escobar*
1585   PN Esp. 373, 207v
XVII   MRAE RM 6723, 276

150. *Qué cosa son los celos. Mal rrabioso.*
1570-1580   RAV 1635, 40
1577   MN 2973, 354-355 (*Flores de baria poesía*, núm. 312), con atribución al licenciado Dueñas
1582   MP 2803, 219 (*Cancionero de poesías varias*, núm. 152)

1585	MP 531, 117 (*Cartapacio de Francisco Morán*, núm. 579)
XVII	MN 4117, 89

151. *Aquí jaze sepultada*, 90v.

1574	Santa Cruz de Dueñas, *Floresta española* (*Floresta*, XI, 3, núm. 923)
1580-1590	NH B 2486, 222 y 223 (*Cancionero sevillano*, núms. 441 y 444)
1585	PN Esp. 373, 294
1593	MP 1581, 52
1595	MN 4072, 87

152. *Gran lástima traigo, Juan.*

1570	OA 189, 325
1580-1590	NH B 2486, 246 (*Cancionero sevillano*, núm. 516)
1580	PN Esp. 307, 305

153. *De cansado no se muebe.*

1570	OA 189, 325, con el orden estrófico trastocado respecto a la versión de LN F.G. Cod. 3072, y una estrofa más
1580-1590	NH B 2486, 246, con el orden estrófico trastocado respecto a la versión de LN F.G. Cod. 3072 (*Cancionero sevillano*, núm. 516)
1580	PN Esp. 307, 305, con el orden estrófico trastocado respecto a la versión de LN F.G. Cod. 3072, y una estrofa mas

155. *O, contento, dónde estás.*
Ver nota al poema 125.

156. *Lo que se dexa entender.*
Ver nota al poema 126.

158. *Aunque más y más dirán.*

1576-1590	MRAH 9/5880 [es copia del ms. E-65], 156, versión a lo divino "Cuanto más y más dirán".

159. *Mi coraçón fatigado.*

1539	MN 17.969, 170
1543	*Las obras de Boscán*, 4v (*Juan Boscán. Obra completa*, núm. 11)
XVI	LN 11.353, 75

Íncipit de la poesía española, pág. 200

160. *Falsa me es la espigaderuela.*
    Ver nota al poema 133.

161. *Vna dama desta tierra.*
    Ver nota al poema 133.

165. *Del aposento de Amón / la hermosa Tamar salía.*
    En *Bibliografía de la Poesía Áurea* hemos documentado 10 poemas que tratan el tema de los amores de Amnón por Tamar, su hermana, pero este fragmento del romance en que Tamar pide venganza y es oída por Absalón, parece ser exclusivo del LN F.G. Cod. 3072. Díaz-Mas, *Romancero*, núm. 96, publicó otro romance sobre Tamar y Amnón de la tradición oral procedente de Málaga, también publicado por M. Alvar, *El romancero*, pág. 315. En las págs. 163-245, Alvar estudió la reelaboración del motivo bíblico en la tradición oral moderna, dando noticia de otro romance antiguo recogido en NH B 2486, 57v (*Cancionero sevillano*, núm. 59), que empieza "Vn hijo, mi amor, que á avido / de David, Amón llamado". En las págs. 311-318 publicó las versiones orales, aunque no tuvo noticia del romance en LN F.G. Cod. 3072. Tampoco utilizó este códice Manuel Gutiérrez Estévez para su tesis *El incesto en el romancero popular hispánico*, Universidad Complutense, Madrid, 1981; en las págs. 609-809, tomo 3, ha editado un corpus de versiones orales del romance de Tamar. Armistead y Silverman, *En torno al romancero sefardí*, pág. 98, publicaron el texto del romance "Vn hijo del rey Dauid / namoróse de su hermana" procedente de las dos ediciones de Sepúlveda, *Romances nvevamente sacados de hystorias antiguas.*

166. *Triste estaua el cauallero / triste está y sin alegría.*

1511	*Cancionero general*, 135v, *Otro romance viejo acabado por don Alonso de Cardona desde donde dize "con lágrimas y sospiros"* y en las eds. de Valencia 1514, Toledo 1517, 1520, 1527, Sevilla 1535, 1540, Amberes 1557, 1573
s.a.	*Cancionero de romances*, 236, *Otro romance viejo acabado por don Alonso de Cardona desque donde dize "con lágrimas y sospiros"* y en las eds. de Millis 1550, Amberes 1550, 1555, 1568, Lisboa 1581 (*Cancionero de romances*, pág. 289)
1550	*Primera parte de la Silua de varios romances*, 160, *Otro romance viejo acabado por don Alonso de Cardona desde donde dize "con lágrimas y sospiros"* (*Silva de romances*, pág. 218)
1550	*Silva de varios romances*, 150, *Romance viejo acabado por don Alonso de Cardona desde donde dize "con lágrimas y sospiros"*, y en la ed. de Barcelona 1552

Hay otro romance "acabado por Quirós" que comienza "Triste estaua el cauallero / triste y sin alegría", pero continúa de otra manera. Se halla en las siguientes fuentes:

1511	*Cancionero general*, 138v, *Otro romance acabado por Quirós desde donde dize "mi vida quiero hazer"* y en las eds. de Valencia 1514, Toledo 1517, 1520, 1527, Sevilla 1535, 1540, Amberes 1557, 1573
s.a.	*Cancionero de romances*, 242, *Romance añadido por Quirós desde donde dize "que es de ti, señora mía"* y en las eds. de Millis 1550, Amberes 1550, 1555, 1568, Lisboa 1581 (*Cancionero de romances*, pág. 294)
1550	*Primera parte de la Silua de varios romances*, 166v, *Romance añadido por Quirós desde donde dize "que es de ti, señora mía"* (*Silva de romances*, pág. 223)
1550	*Silva de varios romances*, 158v, *Romance añadido por Quirós desde donde dize "que es de ti, señora mía"* y en la ed. de Barcelona 1552

167. *Credo que me ahorca amor.*
Se citan los versos "Dizen: Esta es la justicia / que manda el amor hacer / al que le sobró codicia / para amar y bien querer".
"Esta es la justicia / que mandan hacer / al que por amores / se quiso perder".

1575-1585	MN 17.689, 80v, con la glosa "Yo bien os quiero"
1582-1600	MN 3168, 33, con la glosa de Hurtado de Mendoza ""Engañó al mezquino" (*Cancionero del Bachiller*, núm. 122)
XVI finales	BUC 75/116, 118v con la glosa de Hurtado de Mendoza "Engañó al mezquino"
XVI finales	MP 2805, 65, con la glosa de Hurtado de Mendoza "Engañó al mezquino"

Diego Hurtado de Mendoza. Poesía completa, núm. 87

"Esta es la justicia / que el señor Pesquisidor / manda hazer en el amor".
| 1604-1607 | FN VIII-353, 137v |

170. *Mucho me aprieta el deseo.*
| 1585 | MP 531, 109v, con las variantes "Nada me aprieta el deseo, / ni lo que voy deseando / tiene bueno el cómo y quándo", *Esta letra y esta glosa envió un galán a una dama por çierto disfavor que le* dio, con la *Glosa de M.* "Con tales ojos miré" y 109v, *Respuesta de la dama a la misma letra. Glosa* "Diçen con mucha verdad" (*Cartapacio de Francisco Morán*, núms. 542, 543, 544) |
| 1590 | MP 1580, 33, con la glosa "Mucho me aprieta por que", 252, con la glosa "Mucho me aprieta el porqué" |

1590-1600   MRAE RM 6226, 465v, *Letra*, con la glosa de cuatro estrofas
                   "En tu apetito se enciende"

171. *Mucho me aprieta por que*
1590   MP 1580, 33, falto de la tercera estrofa, y 252, falto de la tercera
                   estrofa

172. *Niña por quien yo suspiro.*
Ver nota al núm. 43.

173. *Mi contento es sólo veros.*
Comparte la estrofa "Júntanse para matarme" con la glosa "Niña, si me mata
veros", núm. 63.
XVII   PN Esp. 314, 211v

174. *El dolor que me destierra.*
1580-1590   NH B 2486, 227v, con la glosa "Cómo vivirá el cuitado"
                   (*Cancionero sevillano*, núm. 461)
1582   MN 3924, 37v, con la glosa "Cómo vivirá el cuitado"
                   (*Cancionero de Pedro de Rojas*, núm. 36)
1589   RaC 263, 148, con la glosa "Cómo vivirá un cuidado"
XVIII   MN 8583, 53v
Cancionero tradicional, núm. 478.
"Un millar de cantares", núm. 188.

175. *Cómo bibirá el cuytado.*
1580-1590   NH B 2486, 227v (*Cancionero sevillano*, núm.461)
1582   MN 3924, 37v (*Cancionero de Pedro de Rojas*, núm. 36)
1589   RaC 263, 148

177. *Vide a Juana estar labando.*
1570   MP 617, 294v, con la glosa de Burguillos "Andando con el
                   calor" (*Cancionero de poesías varias*, núm. 459)
1570-1580   RAV 1635, 49v, con la glosa "En un lugar sonoroso"
1573   Timoneda, *Guisadillo*, 6v, con la glosa "En un lugar sonoroso"
                   (*Cancioneros llamados…*, *Guisadillo*, 6v; *NDic.* núm. 566)
1575   MN 3806, 127v, con la glosa de "Al pie de un escabroso
                   monte", 129, con la glosa "En un valle deleitoso"
1578   *FRG*, pág. 175, con la glosa "En un lugar sonoroso"
1580-1590   NH B 2486, 254v, con la glosa "En un lugar sonoroso"
                   (*Cancionero sevillano*, núm. 542)

1582	MN 3924, 38, con la glosa "En un lugar sonoroso" (*Cancionero de Pedro de Rojas*, núm. 37)
1582	MP 2803, 217v, con la glosa de Burguillos "Andando con el calor" (*Cancionero de poesías varias*, núm. 148)
1585	MP 531, 35, con la glosa "En un valle deleitoso" (*Cartapacio de Francisco Morán*, núm. 178)
1585	PN Esp. 372, 66, con la glosa de Burguillos "Andando con el calor"
1585	PN Esp. 373, 5v, con la glosa de Burguillos "Andando con el calor"
1584	MRAE 330, 57v, con la glosa de Burguillos "Al pie de un monte escabroso"
1587-1590	MN 22.028, 241, con la glosa de Burguillos "Andando con el calor", 242, "En un lugar sonoroso" (*Poesías de Fray Melchor de la Serna*, núms. 242, 244)
1590	MP 1580, 20v, con la glosa de Burguillos "Andando con el calor", 198v, con la *Glosa alegre* "En un lugar sonoroso", 198v, con *Otra glosa triste*, "Al pie de un monte escabroso"
1592	PMBM 23/4/1, 62v, con la glosa, atribuida a Juan de Vergara, "En un lugar sonoroso"
1620	MN 3915, 217v, con la glosa "Al pie de un monte escabroso"

Cancionero teatral, núm. 166.
Cancionero tradicional, núm. 476.
Corpus y *Suplemento*, núm. 91.

178. *Al pie de un monte escabroso.*

1575	MN 3806, 127v
1584	MRAE 330, 57v
1590	MP 1580, 198v, *Otra glosa triste a la misma canción*
1620	MN 3915, 217v

180. *O, quán diferentes son.*
La versión aquí manuscrita es más larga que la de las fuentes impresas, ambas iguales.

1593	*Flor sexta*, 410, y en las eds. de Toledo 1594, Alcalá 1595, 1597 (*Fuentes del Romancero general*, VII)
1600	*Romancero general*, 206 y en la ed. de 1602.

182. *Quán lexos está vn nescio dentenderse.*

1582	Silvestre, *Obras*, II:302
ca. 1592	*Aquí se contienen muchas.* (*Las series* valencianas, núm. 206; *Pliegos poéticos españoles de Múnich*, núm. 37; *NDic.* núm. 722)

XVII	MN 3797, 23, *Soneto del maestro Siluestre*
XVII	MRAE RM 6212, 16
XVII	MRAE RM 6633, 342

185. *Albricias, hombre mortal.*

Incluye: "El melón y el casamiento", "Si mi padre no me casa", "Quien se casa por amores", "Salga la verdad" y "Sea bienvenido, / bienvenido sea", que anotamos a continuación:

"El melón y el casamiento", 99.

| XVI | *Coplas nueuamente hechas de vna gitana,* "El melón y la muger" (*Pliegos poéticos de la Biblioteca Nacional,* IV, núm. 163; *NDic,* núm. 821) |

"Si mi padre no me casa", 99.

1571	*Compendio de nuevos chistes,* con la glosa "Por medio de mi costado" (*Pliegos poéticos...Cracovia,* pág. 132; *NDic.* núm. 199)
1573	Timoneda, *El Truhanesco,* 10, con la glosa "Piénsase que m'é de estar" (*Cancioneros llamados...El Truhanesco,* 10; *NDic.* núm. 563)
1580-1590	NH B 2486, 196v con la glosa que empieza "Déxame siempre encerrada" y que comparte las estrofas 1, 3 y 8 con la de *El truhanesco,* pero con otro orden (*Cancionero sevillano,* núm. 380)
1600	*Romancero general,* 357v, el primer verso se cita en "Pastorcilla de la sierra"

Cancionero español, núm. 533.
Corpus, núm. 206.

"Dios y hombre y hombre y Dios / para en vno son los dos".

Pareado, contrahecho a lo divino de "La zagala y el garzón / para en uno son", en: "Albricias, hombre mortal"

| 1580 | Padilla, *Thesoro,* 359v, citado en la *Boda pastoril* "El diablo sois vos que no zorra", con la glosa "La zagala del vecino" |
| 1580-1590 | NH B 2486, 176, con la glosa a lo divino "Nuestro Dios quiere casar" (*Cancionero sevillano,* núm. 303) |

Cancionero español, núm. 560.
Cancionero tradicional, núm. 455.
Corpus, núms. 1413 A.

En el *Corpus,* núms. 1412-1416, se recogen otros poemas en obras teatrales que utilizan "para en uno son".

Quien se casa por amores, 99v.
    Cancionero español, núm. 258.
    Corpus, núm. 737 A.

Salga la verdad.
    Canción en "Albricias, hombre mortal".

Virgen gloriosa.
    Canción en "Albricias, hombre mortal"

Sea bienvenido, / bienvenido sea.
    Canción en "Albricias, hombre mortal".
    Cancionero tradicional, núm. 362.
    Corpus, núm. 1298.

188. *Hermosíssima pastora.*

No se debe confundir este poema con otro de Lope que empieza igual y que se halla en *La Arcadia*, 1599, f. 256, y en MRAE 6213, 180v, de hacia 1615, "Hermosísima pastora / señora de mi albedrío".

193. *El conde de Benavente.*

Sólo se copiaron las primeras tres estrofas en que se glosan 6 versos del romance "Paseábase el rey moro". Los disparates se hallan en:

1552	*Segvnda parte del Cancionero general*, 55v, *Disparates de Grabiel de Sarauia: los quales van glosando el romance del rey moro* (*Segunda parte*, pág. 138), de 13 estrofas.
1570	*Aquí comiençan unos disparates compuestos por Gabriel de Sarauia* (*Pliegos de Cracovia*, núm. 23; *NDic.* núm. 538), de 13 estrofas.

DiStefano, "Los textos del *Romance del rey moro*", traza la historia textual del romance "Paseábase el rey moro" y de las dos versiones del *disparate* en las fuentes impresas del XVI.

Paseábase el rey moro

Se glosan los primeros 6 versos *en* "El conde de Benauente".
"Paseabase el rei moro por la ziudad de Granada,
cartas le fueron venidas que su Alfama era ganada,
las cartas echó en el fuego y al mensajero mataua."
Se halla el romance en:

s.a.	*Cancionero de romances*, 183v, y en las eds. Millis 1550, de Amberes 1550, 1555, 1568, Lisboa 1581 (*Cancionero de romances*, pág. 247 y *Romancero*, núm. 43)

1550	*Silva de romances*, 96, *Romance del rey moro que perpió* [sic] *Alhama*, y en la ed. de 1552 (*Silva de romances*, pág. 178)
1552	*Segvnda parte del Cancionero general*, 55v, en "El conde de Benauente", se glosan los primeros 26 versos del romance (*Segunda parte*, pág. 138)
1561	*Silva de varios romances*, 143, *Romance del rey moro que perdió Alhama* (*Silva de varios romances*, 143)
1662	MN R-22.671 *Comedia famosa de disparates del rey don Alfonso el de la mano horadada*, verso 398, se citan dos versos (*Comedia famosa... Ed. Carlos Mata Induráin, 1998, pág. 134)
1563	Sepúlveda, *Recopilación de romances*, 71v, *Romance del rey moro que perdió Alhama*, y las eds. de Granada 1563, ya con título *Cancionero de romances sacados de las crónicas antiguas...*Medina del Campo 1570, Alcalá 1571, Valladolid 1577, Sevilla 1584 (*Cancionero de romances*, pag 317)
1573	Timoneda, *Rosa española*, 58, *Romance de cómo se perdió Alhama* (*Rosa de romances*, *Rosa española*, 58)
1584	MRAE 330, 131v, se citan dos versos en una *ensalada* que empieza como un contrahecho de "Salgan las palabras mías"
1595	Pérez de Hita, *Historia de los vandos de los Zegríes y Abencerrages*, 252
XVI	*Romance nueuamente glosado por Pedro de Palma*, con la glosa "El que más en esta vida" (*Pliegos poéticos de Praga*, II, núm. 72; *NDic.* núm. 419)
XVI	*Glosas de los romances de "O, Belerma"...todas hechas disparates*, con la glosa "Sant Ginés de Cartagena" (*Pliegos poéticos de la Biblioteca Nacional*, III, núm. 116; *NDic.* núm. 891)
XIX	MN 3883, p. 62
XIX	MN 4073, f. 15v
XIX	MN 4138, II: 152, *Romance del rey moro que perdió Alhama*

Ensayo, I, núm. 123 y *Ensayo*, II, núm. 175.
Íncipit de poesía española, pág. 237.
MBCR, II, pág. 655.
"Un millar de cantares", núm. 388.

También vide yo vna angilla.

Disparates de Gabriel de Sarabia que comienzan "No teniendo qué hacer".

En LN F.G. Cod. 3072, sólo se copian 4 estrofas del *disparate*. Se citan los primeros dos versos de los siguientes romances: "Retraída esta la ynfanta", "Eneas, pues que te vas", "Passeáuase el rey moro" y 4 versos de "Quién tuuiesse tal ventura". Los *disparates* se encuentran en:

1550?	*Disbarates de Gabriel de Sarauia* (*Pliegos poéticos de The British Library*, núm. 44; *NDic*. núm. 541), de 30 estrofas y con otro orden con respecto al de los otros testimonios. Ver también las notas bibliográficas del profesor Askins para el núm. 44, págs. 115-117, y Piacentini, "Romances en *ensaladas*", pág. 1138.
1552	*Segunda parte del Cancionero general*, 58v (*Segunda parte* pág. 144), se termina en la estrofa 12.
1570	*Aquí comiençan unos disparates compuestos por Gabriel de Sarauia*, "No sabiendo qué hazer", *Otras del mismo autor glosando muchas maneras de romances* (*Pliegos de Cracovia*, núm. 23; *NDic*, núm. 538), de 23 estrofas y alterado orden estrófico con respecto al de los otros testimonios. Tres de las cuatro estrofas que se copiaron en LN F.G. Cod. 3072 corresponden a las últimas cuatro estrofas de la versión del pliego de Cracovia. La tercera estrofa de LN F.G. Cod. 3072 corresponde, con variantes, a la estrofa 13 de la versión del mismo pliego.

Retraída esta la ynfanta.
Dos versos del romance en "No teniendo qué hacer".

1515-20 *ca.*	*Romance del conde Alarcos* (*Pliegos poéticos de Oporto*, núm. 3; *NDic*. núm. 1016)
1520	*Comiença vn romance del conde Alarcos. Hecho por Pedro de Riaño* (*Pliegos poéticos de The British Library*, núm. 37; *NDic*. núm. 483)
s.a.	*Cancionero de romances*, 107v, y en las eds. de Millis 1550, Amberes 1550, 1555, 1568, Lisboa 1581 (*Cancionero de romances*, pág. 185)
1550	*Romance del conde Alarcos y dela infanta Solisa. Hecho por Pedro de Riaño* (*Pliegos poéticos de la Biblioteca Nacional*, II, núm. 72; *NDic*. núm. 485)
1550	*Segunda silva*, y en la ed. de Zaragoza 1552 (*Silva de romances*, pág. 396)
1555	*Síguese vn perqué de la passión de Christo*, "Retraída esta la infanta, / madre de Dios eternal" (*Pliegos poéticos de Portugal*, núm. 1), a lo divino
1561	*Silva de varios romances*, 87v, *Romance del conde Alarcos y de la infanta Solisa* y en las eds. de Barcelona 1578, 1581 (*Silva de varios romances*, 87v)

XVI				*Comiença vn romance del conde Alarcos hecho por Pedro de Riaño* (*Pliegos poéticos de The British Library*, núm. 37; *NDic.* 484)

XVI				*Comiença vn romance del conde de Alarcos hecho por Pedro de Riaño* (*Pliegos poéticos de Praga*, I, núm. 11; *NDic.* 485)

XVI				*Romance del conde Alarcos y de la infanta Solisa. Fecho por Pedro de Riaño* (Bibliothèque Nationale, París; *NDic.* núm. 486)

XVI				*Aquí se contienen tres romances* (*NDic.* núm. 735)

XVI				*Romance del conde Alarcos* (*Pliegos poéticos de The British Library*, núm. 89; *NDic.* núm. 1015)

XIX				MN 3725, 129

XIX				MN 4138, I: 179

Ensayo, I, núm. 144 y *Ensayo*, II, núm. 200.

Íncipit de poesía española, pág. 272.

Romancero, núm 72.

Tato, "'Retraida estava la reyna'".

Eneas, pues que te vas.

Dos versos del romance en "No teniendo qué hacer".

1515 *ca.*			*Después que los griegos destruyeron a Troya* (*Pliegos poéticos de The British Library*, núm. 72; *NDic.* núm 842)

1540 *ca.*			*Glosa del romance de don Tristan*, con la glosa "Ay, troyano, quién supiera", (*NDic*, núm. 883.5, sin localizar)

XVI				*Después que los griegos destruyeron a Troya* (*Pliegos poéticos de The British Library*, núm. 73; *NDic*, núm. 843)

XVI				*Después que los griegos destruyeron a Troya* (*Pliegos poéticos de la Biblioteca Nacional*, IV, núm. 143; *NDic.*, núm. 844)

XVI				*Didonis ad Eneais* (*Abecedarium*, núm. 12483; *NDic.*, núm. 841.5, desconocido)

XVI				*Las quexas que hizo la reyna Elisa* (*Pliegos poéticos de Lisboa*, núm. 7; *NDic.*, núm. 931)

XVI				*Romanze de la reyna Clena* [sic], con la glosa "Ay, troyano, quién supiera" (*Pliegos poéticos de Cataluña*, núm. 38; *NDic.* núm. 1011bis)

Quién huuiesse tal ventura.

Cuatro versos del romance en "No teniendo qué hacer".

s.a.				*Cancionero de romances*, 193, *Romance del conde Arnaldos*, y en las eds. de Millis 1550, Amberes 1550, 1555, 1568, Lisboa 1581 (*Cancionero de romances*, pág. 255 y *Romancero*, núm. 66)

. 1588	MP 1587, 107, se cita en "Ya desposan a Veleta" (*Cancionero de poesías varias*, núm. 176)
XVI	*Glosa agora nueuamente compuestaa vn romance muy antiguo…*, *Otro romance del infante Arnaldos* (*Pliegos poéticos de Praga*, I, núm. 32; *NDic*. núm. 880)
XIX	MN 3725, II: 5, *Del conde Arnaldos*
XIX	MN 4138, II: 176, *Romance del conde Arnaldos*

Ensayo, I, núm. 138 y *Ensayo*, II, núm. 195

Íncipit de poesía española, pág. 265

194. *Alegrías, alegrías.*

Se citan las siguientes canciones: "Olivar, olivar verde", "Floresicas, la mi madre", "Los ojos de la niña", "Bolaua el azor nueuo", "Que no son para vos, casada".

1590-1600	MRAE RM 6226, 308, faltan los folios pero el incipit figura en la tabla del manuscrito.

"Olivar, olivar verde", 103.

    Corpus, núm. 254.

"Los ojos de la niña".

1555	BC 2050, 71, se cita en "Vos habéis perdido el seso"
1590	MN 2621, 99, se cita en "En vos habéis perdido"

Cancionero español, núm. 328.

Corpus, núm. 437.

"Que no son para vos casada / mangas de seda y saya de grana".

    Contrahecho de "Mozuela de la saya de grana / sácame el caracol de la manga"

1582-1600	MN 3168, 37 con la glosa "Orilla del vado" (*Cancionero del Bachiller*, núm. 135).
1593	MP 1581, 117, con la glosa "Orilla del vado", con atribución a Góngora.
1604-1607	FN VII-353, 175, con la glosa "Orilla del vado".
1620	MN 3915, 68v, con la glosa "Orilla del vado"

Corpus, núm. 1716.

PESO, pág. 164.

En Jammes, *Luis de Góngora. Letrillas*, 1980, núm. 78, incluye el poema y rechaza la atribución a Góngora.

"Mandásteme saya de grana"

1620	MN 3915, 319v.

204. *Yo me leuantara vn lunes.*

En MP 1335, 226v (*La música en la Corte*, núm. 327), hay un villancico que ha quedado incompleto porque falta el folio cuya glosa empieza "Yo me levantara un lunes".

206. *Nadie no diga.*
1580-1590   NH B 2486, 244v (*Cancionero sevillano*, núm. 513)
Cancionero tradicional, núm. 462.
Corpus, núm. 1839.

207. *Ojuelos graciosos, / no me persigáis.*

Hay otro poema distinto al de LN F.G. Cod. 3072 que empieza con el mismo primer verso. Se halla en las siguientes fuentes:

1560   EPH 11.973, I: 99v, con la glosa "Ojos tan hermosos" (*O cancioneiro*, núm. 61)
1580   PN Esp. 307, 285, con la glosa "Ojuelos matadores"
1580-1590   NH B 2486, 185v, al tono de "Ojuelos graciosos" "Los santos gloriosos", 187v, al tono de "Ojuelos graciosos" "Virgen soberana, / oy avéis parido", 188 al tono de "Ojuelos graciosos" "Virgen soberana, / bien seáis parida", 201v, con la glosa "Ojos que matáis", 268, con la glosa "Prometéis favores" (*Cancionero sevillano*, núms. 349, 356, 357, 396, 570)
1583   Padilla, *Romancero*, 286, en la *ensalada* "Dezid, cómo puede ser"
1590   MP 1580, 40v
1603   L Belém 3391, 67, con la glosa "Ojos tan hermosos" (*Cancioneiro musical de Belém*, núm. 8)
1620   MN 3915, 319v, sin glosar

208. *Los ojos que de rrondón.*
1580-1590   NH B 2486, 229v, sin glosar 231, con la glosa "Es esperiencia vulgar" (*Cancionero sevillano*, núms. 467, 472)
1587-90   MN 22.028, 222, con la glosa "Es speriençia bulgar" (*Poesías de Fray Melchor de la Serna*, num. 208)
1604-1607   FN VII-353, 160, con la glosa "Es esperiencia vulgar"
XVI finales   MRAE RM 6634, 74, con la glosa de cuatro estrofas "Pues los ojos son postigos"

209. *Es cosa tan natural* ["Es experiencia vulgar].
1580-1590   NH B 2486, 231, de dos estrofas (*Cancionero sevillano*, núms. 472)

| 1587-90 | MN 22.028, 222, de dos estrofas (*Poesías de Fray Melchor de la Serna*, num.208) |
| 1604-1607 | FN VII-353, 160, de dos estrofas |

210. *Mire, que le digo.*

| 1584 | MRAE 330, 160 |
| 1620 | MN 3915, 69v |

211. *Desuíase, amigo.*

212. *Socorré con agua al fuego.*

1570-1580	RAV 1635, 128, con la glosa "Saliendo una noche obscura"
1576	*Ventura de gitana agora nueuamente compuesta con una cancion…y otros que dizen Socorred con agua al fuego* (*NDic.* núm. 1100, sin localizar)
1580	Padilla, *Thesoro*, 240v, "Mira el daño que hiciste"
1583	Padilla, *Romancero*, 287, "Decid, cómo puede ser"
1585	MP 531, 9, "Un amante necio y loco" (*Cartapacio de Francisco Morán*, núm. 47)
1590	MP 1580, 165V, estribillo de "Al momento con placer", 184v, con la glosa "Pudistes el alma encender"
1590-1600	MiT 994, 11, con la glosa "Salióse una noche oscura"
1600-1650	NH B 2334, 76, "Socorred, señora, / con agua a mi fuego", se cita en "Noble desengaño"de Góngora (*Luis de Góngora. Romances*, I, núm. 14)
1620	MN 3915, 184v, con la glosa "Mira el daño que hiziste"
XVI finales	MRAH 9/7569-29, 20, contrahecho a lo divino con la glosa "Ojos míos, contemplad"

Cancionero teatral, núms. 162 y A1.
"Un millar de cantares", núm. 548.

214. *Andando de aquí para allí, Otras.* [Letra glosada en "Alma questás desambrida"].
TEXID 78513.
108-108v.

215. *La bella mal maridada,* 108v-109. [Canción glosada en "Hanse en mi fabor mostrado"]. TEXID 11444.
Ver nota al núm. 33.

216. *Hanse en mi fabor mostrado.*

| 1570-1580 | RAV 1635, 5 |
| 1585 | MP 531, 77, con atribución a Pedro de Lemos (*Cartapacio de Francisco Morán*, núm. 368) |

1585	PN Esp. 373, 85, con atribución a Bernardino de Ayala
1595	MN 4072, 21v, con atribución a Juan Sánchez Burguillos
1595-1630	MN 3888, 280v

218. *Estáuase Marfida contemplando.*

1557	*Cancionero general.* Amberes, 356v, y en la ed. de 1573 (*Suplemento al Cancionero*, núm. 270)
1570	MP 617, 245v, atribuido a Montemayor (*Cancionero de poesías varias*, núm. 375)
1570	PMBM 861, 106v, incompleto (*Cancionero musical*, II, pág. 11, núm. 68)
1570-1580	RAV 1635, 90, con la glosa "Forzada de amoroso sentimiento"
1577	MN 2973, págs. 21 (a lo divino) y 171, con la glosa "Rendida al crudo fuego" (*Flores de baria poesía*, núms. 24 y 181)
1580	MP 961, 115, una variante del verso 10 del soneto es el estribillo de "Cabellos que en la concha os engendrastes" (*Poesías del Maestro León*, núm. 116)
1580	PN Esp. 307, 96
1580-1590	NH B 2486, 269v (*Cancionero sevillano*, núm. 574)
1582	Romero de Cepeda, *Obras*, 81, con la glosa "De tierno amor el corazón tenía"
1582-1600	MN 3168, 39 una variante del verso 10 del soneto es el estribillo de en "Cabellos que en la concha os engendrastes" (*Cancionero del Bachiller*, 149)
1584	MRAE 330, 111, con la glosa "En una valle de hierbas deleitoso"
1585	MP 531, 60, con la glosa, poema acéfalo, "y en medio de su ausencia y agonía" (*Cartapacio de Francisco Morán*, núm. 297)
1585-1600	MCSIC R. M. 3879, pág. 11, contrahecho a lo divino "Estáuase Magdalena contemplando"
1587-1590	MN 22.028, 19v, con la glosa "En un alegre valle entre unas flores" (*Poesías de Fray Melchor de la Serna*, núm. 23)
1590-1600	MRAE E-30-6226, 479v, *Santa Madalena. Soneto*, contrahecho a lo divino "Estáuase Madalena contemplando"
1592	PMBM 23/4/1, 80, con la glosa "Forçada de amoroso sentimiento", atribuida a Pedro de Padilla
1620	MN 3915, 25v, con la glosa "Sobre la fresca hiedra recostada"
XVI	NH B 2504, 253, contrahecho a lo divino "Estáuase María contemplando"

XVII   MN 8920, 349v, con la glosa "Sobre la verde hiedra recostada"
Íncipit de la poesía española, pág. 157.

220. *Amor en perfesión examinado.*
1582   MP 2803, 6 (*Cancionero de poesías varias*, núm. 14)
1585   MP 531, 13v, *Soneto de las condiçiones que á de tener el amante. D[e] S[ilvestre]* (*Cartapacio de Francisco Morán*, núm. 69)

221. *Estando con Apolo en su exercicio.*
Incluye referencias en los versos 3 y 6 a la canción de Diego Moreno: "Dios me lo guarde / a mi Diego Moreno, / que nunca me dijo / ni malo ni bueno". Se halla en:
1573   Timoneda, *El Truhanesco*, 4, *Las obras del honrado Diego Moreno*, con la glosa "Dios me dexe ver logrado" (*Cancioneros llamados*, *El Truhanesco*, 4)
1580-1590   NH B 2486, 196, con la glosa "Dios me dexe ver logrado" (*Cancionero sevillano*, núm. 379)
1582   MN 3924, 30v, con la glosa "Dios me dexe ver logrado", pero con otro orden estrófico con respecto a los otros testimonios (*Cancionero de Pedro de Rojas*, núm. 33)

Hay otros poemas dedicados al marido cornudo:
"Oýdme, señoras, / vn cuento donoso"
1573   Timoneda, *El Truhanesco*, 5v, *Cómo pide celos Diego Moreno a su muger*, con la glosa "De muy sobrada pasciencia" (*Cancioneros llamados…*, *El Truhanesco*, 5v)

"Doy al diablo, / mi Diego Moreno".
1573   Timoneda, *El Truhanesco*, 6v, *Quexas de la muger de Diego Moreno*, con la glosa "Dios me dexe ver finado" (*Cancioneros llamados...*, *El Truhanesco*, 6v)

"Todos blasonan / de Diego Moreno".
1573   Timoneda, *El Truhanesco*, 8v, *En disculpa de Diego Moreno*, con la glosa "Todos burlan del buen hombre" (*Cancioneros llamados…*, *El Truhanesco*, 8v)

"Diego Moreno ha enviudado".
1580   MP 961, 91v (*Poesías del Maestro León*, núm. 36)

"Diego Moreno reñía".
1582   MN 3924, 134, con la glosa "El dize: Si yo me enojo" (*Cancionero de Pedro de Rojas*, núm. 135)

1590   MP 1580, 136v, "Con su Moreno reñía", con una estrofa de
                             la glosa "El dize: Si yo me enojo"

"A Diego Moreno ha sido".
1585   MP 531, 92v, con la glosa "Remendón solía ser" (*Cartapacio
                             de Francisco Morán*, núm. 459)
1595   MN 4072, 9v, con la glosa "Remendón solía ser"

"Nacido le ha un hijo ageno, / carillo, a Diego Moreno".
1589   *Flor de varios romances…recopilados por el bachiller Pedro
                             Moncayo*, 114 (*Fuentes del Romancero general*, I, 114)

"Diego Moreno qué habéis".
1590   MP 1580, 136

"Buena Pascua dé Dios a Pedro, que nunca me dijo ni malo ni bueno" (refrán).
1627   Correas, *Vocabulario de refranes y frases proverbiales*
                             (Correas, *Vocabulario*, núm. 405, pág. 135)

Asensio, "Hallazgo de *Diego Moreno*".
El cancionero español, núm. 802.
Cancionero tradicional, núm. 473.
Corpus, núm. 1829 B.
Poesía erótica del Siglo de Oro, pág. 172.

223. *Bibe leda si podrás.*
Ver nota al núm. 37.

224. *Señora, sin ty, conmigo.*
1570-1580   RAV 1635, 125v
1584   MRAE 330, 61v
1585   PN Esp. 373, 72v
1590   MP 1580, 25v
1595-1630   MN 3888, 282v

225. *Puesto ya el pie nel estribo.*
1570-1580   RAV 1635, 17
1578   *FRG*, pág. 258
1580   MP 961, 110v (*Poesías del Maestro León*, núm. 93)
1580   Padilla, *Thesoro*, 479
1580   PN Esp. 307, 104v
1582   MP 2803, 207 (*Cancionero de poesías varias*, núm. 127)

1582-1600	MN 3168, 13v (*Cancionero del Bachiller*, núm. 58)
1585	MP 531, 30, glosado (*Cartapacio de Francisco Morán*, núm.162)
1586	Maldonado, 53v (*Cancionero de López Maldonado*, 53v)
1586	MP 973, 124
1587-1590	MN 22.028, 208v (*Poesías de Fray Melchor de la Serna*, núm 189)
1590	MP 1580, 120v
1595-1600	MN 3968, 173
1600	MN 3913, 8v
1604-1607	FN VII-353, 92
1620	MN 3915, 104

Cancionero teatral, núms. 158, 186

228. *Por vn verde prado.*

1570-1580	RAV 1635, 115
1570-1580	TCLM 506, 247
1575	WHA 75, 133
1580/1590	LTT 2209, 166v, *Oda* ("Diogo Bernardes and Ms. 2209", págs. 153-154)
1580-1590	NH B 2486, 195 (*Cancionero sevillano*, núm. 377)
1580-1600	MP 570, 244
1590	MP 1580, 178v
1590-1600	MRAE RM 6226, 448, tono para "Del seno del Padre"
XVI finales	RAV Otto. 2882, 42
XVI-XVII	Cancionero mutilado, 9 y 10v

229. *En el verde prado.*
"Traidor, tirano" se cita en el v. 16. Figura de estribillo en los siguientes poemas:

235. *Hermosa Siluia, en quien con larga mano.*
| 1582 | MP 2803, 222 (*Cancionero de poesías varias*, núm. 161) |

236. *Diuina Siluia, si de mis enojos.*
| 1582 | MP 2803, 222v (*Cancionero de poesías varias*, núm. 162) |

239. *El sol ya no da luz como solía.*
El último verso, "por vos he de morir, y por vos muero", es préstamo del soneto de Garcilaso "Escrito está en mi alma vuestro gesto"

241. *Verdes rresplandecientes y hermosos.*
| 1582 | MP 2803, 222 |

244. *Al pie de vn alto pino vy cantando.*
Para la sonada "a su albedrío" ver nota al núm. 22.

245. *Entre ásperas montañas encerrado.*

1568-1578	MRAE RM 6767, 82, *Soneto de San Hierónymo*
1576-1590	MRAH 9/5880 [es copia del ms. E-65], 301v, *Otro de Fontidueña, canónigo de la Cathredal Salmantina*
1590	MP 1580, 194, *Soneto [de Tablares] a San Hierónino*
1590-1600	MRAE RM 6226, 353, *Del glorioso San Hierónimo*
1600-1610	MCSIC RM 3879, 398. *Soneto de M[iguel] Díaz*
1615	MRAE RM 6213, 109 *A San Gerónimo. Soneto*
1620	MN 3915, 274, *Soneto a Sant Hierónimo*
XVI	MN 17.951, 70v, *Soneto de San Hyerónimo*
XVII	MP 644, 28v, *Soneto a San Ihierónimo*
XVII	MRAE RM 6225, 18v, *A St. Gerónymo*
XVII	SC 57-3-16, 76, *Soneto al mismo*

246. *No viéramos el rrostro al Padre eterno.*

1570-1580	RAV 1635, 88
1577	MN 2973, 8-10 (*Flores de baria poesía*, núm. 8), con atribución a Juan de Herrera
1582	López de Úbeda, *Vergel de flores*, 107v, y en la ed. de Alcalá 1588
1585	MP 1581, 230
1590	MP 1580, 102
1590-1600	MRAE RM 6226, 468. *Octauas a Nuestra Señora*
1590-1609	VCC 24-125, 53v, (*Libro de romances*, 137), *Otavas en lor de Nuestra Señora*, atribuidas por P. Gerardo a la Madre María de San Alberto.
1604	MN 4154, 80
1604-1607	FN VII-354, 382v, entre las obras de Fray Luis de León
XVI finales	PhUP Codex 193, 44v
XVII	MN 2883, 109
XVII	MRAE RM 6225, 121
XVII	SC 57-3-16, 10v

255. *Con dolor de amor esquiuo.*

XVI finales	PhUP Codex 193, 171v

IV. BIBLIOGRAFÍA

ABREVIATURAS

AH	*Archivo Hispalense*
AIUON	*Annali dell'Istituto Universitario Orientale, Napoli*
AL	*Anuario de Letras*
A Lit	*Anales de Literatura*
AM	*Analecta Malacitana*
BH	*Bulletin Hispanique*
BBMP	*Boletín de la Biblioteca Menéndez Pelayo*
BRAE	*Boletín de la Real Academia Española*
CSIC	Consejo Superior de Investigaciones Científicas
EO	*Edad de Oro*
HR	*Hispanic Review*
JHP	*Journal of Hispanic Philology*
MLN	*Modern Language Notes*
NRFH	*Nueva Revista de Filología Hispánica*
RABM	*Revista de Archivos, Bibliotecas y Museos*
RAE	Real Academia Española
RBN	*Revista de Bibliografía Nacional*
RC	*Religión y cultura*
RF	*Romanische Forschüngen*
RFR	*Revista de Filología Románica*
RH	*Revue Hispanique*
RL	*Revista de Literatura*
RS	*Reales Sitios*
UNAM	Universidad Nacional Autónoma de México
ZPH	*Zeitschrift für Romanische Philologie*

A. Fuentes manuscritas con indicación de ediciones e índices modernos

Bibliotecas españolas

Antequera. Biblioteca de Unicaja
    9816 M / 6 (I), (II), (III), (IV) *Cancionero antequerano recogido por los años de 1627*
            y 1628 por Ignacio de Toledo y Godoy. Ed. Dámaso Alonso y Rafael
            Ferreres. Madrid: CSIC, 1950 y *[Cancionero antequerano] I.*
            Variedad de sonetos. Ed. José Lara Garrido. Málaga: Diputación,
            1988.

Barcelona. Biblioteca de Cataluña
    M. 454   Emilio Ros Fábregas. "The Manuscript Barcelona, Biblioteca de
                        Catalunya, M. 454: Study and Edition in the Context of the Iberian
                        and Continental Manuscript Traditions". 2 tomos. Tesis doctoral.
                        The City University of New York, 1992.
    2050   *Obras de Fernández de Heredia.*

Barcelona. Universidad
    1649   José Manuel Blecua. "El Cancionero del conde de Monteagudo".
                        Homenaje a la memoria de don Antonio Rodríguez-Moñino 1910-
                        1970. Madrid: Castalia, 1975. 93-114.

El Escorial. Monasterio
    Ç-III.22   *Libro de sonetos y octavas de diversos autores*, 1598. Julián Zarco.
                        "Un cancionero bilingüe manuscrito de la biblioteca de El
                        Escorial". *RC* 24 (1933): 406-449.

Madrid. Consejo Superior de Investigaciones Científicas
    R. M. 3897   Antonio Rodríguez-Moñino. "Tres cancioneros manuscritos. (Poesía
                        religiosa de los siglos de oro)". *Ábaco. Estudios sobre literatura*
                        española. 2. Madrid: Castalia, 1969. 127-272. *Ábaco. Estudios*
                        sobre literatura española. 3. Madrid: Castalia, 1970. 87-227.

Madrid. Lázaro Galdiano
    327   Pedro de Solís y Valenzuela, *El desierto prodigioso y prodigio del*
                        desierto.
    681   "Canciones musicales por Cristóbal Cortés. Rodrigo Ordóñez el
                        maestro navarro y otros 1548". Alejandro Luis Iglesias. "El
                        cancionero musical del museo Lázaro Galdiano. Ed. Ana
                        Menéndez Collera y Victoriano Roncero López. *"Nunca fue pena*
                        mayor" (Estudios de literatura española en homenaje a Brian
                        Dutton)." Cuenca: Universidad de Castilla-La Mancha, 1996.
                        449-488.

Madrid. Nacional

1132	*Poesías varias (Ms. 1132 de la Biblioteca Nacional de Madrid).* Ed. Beatriz Elena Entenza de Solare. Buenos Aires, Universidad, 1978.
2621	[Cancionero de Juan Fernández de Heredia.]
2856	Manuel Serrano y Sanz. "Un cancionero de la Biblioteca Nacional". *RABM* 4 (1900): 577-598.
2882	*Cancionero de Juan Fernández de Íxar.* Ed. José María Azáceta. 2 tomos. Madrid: CSIC, 1956.
2973	*Flores de baria poesía.* Ed. Margarita Peña. México, UNAM, 1980.
3168	*Cancionero del Bachiller Jhoan López.* Ed. Rosalind J. Gabin. 2 tomos. Madrid: José Porrúa Turanzas, 1980.
3657	
3724	
3778	
3806	
3888	Raymond Foulche-Delbosc. "237 Sonnets". *RH* 18 (1908): 489-617. Figuran los sonetos tomados de MN 3888, fols. 285-301, en las págs 489-517.
3892	
3909	
3913	*Libro de differentes y varias poesias.*
3915	"Por el conde de Ribadavia con el conde de Monterrey, de la mano y pluma de Jacinto López, músico de su Magestad, Madrid, 1620".
3924	*Cancionero de Pedro de Rojas.* Ed. José J. Labrador Herraiz, Ralph A. DiFranco, María Teresa Cacho. Prólogo de José Manuel Blecua. Colección Cancioneros Castellanos. 1. Cleveland: Cleveland State University, 1988.
3968	
3993	*El cancionero de Gallardo.* Ed. José María Azáceta. Madrid: CSIC, 1962.
4072	José Manuel Blecua. "De nuevo sobre el Cancionero de Gabriel de Peralta". *Homenaje a Álvaro Galmés de Fuentes.* Vol. II. Madrid: Gredos, 1985: 277-300.
4152	
4154	José Manuel Blecua. "El cancionero llamado 'Jardín divino.'" Ed. Julio Fernández Sevilla, et al., *Philologica Hispaniensia in Honorem Manuel Alvar. III. Literatura*, Madrid: Gredos, 1986: 33-46.
5593	[Cancionero de XVI.]
6001	*Ramillete de flores o Colección de varias cosas curiosas* (1593).
7075	[Epístola moral... y algunas composiciones en verso.]
7149	[Colección de romances y enigmas.]
MN 10.159	Edición parcial en *Fernando de Herrera. Rimas inéditas.* Ed. José Manuel Blecua. Madrid: CSIC, 1948.

MN 10.293   *Obras de Fernando de Herrera, natural de la Ciudad de Seuilla recogidas por don Joseph Maldonado Dauila y Saavedra,* posterior a 1665.

12.622

17.681

17.689   *Coplas de M. Rodríguez de Castro.* El manuscrito 17.689 de la Biblioteca Nacional de Madrid. Tesis de licenciatura de Rosa María Falgueras Gorospe, Barcelona, 1963. Tesis doctoral de Lori A. Bernard, University of California, Davis, 2002.

17.951   [Libro de D. Gerónimo, 1662.]

22.028   *Poesías de Fray Melchor de la Serna y de otros poetas del siglo XVI. Códice 22.028 de la Biblioteca Nacional de Madrid.* Ed. José J. Labrador Herraiz, Ralph A. DiFranco, Lori A. Bernard. Prólogo de José Lara Garrido. Málaga: Universidad, 2001.

Madrid. Palacio

531   *Cartapacio de Francisco Morán de la Estrella.* Ed. Ralph A. DiFranco, José J. Labrador Herraiz, C. Ángel Zorita. Prólogo de Juan Bautista de Avalle-Arce. Madrid, Patrimonio Nacional, 1989.

570   *Poesías varias*

617   *Cancionero de poesías varias. Manuscrito No. 617 de la Biblioteca Real de Madrid.* Ed. José J. Labrador Herraiz, C. Ángel Zorita, Ralph A. DiFranco. Madrid: El Crotalón, 1986; reimpresión: Madrid: Visor Libros, 1994.

961   *Poesías del Maestro León y de Fr. Melchor de la Serna y otros (S. XVI). Códice número 961 de la Biblioteca Real de Madrid.* Ed. C. Ángel Zorita, Ralph A. DiFranco, José J. Labrador Herraiz. Prólogo de Dietrich Briesemeister. Colección Cancioneros Castellanos, 4. Cleveland: Cleveland State University, 1991.

996   *Romancero de Palacio (Siglo XVI).* Ed. José J. Labrador Herraiz, Ralph A. DiFranco y Lori A. Bernard. Prólogo de Juan Fernández Jiménez. Colección Cancioneros Castellanos, 6. Cleveland: Cleveland State University, 1999.

973   José J. Labrador Herraiz, Ralph A. DiFranco, Lori A. Bernard. "El manuscrito Fuentelsol (MP II-973) con poemas de Fray Luis de León, Fray Melchor de la Serna, Hurtado de Mendoza, Liñán, Góngora, Lope, y otros." AM 20 (1997): 189-265, con tirada aparte: *El manuscrito Fuentelsol (Madrid, Palacio II-973) con poemas de Fray Luis de León, Fray Melchor de la Serna, Hurtado de Mendoza, Liñán, Góngora, Lope y otros. Seguido ahora de un apéndice con las poesías del Fraile Benito.* Anejo de la Colección Cancioneros Castellanos. Cleveland: Cleveland State University, 1997.

1335	*La música en la corte de los Reyes Católicos. IV-2. Cancionero musical de Palacio (siglos XV-XVI).* Ed. José Romeu Figueras. Barcelona: CSIC, 1965.
1577	*Cartapacio de Pedro de Lemos.*
1579	*Cartapacio de Pedro de Padilla.*
1580	*Cartapacio de Ramiros Cid y Piscina.*
1581	*Cartapacio de Pedro de Penagos.* Antonio Cortijo Ortiz. "Inventario del Ms. II-1581 de la Biblioteca de Palacio de Madrid. *El Cartapacio de Pedro de Penagos*". *RS* 125 (1995): 17-33.
1587	*Cancionero de poesías varias. Manuscrito 1587 de la Biblioteca Real de Madrid.* Ed. José J. Labrador Herraiz, Ralph A. DiFranco Prólogo de Samuel G. Armistead. Madrid: Visor Libros, 1994.
2803	*Cancionero de poesías varias. Manuscrito 2803 de la Biblioteca Real de Madrid.* Ed. José J. Labrador Herraiz, Ralph A. DiFranco. Prólogo de Maxime Chevalier. Madrid: Patrimonio Nacional, 1989.

Madrid. Real Academia de la Historia

9/5156	
9/5807	Justo García Soriano. "Una antología hispanolusitana del siglo XVI". *BRAE* 12 (1921): 360-375, 518-543.
9/5880, [es copia del ms. E-65]	
9/7569, números 20, 25-27	
9/7069	

Madrid. Real Academia Española de la Lengua

29	
330	*Cancionero de Juan de Escobedo.*
RM 5720	
RM 6212	
RM 6213	
RM 6225	
RM 6226	Antonio Rodríguez-Moñino. "Tres cancioneros manuscritos. (Poesía religiosa de los siglos de oro)". *Ábaco. Estudios sobre literatura española.* 2. Madrid: Castalia, 1969: 127-272. *Ábaco. Estudios sobre literatura española.* 3. Madrid: Castalia, 1970: 87-227.
RM 6227	Antonio Rodríguez-Moñino. "Tres cancioneros manuscritos. (Poesía religiosa de los siglos de oro)". *Ábaco. Estudios sobre literatura española.* 2. Madrid: Castalia, 1969: 127-272. Ábaco. Estudios sobre literatura española. 3. Madrid: Castalia, 1970: 87-227.
RM 6633	
RM 6634	
RM 6723	
RM 6767	*The Cancioneiro de Cristóvão Borges.* Ed. Arthur Lee-Francis Askins. Paris: Jean Touzot, 1979.
RM 6872	

RM 6880   Antonio Rodríguez-Moñino. "El cancionero manuscrito de Fabio
                 (Poesías de los siglos de oro)". *AL* 6-7 (1966-67): 81-134.
RM 6925

Palma de Mallorca. Bartolomé March
     861   *Cancionero musical de la Casa de Medinaceli (Siglo XVI)*. Ed.
                 Miguel Querol Gavaldá. 2 tomos. Madrid: CSIC, 1949-1950.
     23 / 4 / 1   José J. Labrador Herraiz y Ralph A. DiFranco. "El manuscrito 23-4-1
                 de la Biblioteca de don Bartolomé March". *BH* 94 (1992):
                 293-325.
     23 / 8 / 7

Peralada. Castillo de Peralada
     091   Pierre Alzieu. "Las poesías del manuscrito 091 de la Biblioteca del
                 Castillo de Peralada". *Hommage à Robert Jammes*. Toulouse:
                 PUM, 1994: 1-18.

Santander. Menéndez Pelayo
     M-125

Sevilla, Colombina o Capitular de Sevilla
     83-5-13   *Obras de Fernando de Herrera recojidas por don Joseph Maldonado
                 de Auila y Saauedra. Año 1637.*

Toledo. Castilla-La Mancha
     506   Francisco Esteve Barba. *Biblioteca Pública de Toledo. Catálogo
                 de la colección de manuscritos Borbón-Lorenzana.* Madrid, 1942:
                 400-424.

Valladolid. Casa de la Concepción del Carmen
     24-125   *Libro de romances y coplas del Carmelo de Valladolid (c. 1590-
                 1609)*. Ed. Víctor García de la Concha y Ana María Álvarez
                 Pellitero. 2 tomos. Consejo General de Castilla-León, 1982.

Bibliotecas extranjeras

Elvas. Públia Hortênsia
     11.973   *O Cancioneiro Musical e Poético da Biblioteca Públia Hortênsia.*
                 Ed. Manuel Joaquim, Coimbra: Instituto para a Alta Cultura, 1940.

Évora. Pública
     CXIV 1-17   *The Cancioneiro de Évora*. Ed. Arthur Lee-Francis Askins. University
                 of California Publications in Modern Philology, 74. Berkeley,
                 Los Angeles: University of California Press, 1965.

CXIV 2-2   *Cancioneiro de Corte e de Magnates MS. CXIV/2-2 da Biblioteca Pública e Arquivo Distrital de Évora*. Arthur L-F. Askins. University of California Publications in Modern Philology, 84. Berkeley, Los Angeles: University of California Press, 1968.

Florencia. Nazionale
B. R. 344
VII-353   María Teresa Cacho. *Manuscritos hispánicos en las bibliotecas de Florencia. (Descripción e inventario)*. 2 vols. Firenza: Alinea, 2001.

VII-354   María Teresa Cacho. *Manuscritos hispánicos en las bibliotecas de Florenca. (Descripción e inventario)*. 2 vols. Firenza: Alinea, 2001.

Florencia. Riccardiana
2486   María Teresa Cacho. *Manuscritos hispánicos en las bibliotecas deFlorencia. (Descripción e Inventario)*. 2 vols. Firenze: Alinea, 2001.

3358   María Teresa Cacho. *Manuscritos hispánicos en las bibliotecas de Florencia. (Descripción e inventario)*. 2 vols. Firenze: Alinea, 2001.

Lisboa. Museu National de Arqueologia e Etnologia, Belém
3391   *Cancioneiro musical de Belém*. Ed. Manuel Morais. Lisboa: Imprensa Nacional, 1988.

Lisboa. Nacional
F. G. Cod. 3069   *Cancioneiro devoto quinhentista da Biblioteca Nacional de Lisboa (Cod. 3069)*. Ed. Rubem Amaral, Jr. Tegucigalpa, 2000.
F. G. Cod. 3071
F. G. Cod. 3079
F. G. Cod. 8920

Lisboa. Torre do Tombo
1710
1835   *Cancioneiro de D. Cecília de Portugal*. Ed. António Cirurgião. Lisboa: Revista Ocidente, 1972.

2209   Arthur L-F. Askins. "Diogo Bernardes and Ms. 2209 of the Torre do Tombo". *Arquivos do Centro Cultural Português* 13 (1978): 127-165.

Londres. British Library
10.431   Hugo Albert Rennert. "Der Spanische *Cancionero* des British Museum (MSS. Add. 10431)". *RF* 10 (1895): 1-176 y Brian Dutton, *El cancionero del siglo XV c. 1360-1520*. Vol I. *Manuscrito*s. Salamanca: Universidad: 131-275.

México. Biblioteca de Federico Gómez de Orozco
    Códice Gómez de Orozco   *El códice Gómez de Orozco. Un Ms. Novohispano del*
                               XVI-XVII. Ed. Alfonso Méndez Plancarte. México: Imprenta
                               Universitaria, 1945.

Milán. Braidense
    AC VIII-7   *Canzoniere ispano-sardo della Biblioteca Braidense.* Ed. Tonina
                               Paba. Cagliari: CUEC, 1996.
    AD XI.57   Giovanni Caravaggi. "Cancioneros spagnoli a Milano". *Cancioneros
                               spagnoli a Milano.* Firenze: La Nuova Italia Editrice, 1989: 17-18.

Milán. Trivulziana
    994   Giovanni Caravaggi. "Cancioneros spagnoli a Milano". *Cancioneros
                               spagnoli a Milano.* Ed. Caravaggi. Firenze: La Nuova Italia
                               Editrice, 1989: 19-31. Es edición parcial, la edición completa
                               está en preparación.

Montecassino. Abbazia
    871   *The Musical Manuscript Montecassino 871: A Neapolitan Repertory
                               of Sacred and Secular Music of the Late Fifteenth Century.* Ed.
                               Isabel Pope y Masakata Kanazawa. Clarendon: Oxford, 1978.

Nápoles. Nazionale. Vittorio Emanuele III
    Branc. II. A. 12   *Sonetos y otras cossas del conde de Villamediana.* Eugenio Mele
                               y Adolfo Bonilla y San Martín. "Un cancionero del siglo XVII".
                               RABM 46 (1925): 180-216, 241-261.

    Branc. V. A. 16   "Romancero de la Biblioteca Brancacciana". Ed. parcial de Raymond
                               Foulché-Delbosc. *RH* 29 (1925): 345-396.

Nueva York. Hispanic Society of America
    B 872   Brian Dutton y Charles B. Faulhaber. "The 'Lost' Barrantes
                               Cancionero of Fifteenth-Century Spanish Poetry". *Florilegium
                               Hispanicum. Medieval and Golden Age Studies Presented to D.
                               Clotelle Clarke.* Madison: Hispanic Seminary, 1983: 179-202.
    B 2331   Antonio Rodríguez-Moñino y María Brey Mariño, *Catálogo de los
                               manuscritos poéticos castellanos existentes en la Biblioteca de
                               The Hispanic Society of America. (Siglos XV, XVI y XVII).* New
                               York: The Hispanic Society of America, 1965-1966, núm.
                               XXVIII.
    B 2334   *Poesias varias.* Antonio Rodríguez-Moñino. "Romancerillo de
                               Sancho Rayón". *Curiosidades bibliográficas. Rebusca de libros
                               viejos y papeles traspapelados.* Madrid: Langa y Compañía, 1946:
                               81-104.
    B 2341   *Catálogo*, núm. LV
    B 2349   *Catálogo*, núm. XV

B 2350	*Catálogo*, núm.XVII
B 2428	*Catálogo*, núm. LXV
B 2459	*Catálogo*, núm.CCXIII
B 2460	*Catálogo*, núm. CCXIV
B 2475	*Catálogo*, núm. VII
B 2476	*Catálogo*, núm. LIII
B 2484	*Catálogo*,núm. XXVI
B 2486	*Cancionero sevillano de Nueva York*. Ed. Margit Frenk, José J. Labrador Herraiz, Ralph A. DiFranco. Prólogo de Begoña López Bueno. Sevilla: Universidad, 1996.
B 2498	*Catálogo*, núm. IX
B 2504	*Catálogo*, núm. V
B 2509	*Catálogo*, núm. CXXIX
HC 380, 946	*Catálogo*, núm. LIV

Oxford. All Souls College
189   Karl Vollmöller. "Mitteilungen aus spanischen Handschriften I. Oxford All Souls Coll., No. 189". *ZPH* 3 (1879): 80-89.

París. L'École Nationale Superieure de Beaux Arts
56   *Portugaliae musica. Vilancetes, cantigas e romances do século XVI*. Ed. Manuel Morais. Lisboa: Fundação Calouste Gulbenkian, Serviço de Música, 1986.

París. Nationale
Esp. 307
Esp. 314   *Pedro Laýnez. Obras*. Ed. Joaquín de Entrambasaguas. Madrid: CSIC, 1951.
Esp. 371   *A Critical Edition of MS. Espagnol 371 of the Bibliothèque Nationale (Paris): Spanish Poetry of the Sixteenth-Century*. Ed. Linda Lesack. Tesis doctoral. University of Missouri, Columbia, 1973.
Esp. 372
Esp. 373

Parma
1506   *Libro de diverse canzoni spagnuole et italiane*. Antonio Restori. "Poesie spagnuole appartenute a Donna Ginevra Bentivoglio", en *Homenaje a Menéndez Pelayo*. Madrid: Victoriano Suárez, 1899, II: 455-485.

Rávena. Classense
263   *Libro romanzero de canciones romanzes y algunas nuebas para passar la siesta a los que para dormir tienen gana*, Alonso Nabarrette de Pisa, en Madrid, 1589. Antonio Restori. "Il cancionero classense 263". *Rendiconti della Reale Accademia dei Lincei. Classe di Scienze Morali, Storiche e Filologiche*, Serie

quinta, 11 (1902): 99-136, y en *La romanza spagnola in Italia* (ed. de Giovanni Maria Bertini, Cesare Acutis y Pablo Luis Ávila). Turín: G. Giappichelli, 1970. Paolo Pintacuda, "Il 'cancionero' classese di 1589". Tesis doctoral. Università degli Studi di Pavia, 2000.

Roma. Accademia dei Lincei

Corsini 970   Giovanni Caravaggi. "Pedro Fernández de Navarrete: testi poetici inediti e rari". *A Lit*, 1982: 69-117, y "Baltasar de Escobar (mosaico storico-letterario). *Studi Ispanici*. Ed. Giovanni Caravaggi. Pisa: Giardini, 1978: 185-225. Maria Casu, "Il manoscritto corsini 970. Edizione critica". Tesis doctoral. Università degli Studi di Pavia, 1996-1997.

Roma. Vaticana

Reg. Lat. 1635   Harold G. Jones. "El cancionero español (*Cod. Reg. Lat.* 1635) de la Biblioteca Vaticana". *NRFH* 21 (1972): 370-392.

Ottoboni 2882   María Teresa Cacho. "Poesías castellanas manuscritas en el fondo Ottoboniano de la Biblioteca Apostólica Vaticana". *Hommage à Robert Jammes*. Toulouse: Presses Universitaires du Mirail, 1994: 111-120.

Wolfenbüttel. Herzog August Bibliothek

Cod. Guelf 75.1 Aug. 8.   *Este libro es de Juan Peraza, músico de la santa iglesia de Toledo.*

B. Fuentes impresas, pliegos y ediciones modernas

Acuña, Hernando de. *Varias poesías compuestas por don Hernando de Acuña*. Madrid: P. Madrigal, 1591. Ed. Luis F. Díaz Larios. Madrid: Cátedra, 1982.

Aguilar, Pedro. *Memorias del cautivo en la Goleta de Túnez*. Madrid: Sociedad de Bibliófilos, 1875.

Alcázar, Baltasar del, ver *Baltasar del Alcázar*.

Andrade Caminha, P. ver *Poesías inéditas*.

Baltasar del Alcázar. Obra poética. Ed. Valentín Núñez Rivera. Madrid: Cátedra, 2001.

Bernardes, Diogo, ver *Diogo Bernardes*.

Caietain, Fabrice Marin. *Second livre dáirs chansons, villanelles Napolitaines & Espagnolles mis en Musique a quatre parties par....* París, 1528.

Cancionerillos góticos castellanos. Ed. Antonio Rodríguez-Moñino. Valencia: Castalia, 1954.

Cancionero de Juan Fernández de Constantina. Madrid: Sociedad de Bibliófilos Madrileños, 1914.

Cancionero de galanes y otros rarísimos cancionerillos góticos. Ed. Antonio Rodríguez-Moñino. Prólogo Margit Frenk Alatorre. Valencia, 1952.

Cancionero de López Maldonado. Madrid: Guillermo Droy, 1586. Ed. facsímil. Libros Antiguos Españoles, 1932.

Cancionero de romances (Anvers, 1550). Ed. Antonio Rodríguez-Moñino. Madrid: Castalia, 1967.

Cancionero general de obras nuevas (Zaragoza, 1554). Ed. Carlos Clavería. Barcelona: Delstre's, Barcelona, 1993.

Cancionero general recopilado por Hernando del Castillo. Valencia, 1511. Ed. facsímil. Ed. Antonio Rodríguez-Moñino. Madrid: RAE: 1958 y *Suplemento al Cancionero general de Hernando del Castillo*. Ed. Antonio Rodríguez-Moñino. Valencia: Castalia, 1959.

Cancionero gótico de Velázquez de Ávila, fielmente reimpreso del único ejemplar. Ed. Antonio Rodríguez-Moñino. Valencia, 1951.

Cancionero llamado Danza de galanes, recopilado por Diego de Vera (Barcelona, 1625). Ed. Antonio Rodríguez-Moñino. Valencia, 1949.

Cancionero llamado Flor de enamorados. Barcelona: Claudi Bornat, 1562. Ed. Antonio Rodríguez-Moñino y Daniel Devoto. Valencia: Castalia, 1954.

Cervantes Saavedra, Miguel. *Don Quijote de la Mancha*. Ed. Francisco Rico *et al*. Barcelona: Instituto Cervantes, Crítica, 1998.

Correas, Gonzalo. *Vocabulario de refranes y frases proverbiales*. Ed. Louis Combet, revisada por Robert Jammes y Maite Mir Andreu. Madrid: Castalia, 2000.

Covarrubias, Sebastián de. *Tesoro de la lengua castellana o española, según la impresión de 1611, con las adiciones de Benito Remigio Noydens publicadas en la de 1674*. Ed. Martín de Riquer. Barcelona, 1943.

Cueva, Juan de la. *El infamador, Los siete Infantes de Lara y el Ejemplar poético.* Ed. Francisco A. de Icaza. Madrid: Clásicos Castellanos, 1924, ver también *La poesía lírica.*

Daza, Esteban. *Libro de música en cifras para vihuela, intitulado el Parnaso, en el se hallará toda diuersidad de Música, assí Motetes, Sonetos, Villanescas, en lengua Castellana.* Valladolid: Diego Fernández de Córdoba, 1576.

Diego Hurtado de Mendoza. Poesía completa. Ed. José Ignacio Díez Fernández. Barcelona: Planeta, 1989.

Diogo Bernardes. Obras completas. Ed. Marques Braga. 2 tomos. Lisboa: Livraria Sa da Costa, 1946.

El Cancionero de Sebastián de Horozco. Ed. Jack Weiner. Bern/Frankfurt: Herbert Lang, 1975.

El cancionero de Uppsala. Ed. Jesús Ríosalido. Madrid: Instituto Hispano-Árabe de Cultura, 1983.

Espinel, Vicente. *Diversas rimas.* Ed. Gaspar Garrote Bernal. Vol II. *Obras Completas.* Ed. José Lara Garrido. Málaga: Diputación, 2001.

Fernández de Heredia, Juan, ver *Juan Fernández de Heredia*

Fernando de Herrera. Obra poética. Ed. José Manuel Blecua. Madrid: Real Academia Española, 1975.

Fernando de Herrera. Poesías. Ed. Victoriano Roncero López. Madrid: Castalia, 1992.

Fernando de Herrera. Poesía castellana original completa. Ed. Cristóbal Cuevas. Madrid: Cátedra, 1990.

Flor de romances y glosas, canciones y villancicos. Zaragoza: Juan Soler, 1578. Ed. Antonio Rodríguez-Moñino. Valencia: Castalia, 1954.

Fray Luis de León. Poesías completas. Obras propias en castellano y latín y traducciones e imitaciones latinas, griegas, bíblico-hebreas y romances. Ed. Cristóbal Cuevas. Madrid: Castalia, 1998.

Fuenllana, Miguel de. *Libro de música para vihuela, intitulado Orphenica lyra.* Ed. Charles Jacobs. Oxford, 1978.

Góngora, Luis de, ver *Luis de Góngora*

Gregorio Silvestre. Poesías. Ed. A. Marín Ocete. Granada: Facultad de Letras, 1939.

Guerrero, Francisco. *Canciones y villanescas espirituales.* Ed. Miguel Querol Gavaldá. Barcelona: CSIC, 1955.

Herrera, Fernando de. *Algunas obras.* Sevilla: Andrea Pescioni, 1582. Ed. Begoña López Bueno. Sevilla: Diputación, 1998, ver también *Fernando de Herrera*

Iñíguez de Medrano, Julián. *La silva curiosa de…, cavallero navarro en que se tratan diversas cosas sotilíssimas y curiosas…*París, Nicolas Chesneau, 1583, Ed. Mercedes Alcalá Galán. New York: Peter Lang, 1998.

Juan Fernández de Heredia. Obras. Ed. Rafael Ferreres. 2ª edición. Madrid, 1955.

La poesía lírica de Juan de la Cueva. Análisis de la Edición de la "Obras" (1.582). Ed. José María Reyes Cano. Prólogo de Pedro M. Piñero Ramírez. Sevilla: Diputación, 1980

Las series valencianas del romancero nuevo y los cancionerillos de Múnich (1589-1600). Ed. Antonio Rodríguez-Moñino. Valencia: Diputación, 1963.

López de Úbeda, Juan. *Cancionero de la Doctrina cristiana* hecho por Juan López de Úbeda (1579, 1585, 1586). Ed. Antonio Rodríguez-Moñino. 2 vols. Madrid: Sociedad de Bibliófilos, 1962-1964.

———. *Vergel de flores divinas.* Alcalá de Henares: Juan Íñiguez de Lequerica, 1582.

Los pliegos poéticos de la colección del marqués de Morbecq (siglo XVI). Ed. Antonio Rodríguez-Moñino. Madrid: Estudios Bibliográficos, 1962.

Los pliegos poéticos de Thomas Croft (Siglo XVI). Pedro Cátedra y Víctor Infantes. Primvs Calamvs. 2 vols. Valencia: Albatros, 1983.

Luis de Góngora. Romances. Ed. Antonio Carreira. 4 vols. Barcelona: Quaderns Crema, 1998.

Milán, Luis. *El Cortesano.* Ed. facsimil. Ed. Vicent Josep Escartí, Antonio Tordera. Valencia: Universitat, 2001.

Narváez, Luis de. *Los seys libros del Delphín de música de cifra para tañer vihuela (Valladolid, 1538).* Ed. E. Pujol. Barcelona, 1945.

Nueva colección de pliegos sueltos. Ed. Vicente Castañeda y Amalio Huarte. Madrid: 1933.

Obras de Garcilasso de la Vega con Anotaciones de Fernando de Herrera. Sevilla: Alonso de la Barrera, 1580.

Padilla, Pedro. *Jardín Espiritual,* 1585.

———. *Romancero de Pedro de Padilla.* Madrid: Francisco Sánchez, 1583. Ed. Sociedad de Bibliófilos Españoles. Madrid: Miguel Ginesta, 1880.

———. *Tesoro de varias poesías compuesto por Pedro de Padilla.* Madrid, 1580.

Pisador, Diego. *Libro de música de vihuela, agora nuevamente compuesto por..., vecino de la ciudad de Salamanca.* Salamanca, 1552.

Pliegos poéticos del s. XVI en la Biblioteca de Cataluña. Ed. José Manuel Blecua. 2 tomos. Madrid: Joyas Bibliográficas, 1976.

Pliegos poéticos españoles de la Biblioteca del Estado de Baviera de Múnich. Ed. María Cruz García de Enterría. 3 tomos. Madrid: Joyas Bibliográficas, 1974.

Pliegos poéticos españoles de la Biblioteca Nacional de Lisboa. Ed. María Cruz García de Enterría. 2 tomos. Madrid: Joyas Bibliográficas, 1975.

Pliegos poéticos españoles de la Biblioteca Nacional de Viena. Ed. María Cruz García de Enterría. 2 tomos. Madrid: Joyas Bibliográficas, 1975.

Pliegos poéticos españoles de la Biblioteca Pública Municipal de Oporto. Ed. María Cruz García de Enterría. 2 tomos. Madrid: Joyas Bibliográficas, 1976.

Pliegos poéticos españoles de la Biblioteca Universitaria de Cracovia. Ed. María Cruz García de Enterría. Madrid: Joyas Bibliográficas, 1975.

Pliegos poéticos españoles de la Biblioteca Universitaria de Pisa. Introducción de Giuseppe Di Stefano. Ed. María Cruz García de Enterría. 2 tomos. Madrid: Joyas Bibliográficas, 1974.

Pliegos poéticos españoles de The British Library, Londres (Siglo XVI). Ed. Arthur L-F. Askins. 4 tomos. Madrid: Joyas Bibliográficas, 1989.

Pliegos poéticos españoles en la Universidad de Praga. 2 tomos. Madrid: Joyas Bibliográficas, Madrid, 1960.

Pliegos poéticos españoles en bibliotecas de Portugal. Ed. María Cruz García de Enterría. 2 tomos. Madrid: Joyas Bibliográficas, 1982.

Pliegos poéticos góticos de la Biblioteca Nacional de Madrid. 6 tomos. Madrid: Joyas Bibliográficas, 1957-1961.

Poesías ineditas de P. de Andrade Caminha. Ed. Dr. J. Priebsch. Halle: Max Niemeyer, 1898.

Ramírez Pagán, Diego. *Floresta de varia poesía.* Ed. Antonio Pérez Gómez. Barcelona: Selecciones Bibliófilas, 1950.

La poesía lírica de Juan de la Cueva. Ed. José María Reyes Cano. Sevilla: Diputación, 1980.

Romancero general. Madrid: Luis Sánchez, 1600. Ed. de Archer Huntington. New York: De Vinne, 1904.

Romero de Cepeda, Joaquín. *Obras.* Sevilla, 1582.

Santa Cruz de Dueñas, Melchor de. *Floresta española (1574)...y Los Dichos o sentencias de los Siete Sabios de Grecia (1549) por Hernán López de Yanguas.* Ed. Rafael Benítez Claros. Madrid, 1953.

Segunda parte del Cancionero general agora nuevamente copilado de lo mas gracioso y discreto de muchos afamados y trovadores, Zaragoza, 1552. Ed. Antonio Rodríguez-Moñino. Madrid: Castalia, 1956.

Seis pliegos poéticos góticos desconocidos. Ed. Pedro Cátedra. Madrid: El Crotalón, 1983.

Sexta parte de Flor de romances... recopilados por Pedro Flores, Pedro Rodríguez, Toledo, 1594. *Fuentes del Romancero general,* VIII. Ed. Antonio Rodríguez-Moñino. Madrid: RAE, Madrid, 1957.

Silva. Barcelona, 1552.

Silva de romances (Zaragoza 1550-1551). Ed. Antonio Rodríguez-Moñino. Zaragoza, 1970.

Silva de varios romances (Barcelona, 1561). Ed. Antonio Rodríguez-Moñino. Valencia: Castalia, 1953.

Silvestre, Gregorio. *Obras,* Granada, 1582, ver también *Gregorio Silvestre*

Timoneda, Juan, *Cancionero llamado Guisadillo de amor.* Juan Timoneda, 1573. *Cancioneros llamados Enredo de amor, Guisadillo de amor y El Truhanesco.* Ed. Antonio Rodríguez-Moñino. Valencia: Castalia, 1951.

———, *Cancionero llamado Sarao de amor compuesto por Juan Timoneda.* Ed. Carlos Clavería. Barcelona: Delstre's, 1993.

Valderrábano, Enríquez de. *La música de vihuela, intitulada Silva de Sirenas (Valladolid, 1547).* Ed. E. Pujol. 2 tomos. Barcelona, 1965.

Vázquez, Juan. *Villancicos i canciones.* Ed. Eleanor Russell. Madison: A-R Editions, 1995.

Vega, Garcilaso de la, ver *Obras de Garcilasso*

Velázquez Mondragón, Cristóbal. *Trovas varias,* en Gallardo, *Ensayo de una biblioteca española,* IV, núm. 4248.

C. ANTOLOGÍAS, CATÁLOGOS Y ESTUDIOS

Alín, José María. "Francisco Salinas y la canción popular del siglo XVI". *Lírica popular/lírica tradicional. Lecciones en homenaje a Don Emilio García Gómez*. Ed. Pedro M. Piñero Ramírez. Sevilla: Diputación: 137-157.

———. "Romancero y cancionero: préstamos textuales". *La eterna agonía del romancero*. Ed. Pedro M. Piñero Ramírez. Sevilla: Fundación Machado, 2001: 117-137.

Armistead, Samuel G., Joseph. H. Silverman. *En torno al romancero sefardí (Hispanismo y balcanismo de la tradición judeo-española)* con un estudio etnomusicólogo por Israel J. Katz. Madrid: Seminario Menéndez Pidal, 1982: 96-104.

———. "El antiguo romancero sefardí: Citas de romances en himnarios hebreos (siglos XVI-XIX)". *NRFH* 30 (1981): 453-512.

——— e Israel J. Katz. *Judeo-Spanish Ballads From Oral Tradition. II. Carolingian Ballads (1): Roncesvalles*. Berkeley, Los Angeles: Universiyt of California Press, 1994.

Asensio, Eugenio. "Hallazgo de *Diego Moreno*, entremés de Quevedo, y vida de un tipo literario". *HR* 27 (1959): 397-412.

Askins, Arthur L.-F. "Amargas horas de los dulces días". *MLN* 82 (1967): 238-240.

Bibliografía de la Poesía Áurea. Ralph A. DiFranco y José J. Labrador Herraiz. Banco de datos digital subvencionado por la *National Endowment for the Humanities* y las universidades de Denver y Cleveland.

Blanco Sánchez, Antonio. *Entre Fray Luis y Quevedo. En busca de Francisco de la Torre*. Salamanca, 1982.

Blecua, Alberto. "'A su albedrío y sin orden alguna'": Nota al *Quijote*". BRAE 48 (1967): 511-520.

———. "Juan Sánchez Burguillos, ruiseñor menesteroso del siglo XVI". *Homenaje al Profesor Francisco Ynduráin. Estudios sobre el Siglo de Oro*. Madrid: Editora Nacional, 1984: 71-103.

Calderón, Manuel. *La lírica de tipo tradicional de Gil Vicente*. Alcalá de Henares: Universidad, 1996.

Cancionero español de tipo tradicional. Ed. José María Alín. Madrid: Taurus, 1968.

Cancionero tradicional. Ed. José María Alín. Madrid: Castalia, 1990.

Cancioneros en Baena. Actas del II Congreso Internacional Cancionero de Baena. Ed. Jesús L. Serrano Reyes. 2 vols. Baena: Ayuntamiento, 2003.

Caravaggi, Giovanni. "Glosas de romances del siglo XVI". *"Nunca fue pena mayor". Estudios de literatura española en homenaje a Brian Dutton*. Ed. Ana Menéndez Collera y Victoriano Roncero López. Cuenca: Universidad de Castilla-La Mancha, 1996: 137-148.

Carreira, Antonio. "Juan de Palafox y Mendoza: Reajustes en su caudal poético". *NRFH* 50 (2002): 191-201.

Catálogo de manuscritos de la Biblioteca Nacional con poesía en castellano de los siglos XVI y XVII. 5 tomos. Madrid: Arco Libros, 1998.

Catálogo de la Real Biblioteca Tomo XI. Manuscritos. 4 tomos. Madrid: Patrimonio Nacional, 1994-1996.

Chaparro Gómez, César. "Sánchez de las Brozas' Translation into Latin of Some Early Castilian Octaves. Study and Textual-Criticism Notes". *Variants. The Journal of the European Society for Textual Scholarship*, 1 (2002): 197-217.

Chas Aguión, Antonio. *Juan Alfonso de Baena y los diálogos poéticos en su cancionero.* Baena: Ayuntamiento-Centro Juan Alfonso de Baena, 2002.

————.*Preguntas y respuestas en la poesía cancioneril castellana.* Madrid: Fundación Universitaria. 2002.

Colección de autos, farsas y coloquios del siglo XVI. Ed. L. Rouanet. 4 tomos. Barcelona: L'Avenc, 1901.

Copliaçam de todalas obras de Gil Vicente, 1562. Ed. facsímil. Lisboa: Biblioteca Nacional, 1928.

Corpus de la antigua lírica popular hispánica (siglos XV a XVII). Ed. Margit Frenk. Madrid: Castalia, 1987, y *Suplemento.* Madrid: Castalia, 1992.

Cossío, José María. *Fábulas mitólogicas en España.* Madrid: Espasa Calpe, 1952; reedición Madrid: Istmo, 1998.

Cruz, Anne J. "'La bella mal maridada:' Lessons for the Good Wife". *Culture and Control in Counter Reformation Spain.* Ed. Anne J. Cruz y Mary Elizabeth Perry. Minneapolis-Oxford: University of Minnesota, 1992: 145-170.

Devoto, Daniel. "Un millar de cantares exportados". *Bulletin Hispanique*, 96 (1994): 1-115.

Díez Fernández, J. Ignacio. *Introducción a la poesía erótica de los Siglos de Oro.* Madrid: Laberinto, 2003.

DiFranco, Ralph A. "Inspiración y supervivencia de un soneto de Boscán". *Estudios en homenaje a Enrique Ruiz-Fornells.* Ed. Juan Fernández Jiménez, *et al.* Erie, Pennsylvania: ALDEEU, 1990: 163-174.

DiStefano, Giuseppe. "El rey que mira. Poder y poesía en el 'romancero viejo'". *Estudios en memoria de Amelia García-Valdecasas.* Ed. Rafael Beltrán. Valencia: Universitat, Department de Filologia Espanyola, 2000: 127-135.

————. "Los textos del *Romance del rey moro que perdió Alhama* en las fuentes del siglo XVI". *Estudios de folklore y literatura dedicados a Mercedes Díaz Roig.* Ed. Beatriz Garza Cuarón e Yvette Jiménez de Báez. México: El Colegio de México, 1992: 41-52.

Dutton, Brian. *El cancionero del siglo XV c. 1360-1520.* 7 tomos. Salamanca: Universidad, 1990-1991.

El cancionero teatral de Lope de Vega. Ed. José María Alín y María Begoña Barrio Alonso. Londres: Tamesis, 1997.

Fernández Álvarez, Manuel. *Felipe II y su tiempo.* Madrid: Espasa Calpe, 1998.

Frenk, Margit. "Diez cancioncitas populares en un manuscrito valenciano del siglo XVI". *NRFH* 40 (1992): 187-198.

————. *Estudios sobre lírica antigua.* Madrid: Castalia, 1978.

Gallardo, Bartolomé José. *Ensayo de una biblioteca española de libros raros y curiosos.* Ed. facsímil. 4 tomos. Madrid: Gredos, 1968.

García Gil, Helena. *La transmisión manuscrita de Fray Luis de León. El texto de las poesías originales en las ediciones de Quevedo, Merino, C. Vega, y Macrí.* Salamanca: Diputación, 1988.

Gauthier, Marcel. "De quelques jeux d'esprit, I, *Les disparates.*" *RH* 33 (1915): 386-445

Getino, Luis Alonso. *Nueva contribución al estudio de la lírica salmantina del siglo XVI. Anales Salmantinos,* II. Salamanca: Calatrava, 1929.

Glaser, Edward. "*El cobre convertido en oro.* Christian *rifacimentos* of Garcilaso's Poetry in the Sixteenth and Seventeenth Centuries". *HR* 37 (1969): 61-76.

Gotor, José Luis. "Dos bellas, bien y mal maridadas italo-españolas (apuntes para la historia de una glosa". *Dialogo. Studi in onore de Lore Terracini.* Ed. I. P. Sarno. Roma: Bulzoni, 1990: 243-268.

Iglesias, Alejandro Luis. "*Amargas horas de los tristes días* en una inédita colección española de madrigales espirituales". *El libro antiguo español. Actas del segundo Coloquio Internacional* (Madrid). Ed. María Luisa López-Vidriero y Pedro M. Cátedra. Salamanca: Universidad, 1992: 263-283.

La canción tradicional de la Edad de Oro. Ed. Vicente Beltrán. Barcelona: Planeta, 1990.

La dama y el pastor. Romance. Villancico. Glosas. Tomo X del *Romancero tradicional.* Ed. Diego Catalán *et al.* Madrid: Cátedra Seminario Menéndez Pidal, 1977-1978.

Labrador Herraiz, José J. "Estancia de Marco Antonio de Vega a la Princesa de Éboli". *La princesa de Éboli y Pastrana.* Guadalajara: Diputación, 1993: 117-126.

———. *Poesía dialogada medieval. La "pregunta" en el Cancionero de Baena.* Madrid: Maisal, 1974.

Labrador Herraiz, José J. y Ralph A. DiFranco. "Continuidad de la poesía del XV en cancioneros del XVI". *Juan Alfonso de Baena y su cancionero.* Ed. Jesús L. Serrano Reyes y Juan Fernández Jiménez. Baena: Ayuntamiento, 2001: 213-258.

———. "Del XV al XVII: doscientos poemas". *Nunca fue pena mayor. Estudios de literatura española en homenaje a Brian Dutton.* Ed. Ana Ménendez Collera y Victoriano Roncero López. Cuenca: Universidad de Castilla-La Mancha, 1996: 367-418.

Lapesa, Rafael. "'Enfados' y 'contentos' en la poesía española del siglo XVI". *Filología* 20 (1985): 75-109.

Lambea, Mariano. *Íncipit de poesía española musicada, ca. 1465- ca. 1710.* Madrid: Sociedad Española de Musicología, 2000.

Lazcano, Rafael. *Fray Luis de León. Bibliografía.* Madrid: Editorial Revista Agustiniana, 1994.

López Bueno, Begoña. "El Brocense atacado y Garcilaso defendido. (Un primer episodio en la polémica de los comentaristas)", en *Homenaje a Alonso Zamora Vicente.* III-2. Madrid: Castalia, 1992: 159-174.

———. *La poética cultista de Herrera a Góngora.* Sevilla: Ediciones Alfar, 1987.

———. "Problemas específicos de las edición de textos poéticos: la ordenación del corpus". *Criticón* 83 (2001): 147-164.

López de Toro, José. "El poeta sevillano Juan de Alcalá". *AH* 45 (1951): 9-28

López F. Alemany, Ignacio. "Construcción de un cancionero y romancero efímero en la corte del III Duque de Calabria". *Estudios de literatura oral* 6 (2000): 139-154.

López Lara, Pedro. "'Quien dice que la ausencia causa olvido' (Cinco poemas inéditos y un ensayo de aproximación crítica)". *RFR* 5 (1987-1988): 277-301.

Lucero del Padrón, Dolly. "En torno al romance de 'La bella mal maridada'". *BBMP* XLIII (1967): 307-354.

Marín Padilla, Encarnación y José Manuel Pedrosa. *Un texto arcaico recuperado para la historia del romancero: una versión aragonesa manuscrita (1448) de "Las quejas de Alfonso V"*. Madrid: Edición propia, 1999.

Martínez Torner, Eduardo. *Lírica hispánica. Relaciones entre lo popular y lo culto*. Madrid: Castalia, 1966.

Menéndez y Pelayo, Marcelino. *Antología de poetas líricos castellanos*. Tomo XII. Madrid: Sucesores de Hernando, 1924.

Michaëlis de Vasconcelos, Carolina, *Estudos sobre o romanceiro peninsular. Romances velhos em Portugal,* 2ª edición, Universidade, Coimbra, 1934.

Montero, Juan. "Damasio de Frías y Herrera: Nota sobre unos roces literarios". *AH* 206 (1984): 115-121.

_____. "Otro ataque contra las *Anotaciones* herrerianas: La epístola 'A Cristóbal de Sayas de Alfaro' de Juan de la Cueva". *RL* 48 (1986): 19-36.

_____. "Una versión inédita (con algunas variantes) de la canción *Al sueño* de F. Herrera". *Cuadernos de Investigación Filológica* 12-13 (1986-1987): 117-132.

_____. "Dos textos poéticos de Fernando de Herrera con variantes y un posible soneto desconocido (más una lira antiherreriana). En prensa.

Morel-Fatio, Alfred. *Bibliothèque Nationale: Départment des manuscrits. Catalogue des manuscrits espagnols et des manuscrits portugais*. 3 tomos. Paris: Imprimerie Nationale, 1892.

Morley, S. G., "Chronological List of Early Spanish Ballads". *HR* 13 (1945): 273-287.

Moya del Baño, Francisca. *El tema de Hero y Leandro en la literatura española*. Murcia: Universidad, 1966.

Pedrosa, José M. "*Padrenuestros mayores y pequeños*: Fuentes antiguas y difusión románica moderna de algunos conjuros mágico-religiosos". *AIUON* 36 (1994): 29-48.

Piacentini, Giuliana. *Ensayo de una bibliografía analítica del romancero antiguo. Los textos (siglos XV y XVI), I. Los pliegos sueltos*. Pisa: Giardini, 1981.

———. *Ensayo de una bibliografía analítica del romancero antiguo. Los textos (siglos XV y XVI), I. Los pliegos sueltos. Anejo*. Pisa: Giardini, 1982.

———. *Ensayo de una bibliografía analítica del romancero antiguo. Los textos (siglos XV y XVI), II. Cancioneros y romanceros*. Pisa: Giardini, 1986.

———. *Ensayo de una bibliografía analítica del romancero antiguo. Los textos (siglos XV y XVI), III. Los manuscritos*. Pisa: Giardini, 1994.

———. "Romances en *ensaladas* y géneros afines". *El Crotalón, Anuario de Filología Española* 1 (1984): 1135-1173.

Poesía erótica del Siglo de Oro. Ed. Pierre Alzieu *et al*. Barcelona: Crítica, 2000.

Primavera y flor de romances. Ed. Fernando José Wolf y Conrado Hofmann. Berlin, 1856.

[reeditado en Marcelino Menéndez Pelayo, *Antología de poetas líricos castellanos*. Madrid: CSIC, 1945].

Rodríguez Marín, Francisco. "Las glosas de 'La bella mal maridada'", en su ed. de *Viaje del Parnaso de Miguel de Cervantes*. Madrid: C. Bermejo, 1935: 451-464.

———. *Luis Barahona de Soto. Estudio biográfico, bibliográfico y crítico*. Madrid: Sucesores de Rivadeneyra, 1903.

Rodríguez-Moñino, Antonio. *Manual bibliográfico de cancioneros y romanceros impresos durante el siglo XVI*. Ed. coordinada por Arthur L.-F. Askins. 2 tomos. Madrid: Castalia, 1973.

———. *Nuevo diccionario bibliográfico de pliegos sueltos poéticos (Siglo XVI)*. Ed. corregida y actualizada por Arthur L.-F. Askins y Víctor Infantes. Madrid: Castalia, 1997.

——— y María Brey Mariño. *Catálogo de los manuscritos poéticos castellanos existentes en la Biblioteca de The Hispanic Society of America. (Siglos XV, XVI, XVII)*. 3 tomos. New York: The Hispanic Society of America, 1965-1966.

Romancero. Ed. Paloma Díaz-Mas. Barcelona: Crítica, 1994.

Romancero general o Colección de romances castellanos anteriores al siglo XVIII. Ed. Agustín Durán. Madrid: Sucesores de Hernando, 1924.

Sánchez Martínez, Francisco Javier. *Historia y crítica de la poesía lírica culta "a lo divino" en la España del Siglo de Oro*. Tomo III. *De los orígenes a la divinización de la lírica de Garcilaso, con un estudio del Centón poético "a lo divino" de Juan de Andosilla*. Alicante: F. J. Sánchez Martínez, 1996.

Sánchez Romeralo, Antonio. *El villancico. (Estudios sobre la lírica popular en los siglos XV y XVI)*. Madrid: Gredos, 1969.

Tato, Cleo. "Algunas precisiones sobre el romance 'Retraida estava la reyna'". *Actas del Congreso Internacional de la Asociación Hispánica de la Literatura Medieval*. Ed. José Manuel Lucía. Alcalá de Henares: Universidad, 1995: 1479-1489.

———. "El romance 'Miraba de Campoviejo'". *Dicenda* 14 (1999): 251-258.

Tocco, Valeria. "Note sulle preguntas e repostas del *Cancioneiro Geral de Resende*", en *Testi, generi e tradizioni*. II. *Studi Mediolatini e Volgari* 48 (2002): 171-184.

Valladares Reguero, Aurelio. *El poeta linarense Pedro de Padilla. Estudio bio-bibliográfico y crítico*. Jaén: Centro Asociado de la UNED, 1995.

Wilson, E. y Jack Sage. *Poesías líricas en las obras dramáticas de Calderón*. London: Tamesis, 1964.

Yeves Andrés, Juan Antonio. *Manuscritos españoles de la Biblioteca Lázaro Galdiano*. 2 tomos. Madrid: Ollero y Ramos, 1998.

Zorita, C. Ángel, José J. Labrador Herraiz, Ralph A. DiFranco. "'A su albedrío y sin orden alguna' (*Quijote*, II, LIX). Autor y coincidencias con la *Égloga* de Juan de Tovar". *Cervantes and the Pastoral*. Ed. José J. Labrador Herraiz y Juan Fernández Jiménez. Cleveland: Penn State University-Behrend College/Cleveland State University, 1986: 213-229.

V. ÍNDICES

ÍNDICE DE AUTORES CON SUS POEMAS

Acuña, Hernando de 51

Alcalá, Juan de 19, 21

Alcaudete, Alonso de 144

Alcázar, Baltasar del 3

Almeida, Juan de 25

Ayala, Bernardino de 216*

Boscán, Juan 24, 159

Cardona, Alonso de 166

Cetina, Gutierre de 40

Cueva, Juan de la . . . . 64, 67?

Díaz, Miguel 245*

Dueñas, licenciado 150

Escobar, licenciado 149

Fontidueñas 245*

Herrera, Fernando de . . . . 61, 62?, 63

Hurtado de Mendoza, Diego 30, 74

Iranzo, Juan de 40

Lemos, Pedro 216*

León, Luis de 1

Montemayor, Jorge de 20, 36, 80

Orta, Juan de 22

Padilla, Pedro de 141

Rodríguez del Padrón, Juan 37 (223)

Sánchez Burguillos, Juan 216*

Sarabia, Gabriel 193

Silvestre, Gregorio 53, 54, 56, 58, 73, 182

Tablares, Pedro de 41, 59, 70, 71, 72 (76), 77, 245*

*atribución compartida

( ) poema repetido

ÍNDICE DE POEMAS QUE COMPARTE CON OTRAS FUENTES

A. FUENTES MANUSCRITAS

NH B 2486 — 2, 22, 24, 26, 33, 34, 43, 45, 52, 55, 69, 80, 89, 94, 95, 97, 98, 114, 120, 140, 149, 151, 152, 153, 174, 175, 177, 206, 208, 209, 218, 228

MP 1580 — 3, 19, 20, 21, 22, 24, 30, 33, 36, 37, 41, 55, 56, 81, 85, 117, 125, 136, 137, 148, 170, 171, 177, 178, 212, 224, 225, 228, 245, 246

MP 531 — 2, 3, 10, 22, 24, 25, 26, 33, 37, 43, 45, 55, 61, 94, 125, 140, 149, 150, 170, 177 212, 216, 218, 220, 225

RAV *Barb. Lat* 1635 — 2, 19, 20, 21, 22, 24, 25, 33, 37, 55, 81, 125, 140, 141, 150, 177, 212, 216, 218, 224, 225, 228, 246

MN 3915 — 3, 24, 25, 37, 55, 56, 57, 58, 71, 125, 140, 177, 178, 207, 210, 212, 218, 225, 245

PN Esp. 307 — 2, 14, 22, 26, 27, 41, 55, 77, 122, 123, 127, 134, 135, 140, 152, 153, 218, 225

MN 22.028 — 1, 7, 10, 22, 26, 33, 34, 45, 122, 123, 138, 140, 177 208, 209, 218, 225

PN Esp. 373 — 10, 24, 25, 30, 33, 37, 55, 87, 128, 129, 146, 149, 151, 177 216, 224

MRAE RM 6226 — 22, 41, 47, 55, 56, 59, 71, 125, 126, 170, 194, 218 (a lo divino) 228, 245, 246

MP 570 — 2, 3, 7, 19, 20, 21, 22, 24, 25, 30, 55, 87, 136, 228

MP 2803 — 24, 37, 55, 150, 177 220, 225, 235, 236, 241

MRAE 330 — 3, 22, 37, 53, 84, 140, 177, 178, 210, 224

MP 973 — 3, 19, 20, 21, 25, 33, 140, 141, 225

MP 617 — 22, 30, 33, 37, 55, 149, 177 218

LN Cod. 3071 — 22, 47, 48, 53, 54, 55, 56

MP 1578 — 1, 19, 20, 21, 51, 59, 71

MP 1581 — 3, 22, 53, 54, 57, 151, 246

MN 2973 — 41, 74, 77, 150, 218, 246

MN 3924 — 3, 26, 140, 174, 175, 177

MN 4072	29, 33, 36, 125, 151, 216
MN 17.689	24, 33, 41, 77, 125, 146
MRAH 9/5880	22, 30, 94, 95, 158, 245
OA 189	22, 24, 55, 140, 152, 153
PN Esp. 314	4, 30, 43, 135, 140, 173
PN Esp. 372	22, 33, 34, 55, 61, 177
FN VII-353	22, 142, 208, 209, 225
MN 2621	33, 41, 59, 71, 77
MN 3806	22, 24, 33, 177, 178
MN 3968	7, 24, 25, 34, 225
MP 1577	24, 33, 37, 40, 146
MP 1579	2, 22, 55, 81, 149
PhUP Codex 193	22, 55, 56, 246, 255
TCLM 506	24, 30, 81, 149, 228
MN 3778	53, 54, 55, 57, 58
MN 6001	22, 34, 41, 77
MN 12.622	3, 19, 20, 21
MN 17.951	22, 125, 126, 245
MP 644	55, 59, 72, 245
MP 1587	22, 85, 140, 141
PMBM 861	22, 41, 59, 218
PMBM 23/4/1	22, 51, 177, 218
LTT 2209	55, 69, 182, 228
VCC 24-125	22, 55, 56, 78
EP CXIV/1-17	128, 129, 140
EP CXIV/2-2	33, 59, 71
EPH 11.973	24, 55, 207
LN Cod. 3069	24, 41, 77
MLG 327	41, 57, 58
MN 1132	30, 34, 55
MN 3902	10, 34, 55
MN 4152	26, 125, 126
MN 17.681	19, 20, 21
MRAE RM 6213	59, 71, 245
MRAE RM 6225	41, 245, 246
MRAE RM 6723	55, 56, 149
MRAE RM 6767	41, 71, 72
MRAE RM 6925	19, 20, 21
MRAH 9/7069	1, 49, 74
NH B 2341	19, 20, 21
Peralada 091	19, 20, 21

PN 371	24, 37, 140
RaC 263	140, 174, 175
WHA 75	30, 140, 228
BUB 1649	71, 140
BUC 143 v. 86	59, 71
FN VII-354	30, 246
FN Magl. XIX-109 (Medicea Palatina)	22, 127
FN Magl. XXXV-319 (Medicea Palatina)	53, 54
FR 3358	41, 73
LN Cod. 3079	55, 56
LN Cod. 8920	22, 140
MCSIC RM 3879	55, 56, 218 (a lo divino)
MiT 994	33, 212
MN 3888	33, 216
MN 3992	125, 126
MN 4117	24, 150
MN 22.783	33, 55
MRAE RM 6227	125, 126
MRAE RM 6880	33, 37
MRAE 9/5708	52, 69
MRAH 9/5807	55, 56
MRAH 9-7569-29	33, 212
NH HC 380, 946	22, 30
SL 57-3-16	41, 47
AU 9816 M/6 (II)	33
BC 2050	33
BC 20.555	3
EM Ç-III.22	22
FN B.R. 344	33
FR 2774	33
LB 10.328	41
LB 33.383	33
LB Add. 10.431	33
LN Cod. 11.353	159
LPA 46-VII-48	48
LTT 1710	33
MiB AC-VIII.7	30
MLG 681	41
MN 2882	33

MN 3168	218
MN 3657	26
MN 3724	33
MN 3797	182
MN 3892	26
MN 3909	55
MN 3926	41
MN 3993	33
MN 4057	37
MN 4106	37
MN 5566	30
MN 5593	33
MN 5914	30
MN 7075	33
MN 8607	53
MN 17.477	37
MN 17.696	159
MP 1335	33
MRAE RM 6633	182
MRAE RM 6952	10
NH B 2331	37
NH B 2335	41
NH B 2349	41
NH B 2350	41
NH B 2428	3
NH B 2459	55
NH B 2460	26
NH B 2503	41
NH B 2504	218 (a lo divino)
NH B 3883	37
NVE II.A.12	26
PBA 56	33
PMBM 23/8/7	37
RAV Otto. 2882	228
RAV Patetta 840	30
Rcor 970	22
SMP M-125	3
SPA 33-180-6	33
WLC D. Sebastião	33

B. FUENTES IMPRESAS

1511	*Cancionero general*: 7, 33, 166
1513?	*Coplas en español* (pliego sin localizar): 34
1514	*Cancionero general*: 46
1514-24	*Dechado de galanes*: 46
1520?	*Aquí comiençan tres* (pliego): 33
1527	*Cancionero de Juan de Molina*: 33
1528	Caietan, *Second livre*: 132, 133
ca. 1530	*Coplas de una dama* (pliego):143
1535-39?	*Glosa sobre el romance que dizen Tres cortes* (pliego): 143
1535-40	Velázquez de Ávila [*Cancionero de obras diversas*]: 33, 55
1538	Narváez, *Los seys libros del Delphín*: 33
1543	*Las obras de Boscán*: 24, 159
1547	Valderrábano, *Libro de música de vihuela, intitulado Silva de sirenas* 33
1550	*Primera parte de la silva*: 166
1550	*Silva de varios romances*: 166
1550?	*Aquí se contienen dos romances* (pliego): 33
1550?	*Disbarates de Gabriel de Sarauia* (pliego): 193
1550 *ca*	*Glosa sobre el romance que dizen Tres cortes* (pliego): 143
1551	Sepúlveda, *Romances nuevamente sacados*: 33
1551	Vázquez, *Villancicos*: 24
1552	*Segunda parte del Cancionero general*: 55, 193
1552	*Silva de romances*: 37
1554	Montemayor, *Cancionero*: 33, 36
1554	Nájera, *Cancionero general de obras nuevas*: 33
1557	*Cancionero general*: 33, 34, 37, 55, 218
1560	Aranda, *Glosa peregrina* (pliego): 33
1560-70?	*Glosa sobre el romance que dizen Tres cortes* (pliego):143
1561	*Silva de varios romances*: 118, 120
1561	Timoneda, *Sarao de amor*: 55
1562	*Flor de enamorados*: 118, 120
1562	Gil Polo, *Diana enamorada*: 33, 55
1562	Montemayor, *Cancionero*: 80
1562	Ramírez Pagán, *Floresta*: 37
1565	Villegas, *Inventario*: 140
ca. 1565	*Romance de los condes de Carrión* (pliego): 143
1566	Aranda, *Glosa peregrina* (pliego): 33
1566	Arbolanche, *Los nueve libros*: 24 (1 verso)
1570	*Aquí comiençan unos disparates* (pliego): 193
1570	*Romance de Leandro* (pliego): 80
1572	*En este breve tractado* (pliego): 22
1572	*En este breve tractado* (pliego): 22

1573	*Romance de la hermosa Xarifa* (pliego): 143
1573	Timoneda, *Guisadillo de amor*: 26, 140, 177
1574	Santa Cruz de Dueñas, *Floresta*: 151
1576	Daza, *Libro de música*: 86
1576	*Ventura de gitana* (pliego sin localizar): 212
1578	*Flor de romances y glosas*: 26, 55, 140, 177
1579	López de Úbeda, *Cancionero de la doctrina*: 43 (a lo divino), 55, 56
1580	Bartolomé Ponce, *Primera parte de la clara Diana* 33 (a lo divino)
1580	*Glosa sobre el romance que dizen Tres cortes* (pliego): 143
1580	Padilla, *Tesoro*: 55, 140, 141, 212
1582	*Algunas obras de Fernando de Herrera*: 63
1582	López de Úbeda, *Vergel de flores divinas*: 30, 33, 41, 53, 54, 246
1582	Rodríguez, *Romancero historiado*: 22, 125
1582	Romero Cepeda, *Obras*: 24, 33, 55, 140, 218
1582	Silvestre, *Obras*: 33, 34, 53, 54, 55, 56, 57, 58, 182
1583	Íñiguez de Medrano, *La Silva curiosa*: 26
1583	Padilla, *Romancero*: 33, 212
1585	Padilla, *Jardín espiritual*: 22 (a lo divino)
1586	López Maldonado, *Cancionero*: 225
1589	Guerrero, *Canciones*: 77
1590	Silvestre, *Obras*: 73
1592	*Aquí se contienen muchas* (pliego): 22
1592 *ca*	*Aquí se contienen muchas* (pliego):182
1593	*Flor sexta*: 180
1593	*Romances nuevamente compuestos* (pliego sin localizar): 33
1597	*Flor novena*: 122
1597	*Quinto quaderno* (pliego): 122
1600	*La vida del estudiante pobre* (pliego): 55
1600	*Romancero general*: 24, 122, 180
1610	Hurtado de Mendoza, *Obras*: 34
1619	*Versos de Fernando de Herrera*: 61, 63
1625	*Danza de galanes*: 122
s.a.	*Aquí comiençan dos maneras* (pliego): 55
s.a.	*Aquí comiençan tres romances* (pliego): 33
s.a.	*Aquí se contienen dos romances* (pliego): 55
s.a.	*Aquí se contienen muchas* (pliego): 140
s.a.	*Cancionero de romances*: 166
s.a.	*Coplas de una dama* (pliego): 143
s.a.	*Diversas y nuevas canciones* (pliego): 26
s.a.	*Glosa agora nuevamente* (pliego): 55
s.a.	*Las coplas de Flérida* (pliego): 24
s.a.	*Reprehensión de vicios* (pliego): 55
s.a.	*Tercero quaderno* (pliego): 122
s.a.	*Villete de amor*: 17

ÍNDICE DE NOMBRES PROPIOS

Los números en cursiva remiten al I. Estudio, los demás a II. Textos y III. Notas.

A

Abraham 32 v. 26

Absalón *35*; 165 v. 15

Acuña, Hernando de *29*; *38*; 51 epigr.

Adán *31*;103 v. 31; 114 vv. 2, 8; 115 v. 7; 194 v. 27; 246 v. 34

Albanio 117 v. 2

Alcalá, Juan de *24*; *38*; 19 epigr.; 20 v. 53; 21 epigr.; 21 v. 107

Alcázar; Baltasar del *22*; *26*; *38*; 3 epigr.

Alcaudete, Alonso de *36*; *38*;144 epigr.

Alemania 193 v. 13

Alhama 193 v. 20

Alín, José María *22; 22n. 13; 31 n. 32; 32 n. 39; 39*

Almeida, Juan de *38*, 25 epigr.

Altamira, sierra de 42 v. 99

Alvar, Manuel *35*

Amaltea 68 v. 32

Amnón *35*; 165 vv. 1, 11

Amor 27 v. 33; 44 v. 13; 62 v. 5; 86 vv. 1, 11; 112 v. 12; 117 v. 31; 216 v. 2

Ana 4 vv. 1, 11, 16, 21, 23, 31, 41, 51; 116 v. 5; 130 v. 1

Andrés 169 v. 2

Apeles 31 v. 15

Apolo 64 v. 5; 221 v. 1

Arabia 228 v. 9

Aragón 103 v. 43; 193 v. 35

Arimatea, Juan de 231 v. 40

Armistead, Samuel G. *35*

Arnaldos, Infante 193 v. 71

Askins, Arthur L-F. *26 n. 21; 36 n. 45*

Autria, Juan de *31*; 202 epigr.
Ayala, Bernardino de *25*; *38*

B

Babilonia 104 v. 124
Baena, Juan Alfonso de *12*
Belén 9 v. 121; 97 v. 2; 194 vv. 21, 22; 204 v. 2
Belerma *28*; *34*
Blecua, Alberto *22 n. 11*; *24 n. 16*; *25 n. 17*
Blecua, José Manuel *5 n. 10*
Berceo, Gonzalo de *36*
Bernard, Lori A. *17 n. 1*
Boreas 68 v. 7
Boscán, Juan *38*; *18*; 23 epigr.; 158 epigr.
Bras 26 v. 1; 27 vv. 1, 14, 22, 25, 30, 33, 37, 42, 46

C

Cabral, Maria Luísa *20 n. 8*; *39*
Caietan *33*
Campoviejo *31*;103 v. 42
Carlos V, Emperador *19*; *30*; *31*; *38*; 32 epigr.; 202 vv. 4, 12, 20
Cardona, Alonso de *34*; *34 n. 42*; *38*; 166 epigr.
Carreira, Antonio *18 n. 3*; *39*
Cartago 32 vv. 19, 20
Carvajal, Diego de *25*
Castilla 42 v. 104
Castilla, Juana de (Juana la Loca) 31 v. 89
Castillo, Hernando del *15*
Catalina Micaela (hermana de Felipe III) *30*; 82 epigr., v. 11
Cataluña 193 v. 15
Céfiro 68 v. 9; *28*
Ceres 68 v. 30
Cetina, Gutierre *25*; *26*; *38*; 40 epigr.
Chas Aguión, Antonio *32 n. 33*
Colón, Fernando *27*
Conde Claros 3 v. 79
Conde de Benavente 193 v. 1
Conde de Cabra 193 v. 24
Conde de Cerdeña 193 v. 11

Conde de Colonna 193 v. 12
Conde de Niebla 193 v. 21
Constantinopla 124 v. 22
Creso 68 v. 44
Cruz, Felipe la 42 v. 51
Cueva, Juan de la *27*; *29*; *38*
Cueva, Nuño de la 193 v. 23
Cuevas, Cristóbal, 280
Cupido 119 v. 14

D
Dalmacia 68 v. 14
David 227 v. 86
Daza *33*
Davis, Elizabeth *36 n. 46*
Devoto, Daniel *32*
Diana 60 v. 10
Díaz Larios, Luis F. *29*; *29 n. 23*; 280
Díaz-Mas, Paloma *15*
Díez Fernández, José Ignacio 280
Diego Moreno *31*; *31 n. 32*
DiFranco, Ralph A. *17 n. 1*; *19 n. 7*
Duarte Ferreira, Teresa *19*; *39*
Dueñas, Licenciado *38*; epigr. 150
Duero *25 n. 17*; 22 v. 2; 103 v. 17; 117 v. 2
Duque de Arjona 42 v. 39
Duque de Calabria *33*
Durandarte *28*; *34*; 3 v. 89,
Dutton, Brian *31 n. 34*

E
Éboli, Pincesa de *8*
Elías 214 v. 13
El Pardo, *12*; 221 v. 12
Elvira 237 vv. 3, 9
Eneas 68 v. 43; 193 v. 49
Enmanuel 96 v. 7
Ero *30*
Escamilla 42 v. 102

Escobar, Licenciado 149 epigr.

España 9; *13*; 31 epigr.; 42 v. 41; 126 v. 26, 156 v. 26; 193 v. 14; 202 vv. 3, 11, 19

Espíritu Santo 19 v. 29; 54 v. 9; 185 v. 47; 246 v. 52

Eufrosine 69 v. 10

Eva 9 vv. 32, 92, 98; 101 vv. 1, 20, 26, 28, 29; 114 v. 8; 115 v. 18; 194 v. 27; 227 v. 30

F

Faulhaber, Charles B. *31 n. 34*

Febo 67 v. 5

Felipe II *26*; *27*; *29*; 32 v. 80

Felipe III *30*; 82 epigr., v. 11

Felipe IV *27*

Fénix (Felipe II) 32 v. 80;

Fénix (pastora) 64 vv. 3, 72

Fernández Jiménez, Juan *31 n. 35*

Flandes 163 v. 14

Flecha, Mateo *19*; *33*

Flérida 117 vv. 7, 29

Fortuna 36 vv. 14, 32, 35; 86 vv. 1, 11; 126 v. 2; 178 v. 17; 216 v. 2

Francia 42 v. 110

Francisco I 32 v. 32

Frenk, Margit *19 n. 7*; *32*; *32 n. 38 y 39*; *35*

Frías, Damaso de *30*; *30 n. 31*

Fuenllana *19*; *33*

G

Galatea 22 v. 56; 70 v. 29; 228 v. 7

Glaser, Edward *31 n. 33*

García Gil, Helena *22 n. 11*

García, Juana 99 v. 10

Gracilaso de la Vega *8*

Garijo *26*

Gibraltar 193 v. 5

Gil (pastor) 17 v. 2; 18 vv. 3, 6, 14, 22; 138 vv. 1, 2; 139 v. 1

Gómez da Silva, Ruy *19*; *22*; *27*; *30*; *38*; 59 epigr.; 71 epigr.

Góngora, Luis *19*; *21*; *23*

Granada 193 vv. 10, 45, 60

Guadalquivir *19*; *25 n. 17*; 103 v. 64

H

Hado 68 v. 46
Héctor 32 v. 10
Helena 31 v. 27
Hernando (pastor) 130 v. 2
Herrera, Fernando de *19*; *27*; *29*; *30*; *34*; 61 epigr.; 63 epigr.; 67 v. 1
Homero 31 v. 14
Hungría 234 v. 11
Hurtado de Mendoza, Diego *27*; *38*; 30 epigr.; 74 epigr.

I

Icaza, Francisco A. de *11 n. 25*
Indias 206 v. 36
Iranzo, Juan de *26*; *38*; 40 epigr.
Iseo 31 v. 26
Israel, 32 v. 9

J

Jericó 198 v. 2
Jerusalén 230 v. 14
Jesé 194 v. 4
Jimena (pueblo) 3 v. 87
Juan 124 v. 7; 202 vv. 7, 18
Juan (pastor) 152 v. 1
Juana la Loca *30*; 31 epigr.
Juana (pastora) 84 vv. 1, 4, 7, 10; 177 vv. 1, 4; 178 vv. 10, 26, 34
Juan Manuel, Don *23*
Juan Prado (pueblo) 42 v. 63
Judas (el traidor) 227 v. 108

K

Katz, Israel *35*

L

Labrador Herraiz, José J. *17*; *19 n. 7*; *32n. 36*
Lapesa, Rafael *25*; *25 n. 18*; *26*
Lara Garrido, José *17*,
Laýnez, Pedro *27*

Leandro *18*; *33*; 80 v. 1
Lemos, Pedro de *25*; *38*
León, Fray Luis de *22*; *38*; 1 epigr.
Leonor 183 vv. 1, 12, 17, 28, 36; 238 vv. 1, 13; 242 v. 6
Lepanto *29*; *30*; *31*; 51 epigr.
Liñán de Riaza, Pedro *21*
Lisboa *20*; *22*
Longinos 231 v. 21
López F. Alemany, Ignacio *33 n. 40*
López Bueno, Begoña *19 n. 4*; *21 n. 9*; *29 n. 27*; *30 n. 31*; *39*
López de Úbeda *26*, *28*
Lucifer 9 vv. 29, 69; 96 vv. 2, 4; 99 v. 15; 192 vv. 1, 3; 204 v. 44; 227 v. 136
Luzbel 9 v. 84; 96 v. 5; 102 v. 18; 227 v. 134

M

Magdalena 227 v. 53; 234 vv. 1, 2
Malsín, rey 42 v. 100
Marfida *33*; 218 v. 1; 219 epigr., v. 5
María (bella dama) 87 vv. 8, 14, 24; 117 vv. 5, 25; 183 vv. 2, 11, 18, 22, 27, 35
Marías, las tres 231 v. 39
María del Santísimo Sacramento, Sor *26*
María de San Alberto, Madre *34*
Marqués de Aguilar 193 v. 2
Martín Abad, J. *39*
Menandro 163 v. 12
Menéndez Collera, Ana *31 n. 35*
Mendoza y de La Cerda *4*,
Menga 26 vv. 1, 2; 27 vv. 5, 9, 13, 17, 22, 27, 29, 37, 38; 134 v. 1; 135 vv. 1, 6
Mesías 9 v. 3; 102 v. 8; 194 v. 3
Milán, Luis *19*; *33*
Moisés 21 v. 124; 32 v. 27; 194 v. 24
Montemayor, Jorge de *19*; *21*; *24*; *27*; *31*; *38*; 19, epigr.; 20 epigr.; 21 v. 161; 36 epigr.;
    80 epigr.
Montero Delgado, Juan *24 n. 15*; *29*; *29 n. 25*; *26*; *39*
Morales, Inés de 6 v. 25
Morán de la Estrella, Francisco *25*; *25 n. 17*; *27*; *16*
Moreno, Diego 99 v. 12; 221 v. 3
Muerte 32 v. 72; 58 epigr.; 149 v. 13
Mundo 86 vv. 2, 11

N

Narciso 90 vv. 12, 17, 25
Natura 36 vv. 1, 13
Neptuno 80 v. 6
Nerón 3 v. 49
Nuñez Rivera, Valentín 280

O

Orta, Juan de *24*; *38*; 22 epigr.
Oseas 32 v. 9

P

Pacheco, Francisco *19*
Padilla, Pedro de *21*; *24*; *34*; *37*; *38*; 141 epigr.
Papa (Santo Padre) 40 v. 6
Paris 87 v. 12
Parnaso 221 v. 2
Pascual (pastor) 84 vv. 9, 12; 130 v. 7
Pascuala (pastora) 17 v. 1; 18 vv. 5, 13, 21; 137 vv. 7, 17; 138 v. 1; 139 v. 1
Pasitea 61 v. 12; 68 v. 11
Pavía 193 v. 37
Pedrosa, José Manuel *27 n. 22*
Piñero Ramírez, Pedro *22 n. 13*, *14*
Pirítoo 60 v. 12
Princesa de España (Juana la Loca) *38*; 31 epigr.

Q

Quirós 42

R

Reyes Cano, José M.ª *30 n. 29*
Ribeiro dos Santos, Antonio *20*
Rodríguez del Padrón, Juan *25*; *38*; 37 epigr.
Rodríguez Marín, Francisco *26*; *26 n. 20*
Rodríguez-Moñino, Antonio *32*
Roldán 40 v. 66
Roma 32 vv. 19, 20; 202 v. 16
Romero de Cepeda, Joaquín *38*
Roncero López, Victoriano *29 n. 27*; *31 n. 35*

S

Salazar *27*

San Agustín 234 vv. 37, 38

San Andrés 93 vv. 2, 5; 184 vv. 2, 5

San Dimas 50 v. 1

San Francisco 83 epigr., v. 4; 234 v. 34

San Gabriel 54 v. 21

San Jerónimo 245 epigr., v. 11

San Juan 49 v. 51; 227 v. 95; 234 v. *28*

San Juan Bautista 83 vv. 41, 47; 227 v. 66; 234 vv. 25, 26

San Juan (la mañana de) 4 v. 54; 122 v. 2; 193 v. 72

San Martín 42 v. 97

San Nicodemo 231 v. 40

San Pablo 14 v. 30; 234 vv. 22, 23

San Pedro 234 v. 19

Sánchez Burguillos, Juan *25*; *34*; *38*

Sancho, Don 3 v. 60

Sansón 3 v. 166

Santa Ana 204 v. 13, 227 v. 76

Santa Catalina de Alejandría 234 v. 7

Santa Catalina de Sena 234 v. 4

Santa Isabel 234 v. 10

Santa Lucía 234 v. 13

Santa María Magdalena 227 v. 53; 234 vv. 1, 2

Santísima Trinidad *6*; 19 v. 25; 20 v. 21; 185 v. 61; 246 v. 50

Santiago (apóstol) 201 v. 2; 234 v. 3

Sarabia, Gabriel de *36*; *38*; 193 epigr.

Satán 227 v. 20

Sena 234 v. 6

Sepúlveda, Lorenzo de *35*, *35 n. 43*

Serrano Reyes, Jesús *31 n. 35*

Sevilla *19*; *29; 39*; 9, 40 v. 3; 193 v. 34

Silvano 244 v. 7

Silveo 64 vv. 37, 43, 72

Silverman, Joseph H. *35*

Silvestre, Gregorio *19*; *21*; *24*; *27*; *29*; *31*; *38*; 34 epigr.; 53 epigr.; 54 epigr.; 56 epigr.; 58 epigr.; 73 epigr.; 182 epigr.

Silvia 228 vv. 7, 27, 33; 233 v. 4; 235 v. 1; 236 v. 1; 241 v. 9

T

Tablares, Pedro de *19*; *26*; *26 n. 21*; *27*; *30*; *31*; *38*; 41 epigr.; 59 epigr.; 70 epigr.; 72 epigr; 76 epigr.; 77 epigr.

Talía 68 v. 10

Tamar *15*; 165 v. 2

Teseo 60 v. 13

Timoneda, Juan *26, 37*

Tirseo 228 v. 26

Tocco, Valeria *32 n. 36*

Torres, Diego de *15 n. 38*

Torres (pueblo) 3 v. 87

Tremecén (pueblo) 193 v. 25

Troya 32 v. 10

Túnez 32 v. 33; 193 v. 5

V

Vázquez, Juan *33*

Vega, Lope de *21*

Virgen María *8*; *21*; *34*; 36; 9 vv. 1, 36, 79; 54 vv. 29, 63, 100, 122, 139; 187 v. 1; 188 v. 1; 186 v. 15; 191 vv. 9, 25; 204, v. 351; 194 vv. 2, 14; 227 v. 5; 231 v. 35; 246 vv. 7, 17, 45, 49

Z

Zamora 3 v. 104

ÍNDICE DE PRIMEROS VERSOS

	Poema	Folio
A caza va el emperador *ver* Mis armas tengo empeñadas		37
A quién me quejaré, ¡ay Dios!, que muero	164	93v
A su albedrío y sin orden alguna	22	23
A su albedrío y sin orden alguna / lleva Adán con duelo su ganado	114	78v
Afuera, consejos vanos	140	86v
Glosado en Ha querido mi ventura	141	86v
Agradáis al Rey del cielo	95	69v
Glosa de Doncella, a Dios agradáis	94	69v
Agrádanme las hebras de oro fino	234	119
Ah, Muerte, vida mía. —¿Quién me llama?	149	89v
Al pie de un alto pino vi cantando	244	124
Al pie de un monte escabroso	178	96v
Glosa de Vide a Juana estar lavando	177	96v
Al pie de una alta haya	64	49v
Albricias, hombre mortal	185	99
Se cita El melón y el casamiento		99
Se cita Si mi padre no me casa		99
Se cita Dios y hombre y hombre y Dios		99
Se cita Quien se casa por amores		99v
Se cita Salga la verdad		99v
Se cita Virgen gloriosa		99v
Se cita Sea bienvenido / bienvenido sea		99v
Alegre estoy, carillo, grandemente	81	63
Alegrías, alegrías	194	103
Se cita Olivar, olivar verde		103
Se cita Florecicas, la mi madre		103

Se cita Los ojos de la niña lloraban sangre   103

Se cita Volaba el azor nuevo   103

Se cita Que no son para vos, casada   103v

Alma enamorada   199   104

Alta princesa debida   196   103v

Alzo los ojos de llorar cansados   74   60v

Amargas horas de los dulces días   41   36v

                                                                           76   61

Amor en perfección examinado   220   110v

Amor y su contrario   25   24v

   Glosa de Quien dice que la ausencia causa olvido   24   24v

Ana, de mí tan amada   4   11v

   Se cita La mañana de San Juan   11v

Andando de aquí para allí   214   108

Ante las muy extremadas   253   131v

   En Procurando con mi triste fantasía *[prosa]*   126v

Aquel caballero, madre   118   82v

Aquí me quedé aislado   42   36v

   Se cita Justa fue mi perdición   37

   Se cita Mal hubiese el caballero   37

   Se cita Mis armas tengo empeñadas *versos de* A caza va el emperador   37

   Se cita De vos, el duque de Arjona   37

   Se cita El mayor dolor que tengo *versos de* Paseábase el buen conde   37v

   Se cita Pésame de vos, el conde   37v

   Se cita Quédate a Dios, alma mía *versos de* Zagaleja de lo verde   37v

   Se cita Vuestra fue la culpa, amigo *versos de* Rosa fresca, rosa fresca   37v

   Se cita Tiempo bueno, tiempo bueno   37v

   Se cita Por las sierras de Altamira *versos de* Domingo era de Ramos   38

   Se cita Los que me vieron ir *versos de* Oh Belerma, oh Belerma   38

Aquí yace sepultada   151   90v

Aunque más y más dirán   158   92

Ay de mí, desventurada   13   16v

Ay, Fortuna cruel. Ay, ciego Amor   86   66

Ay, Leonor soberana, a quien el cielo   238   122

Ay, triste de mí, que he visto 28 26

Bien acertara Natura 35 29

    Glosa de La bella mal maridada 36 29

Castellanos y leoneses 72v

    Se cita en Es tan grande mi pasión 103 71v

Cómo vivirá el cuitado 175 96

    Glosa de El dolor que me destierra 174 96

Cómo te va, di, carillo 136 86v

Glosado en Las burlas y niñerías 137 86v

Con dolor de amor esquivo 255 132v

    En Procurando con mi triste fantasía *[prosa]* 126v

Con los pies hacia el Oriente *versos de* Doliente se siente el rey 11

    Se cita en Quién os engañó, señor 3 7v

Condenado me tenéis 251 131

    En Procurando con mi triste fantasía *[prosa]* 126v

Credo que me ahorca amor 167 94

Cuál es la cosa criada 107 76

Cuán lejos está un necio de entenderse 182 98

Cuan libres alcé mis ojos 120 83

    Glosado en Oh, quien nunca os mirara 121 83

Cuando Menga quiere a Bras 26 25v

    Glosado en Está Bras escarmentado 27 25v

Cuando nos quiso mostrar 146 88v

    Glosa de La bella mal maridada 145 88v

Cuantos aquí son venidos 227 112v

Dama de gran hermosura 10 13v

De amores combatida 219 109v

    Glosa de Estábase Marfida contemplando 218 109v

De cansado no se mueve 153 90v

    Glosa de Gran lástima traigo, Juan 152 90v

De esos tus rubios cabellos 18 19v

    Glosa de Qué linda que eres, Pascuala 17 19v

De hoy más no argüiré, vida trabajada 237 121v

De ningún trance se espanta 352 131

    En Procurando con mi triste fantasía *[prosa]* 126v

De sus pastoras dos, ya desterrado	117	81
De tan secreto cimiento	249	130v
En Procurando con mi triste fantasía *[prosa]*		126v
De vos, el duque de Arjona		37
Citado en Aquí me quedé aislado	42	36v
Decid, ociosos pensamientos vanos	72	59v
Del aposento de Amón	165	93v
Del pecho del ave	195	103v
…delante de tu deidad *[acéfalo]*	91	68v
Desvíase, amigo	211	107v
Glosa de Mire que le digo	210	107v
Dicen que es ciego	129	85
Glosa de Madre, al amor quiérole	128	85
Dimas, no tienes que digas	50	41
Diónos en la tierra un ave	54	45
Dios y hombre y hombre y Dios		99
Se cita en Albricias, hombre mortal	185	99
Divina Silvia, si de mis enojos	236	121
Doliente se siente el rey *ver* Con los pies hacia el Oriente		11
Domingo era de Ramos *ver* Por las sierras de Altamira		38
Doncella, a Dios agradáis	94	69
Glosado en Agradáis al Rey del cielo	95	69v
Dulcísima pastora	187	100
Dungandux, dungandux	5	12
Glosado en Mozas, si queréis holgar	6	12
Durmiendo está el conde Claros		9
Se cita en Quién os engañó, señor	3	7v
El amor está en franqueza	189	101
El conde de Benavente	193	102
Se cita Paseábase el rey moro		102
Incluye versos de No teniendo qué hacer		102v
Se cita Retraída está la infanta		102v
Se cita Eneas, pues que te vas		102v
Se cita Quién hubiese tal ventura		102v

El dolor que me destierra	174	96
Glosado en Cómo vivirá el cuitado	175	96
El fresco aire del favor humano	59	47v
El hombre cayó por Eva	101	71
El mayor dolor que tengo *versos de* Paseábase el buen conde		37v
Se cita en Aquí me quedé aislado	42	36v
El melón y el casamiento		99
Se cita en Albricias, hombre mortal	185	99
El que hablar en ti ya no quería	39	30
El sol entre las estrellas	198	103v
El sol ya no da luz como solía	239	122v
En el claro Oriente	230	116
En el monte sagrado	231	116v
En el sacro apostolado	201	104
En el verde prado	229	115
En noche oscura, al áspero desierto	62	48v
En pan Dios al hombre es dado	205	106
En verme tan peligroso	226	112
Glosa de Puesto ya el pie en el estribo	225	112
En virtud propia de un vuelo	107	71v
Eneas, pues que te vas		102v
Se cita en El conde de Benavente	193	102
Enfádanme mujeres melindrosas,		
versos de Señor, pues del airado y fiero Marte		33
en No os parezca, señor, gran maravilla	40	32
Enfádame una dama tan golosa	115	80
Entre ásperas montañas encerrado	245	124v
Es cosa tan natural	209	107v
Glosa de Los ojos que de rondón	208	107v
Es llama tan encendida	213	108
Glosa de Socorred con agua al fuego	212	108
Es tan bella esta zagala	90	67v
Glosa de Por quién suspiras, carillo	89	67v
Es tan grande mi pasión	103	71v
Se cita Riberas de Duero arriba		72

Se cita Si amores me han de matar 72

Se cita Triste estaba el padre Adán 72

Se cita Oigan todos mis tormentos 72

Se cita Miraba de Campoviejo 72v

Se cita Rebelóse mi cuidado 72v

Se cita Castellanos y leoneses 72v

Se cita Las tristes lágrimas mías 72v

Se cita Por Guadalquivir arriba 72v

Se cita Las tristezas no me espantan 72v

Escogida fue la estrella 92 69

Está Bras escarmentado 27 25v

   Glosa de Cuando Menga quiere a Bras 26 25v

Estábase Marfida contemplando 218 109v

   Glosado en De amores combatida 219 109v

Estando con Apolo en su ejercicio 221 111

Estando el buen Jesús agonizando 79 62v

Falsa me es la espigaderuela 132 85v

    160 92v

   Glosado en Una dama de esta tierra 133 86

    161 92v

Favor, privanza, imperio y grande asiento 71 59

Fiel y muy noble, amigo y señor 110 77

Fiero baja de la gran Turquía 124 83v

Florecicas, la mi madre 103

   Se cita en Alegrías, alegrías 194 103

Fontefrida, Fontefrida *ver* Que ni posa en ramo verde 10v

Fue tan delgado y sutil 93 69

    184 98v

Gil tanto a Pascuala quiere 139 86v

   Glosa de Pascuala le dice a Gil 138 86v

Gran lástima traigo, Juan 152 90v

   Glosado en De cansado no se mueve 153 90v

Ha querido mi ventura 141 86v

   Glosa de Afuera, consejos vanos 140 86v

Hagan los sentidos guerra	32	27v
Hanse en mi favor mostrado	216	108v
Glosa de La bella mal maridada	215	108v
He dado en tener en poco	2	7v
Hermosa Silvia, en quien con larga mano	235	120v
Hermosísima pastora / que el cordero apacentáis	188	100v
Hermosos ojos, dulce acogimiento	240	122v
Hernando de Herrera	67	53
Hijo, no lloréis	109	76v
Hombre y Dios han hecho liga	186	100
Humana naturaleza	49	40
Húyese el invierno a paso presuroso	68	53
Inmenso Padre eternal	53	42
Justa fue mi perdición		37
Se cita en Aquí me quedé aislado	42	36v
Juventud florida, insana	58	47
Glosa de Tú que me miras a mí	57	47
La bella mal maridada	33	28v
	35	29
	145	88v
	215	108v
Glosado en Qué desventura ha venido	34	28v
Glosado en Bien acertara Natura	36	29
Glosado en Cuando nos quiso mostrar	146	88v
Glosado en Hanse en mi favor mostrado	216	108v
La dama que no es briosa	142	87v
La justicia que os condena	256	132v
En Procurando con mi triste fantasía *[prosa]*		126v
La mañana de San Juan		
Se cita en Ana de mí tan amada	4	11v
La ofensa es grande, séalo el tormento	77	61v
La Virgen Santa María	9	12v
Las blancas clavellinas son hermosas	82	63v
Las burlas y niñerías	137	86v
Glosa de Cómo te va, di, carillo	136	86v

Las pasiones que me aquejan   106   75v
Las tristes lágrimas mías   55   46v
                                                                      72v
    Glosado en Tus misericordias canto   56   46v
    Se cita en Es tan grande mi pasión   103   71v
Las tristezas no me espantan   72v
    Se cita en Es tan grande mi pasión   103   71v
Lástima tengo, carillo   169   95
Leandro en amoroso fuego ardía   80   62v
Libro, si tan bien librara   29   26
Lindo es el doncel   98   70
    Glosa de Vuestro amor, señora   97   70
Lo que se deja entender   126   84
                                                               156   91
    Glosa de Oh contento, dónde estás   125   84
                                                               155   91
Lobos coman las ovejas   181   97v
Los cielos y natura concertaron   116   81
Los excelentes pintores   31   27
Los ojos de la niña lloraban sangre   103
    Se cita en Alegrías, alegrías   194   103
Los ojos que de rondón   208   107v
    Glosado en Es cosa natural   209   107v
Lucifer cayó de la jaca   192   101v
Llamábale la doncella al hombre vil   143   87v
    Glosado en Ven acá, pastor hermano   144   87v
Madre, al amor quiérole   128   85
    Glosado en Dicen que es ciego   129   85
Mal hubiese el caballero   37
    Se cita en Aquí me quedé aislado   42   36v
Media noche era por filo   9
    Se cita en Quién os engañó, señor   3   7v
Mi contento es sólo veros   173   95v
    Glosa de Niña por quien yo suspiro   172   95v
Mi corazón fatigado   159   92v

Mi memoria y vuestro olvido	247	128v
En Procurando con mi triste fantasía *[prosa]*		126v
Mira Nero de Tarpeya *ver* Todo lo miraba Nero		8v
Miraba de Campoviejo		72v
Se cita en Es tan grande mi pasión	103	71v
Mis armas tengo empeñadas *versos de* A caza va el emperador		37
Se cita en Aquí me quedé aislado	42	36v
Mire, que le digo	210	107v
Glosado en Desvíase, amigo	211	107v
Montaña seca nublosa	21	21
Monte fértil lusitano	19	19v
Morir vos queredes, padre *ver* Sólo don Sancho que calla		9
Mozas, si queréis holgar	6	12
Glosa de Dungandux, dungandux	5	12
Mucho me aprieta el deseo	170	95
Glosado en Mucho me aprieta, porque	171	95
Mucho me aprieta, porque	171	95
Glosa de Mucho me aprieta el deseo	170	95
Muriera dentro en Zamora *versos de* Por aquel postigo viejo		9v
Se cita en Quién os engañó, señor	3	7v
Muerto yace Durandarte		9v
Se cita en Quién os engañó, señor	3	7v
Muerto yace Durandarte *versos de* Oh Belerma, oh Belerma		9v
Se cita en Quién os engañó, señor	3	7v
Muy bien recibida fuera	15	17v
Nadie no diga	206	106
Niña por quien yo suspiro	43	38
	172	95v
Glosado en Niña, si me mata veros	44	38
Glosado en Mi contento es sólo veros	173	95v
No me pudo dar ventura	16	19
No os parezca, señor, gran maravilla	40	32
Incluye versos de Señor, pues el airado y fiero Marte		33v
No teniendo qué hacer *ver* También vide yo una anguila		102v
No viéramos el rostro al Padre eterno	246	125

Oh, apresurado arroyo y claro río   113   78v

Oh Belerma, oh Belerma *ver* Ojos que me vieron ir   38

    ver Muerto yace Durandarte   8   9v

Oh, contento, dónde estás   125   84

                                                                             155   91

    Glosado en Lo que se deja entender   126   84

                                                                             156   91

Oh, cuán diferentes son   180   97

Oh, lágrimas del alma destiladas   66   52v

Oh pena, que me penas en sufrirme   88   67

Oh, quién nunca os mirara   121   83

    Glosa de Cuan libres alcé mis ojos   120   83

Oh, Señor, pues a piedad   203   104v

Oh, si quisieses ya, pastora mía   65   51v

Oh tú, que vas buscando con cuidado   75   61

Oigan todos mi tormento   72

    Se cita en Es tan grande mi pasión   103   71v

Ojos que me vieron ir *versos de* Oh Belerma, oh Belerma   38

    Se cita en Aquí me quedé aislado   42   36v

Ojuelos graciosos   207   107

Olivar, olivar verde   103

    Se cita en Alegrías, alegrías   194   103

Oye si quieres, pastora   217   109

Pasando el mar Jesús el animoso   78   62

Pascuala le dice a Gil   138   86v

    Glosado en Gil tanto a Pascuala quiere   139   86v

Paseábase el buen conde *ver* El mayor dolor que tengo   37v

Paseábase el rey moro

    Se cita en El conde de Benavente   193   102

Pésame de vos, el conde   37v

    Se cita en Aquí me quedé aislado   42   36v

Plega a Dios que a alguno quiera

    Se cita en Dama de gran hermosura   10   12v

Por aquel postigo viejo *ver* Muriera dentro en Zamora   9v

Por Guadalquivir arriba		72v
Se cita en Es tan grande mi pasión	103	71v
Por las sierras de Altamira *versos de* Domingo era de Ramos		38
Se cita en Aquí me quedé aislado	42	36v
Porque estoy en grave pena	105	75
Por qué hablaste, Anilla	130	85v
Por que la tristeza ría	100	70v
Por qué no quieres, Juana, a quien te quiere	84	65v
Por qué quieres, divina tan hermosa	233	118
Por qué quieres tratarme de tal suerte, / pastora, pues natura me ha criado	232	117v
Por qué quieres tratarme de tal suerte, / señora, pues servirte es mi contento	243	123v
Por quién suspiras, carillo	89	67v
Glosado en Es tan bella esta zagala	90	67v
Por ser ya vuestros amores	248	130
En Procurando con mi triste fantasía *[prosa]*		126v
Por un verde prado	228	114
Por un camino solo, al mundo abierto	63	49
Pues se parten mis amores	123	83v
Glosa de Ya no me pondré guirnalda	122	83
Pues si sólo con miraros	154	91
Pues sola vuestra beldad	254	132
En Procurando con mi triste fantasía *[prosa]*		126v
Puesto ya el pie en el estribo	225	112
Glosado en En verme tan peligroso	226	112
Qué cosas son los celos	150	90
Qué descansada vida	1	2
Qué desventura ha venido	34	28v
Glosa de La bella mal maridada	33	28v
Que entre Torres y Jimena		9v
Se cita en Quién os engañó, señor	3	7v
Qué linda que eres, Pascuala	17	19v
Glosado en De esos tus rubios cabellos	18	19v
Que ni posa en ramo verde *versos de* Fontefrida, Fontefrida		10v
Se cita en Quién os engañó, señor	3	7v

Que no son para vos, casada   103v

   Se cita en Alegrías, alegrías   194   103

Quien dijere que Leonor   183   98v

Quédate a Dios, alma mía, *versos de* Zagaleja de lo verde   37v

   Se cita en Aquí me quedé aislado   42   36v

Quien dice que la ausencia causa olvido   24   24v

   Glosado en Amor y su contrario   25   24v

Quién hubiese tal ventura   102v

   Se cita en El conde de Benavente   193   102v

Quién os engañó, señor   3   7v

   Se cita Todo lo miraba Nero *verso de* Mira Nero de Tarpeya   8v

   Se cita Sólo don Sancho que calla, *versos de* Morir vos queredes, padre   9

   Se cita Durmiendo está el conde Claros   9

   Se cita Que entre Torres y Jimena   9v

   Se cita Media noche era por filo   9

   Se cita Muerto yace Durandarte   9v

   Se cita Muerto yace Durandarte *verso de* Oh Belerma, oh Belerma   9v

   Se cita Muriera dentro en Zamora *versos de* Por aquel postigo viejo   9v

   Se cita Que ni posa en ramo verde *versos de* Fontefrida, Fontefrida   10

   Se cita Con los pies hacia el Oriente *verso de* Doliente se siente el rey   11

…quien sabe que a lo de hoy puede alargarse *[acéfalo]*   60   48

Quien se casa por amores   99v

   Se cita en Albricias, hombre mortal   185   99

Quien sustenta nuestro ser   108   76

Rebelóse mi cuidado   72v

   Se cita en Es tan grande mi pasión   103   71v

Recordad ahora, linda dama   200   104

Reina humilde casta y bella   191   101

Retraída está la infanta   102v

   Se cita en El conde de Benavente   193   102v

Rey alto a quien adoramos   46   38v

Riberas de Duero arriba   72

   Se cita en Es tan grande mi pasión   103   71v

Rosa fresca, rosa fresca *ver* Vuestra fue la culpa, amigo   37v

Ruego a Dios, la mi pastora 11 15v

Salga la verdad 99v

    Se cita en Albricias, hombre mortal 185 99

Sea bienvenido, / bienvenido sea 99v

    Se cita en Albricias, hombre mortal 185 99

Señor, pues del airado y fiero Marte

    ver Enfádanme mujeres melindosas 33

Señora del bien criado 104 72v

Señora, no sé decir 179 97

Señora, si en la tierra ver deseas 52 41v

    ver Si queréis ver dos arcos muy lucidos 69 54v

Señora, sin ti, conmigo 224 112

    Glosa de Vive leda si podrás 223 112

Si a mi Dios pluguiese 14 17

Si a todos cuantos miráis 176 96

Si al hombre disculpa 190 101

Si alguna nube con dorada lista 242 123v

Si amores me han de matar 72

    Se cita en Es tan grande mi pasión 103 71v

Si de mi bajo estilo 127 84v

Si mal me quisiera Menga 134 86

    Glosado en Si Menga me quiere mal 135 86

Si Menga me quiere mal 135 86

    Glosa de Si mal me quisiera Menga 134 86

Si mi padre no me casa 99

    Se cita en Albricias, hombre mortal 185 99

Si mi suave canto 70 55v

Si por arrepentirse con firmeza 112 78

Si queréis ver dos arcos muy lucidos 69 54v

    ver Señora, si en la tierra ver deseas 52 41

Si quieres, ¡ay pastora!, que padezca 111 77v

     162 93

Si yo pensase acá en mi pensamiento 73 60

Siéntome a las riberas de estos ríos 30 26v

Sin Dios, sin quien un momento   48   39v

    Glosa de Sin Dios, y con el pecado   47   39v

Sin Dios, y con el pecado   47   39v

    Glosado en Sin Dios, sin quien un momento   48   39v

So palabras de loor   20   20v

Socorred con agua al fuego   212   108

    Glosado en Es llama tan encendida   213   108

Sólo don Sancho que calla *verso de* Morir vos queredes, padre   9

    Se cita en Quién os engañó, señor   3   7v

Sosiegue el corazón, gentil pastora   222   111v

Suave sueño, que con tardo vuelo   61   48

También vide yo una anguila *versos de* No teniendo qué hacer

    en El conde de Benavente   193   102

Tanto al mundo quiso Dios   83   64

Tiempo bueno, tiempo bueno   37v

    Se cita en Aquí me quedé aislado   42   36v

Todo es poco lo posible   7   12

                                                                   147   86

    Glosado en Yo lo imposible pretendo   8   12

                                                                   148   89

Todo lo miraba Nero *verso de* Mira Nero de Tarpeya   8v

    Se cita en Quién os engañó, señor   3   7v

Triste estaba el caballero   166   93v

Triste estaba el padre Adán   72

    Se cita en Es tan grande mi pasión   103   71v

Tristeza no me dejéis   157   91v

Triunfe el nuevo vencedor   202   104

Tú que me miras a mí   57   47

    Glosado en Juventud florida y sana   58   47

Tus misericordias canto   56   46v

    Glosa de Las tristes lágrimas mías   55   46v

Un vergel quiero plantar   119   82v

Una almoneda se hace   168   94v

Una dama de esta tierra	133	86
	161	92v
Glosa de Falsa me es la espigaderuela	132	85v
	160	92v
Una serranica	23	24v
	131	85v
Unos dicen que amor está en ventura	163	93
Ven acá, pastor hermano	144	87v
Glosa de Llamábale la doncella	143	87v
Verdes, resplandecientes y hermosos	241	123
Vide a Juana estar lavando	177	96v
Glosado en Al pie de un monte escabroso	178	96v
Virgen, de los dos extremos	197	103v
Virgen gloriösa		99v
Se cita en Albricias, hombre mortal	185	99
Vive leda si podrás	37	29v
	223	112
Glosado en Vive, pues muero partiendo	38	29v
Glosado en Señora, sin ti, conmigo	224	112
Vive, pues muero partiendo	38	29v
Glosa de Vive leda si podrás	37	29v
Volaba el azor nuevo		103
Se cita en Alegrías, alegrías	194	103
Vuestra fue la culpa, amigo *versos de* Rosa fresca, rosa fresca		37v
Se cita en Aquí me quedé aislado	42	36v
Vuestro amor, señora	97	70
Glosado en Lindo es el doncel	98	70
Ya está vencido el perro moreno	99	70v
Ya fuera, fuera, / Lucifer, de la verde junquera	96	69v
Ya los peñascos duros se enternecen	87	66v
Ya mi corazón se vido	12	16
Ya no me pondré guirnalda	122	83
Glosado en Pues se parten mis amores	123	83v
Ya se acerca, señor, o es ya llegada	51	41v

Ya, ya mi parecer es   250   130v
  En Procurando con mi triste fantasía *[prosa]*   126v
Yo lo imposible pretendo   8   12
                                                                                             148   89
  Glosa de Todo es poco lo posible   7   12
                                                                                             147   89
Yo me levantara un lunes   204   105
Yo soy aquél a quien faltó ventura   85   65v
Zagala, más me agradáis   45   38v
Zagaleja de lo verde, *ver* Quédate a Dios, alma mía   37v

PROSAS

Es el caso que un caballero estuvo,   4-7v
De la abeja se cuenta, *Carta*,   126v-128
Procurando con mi triste fantasía, *Cierta digressión*,   128-132

LÁMINAS

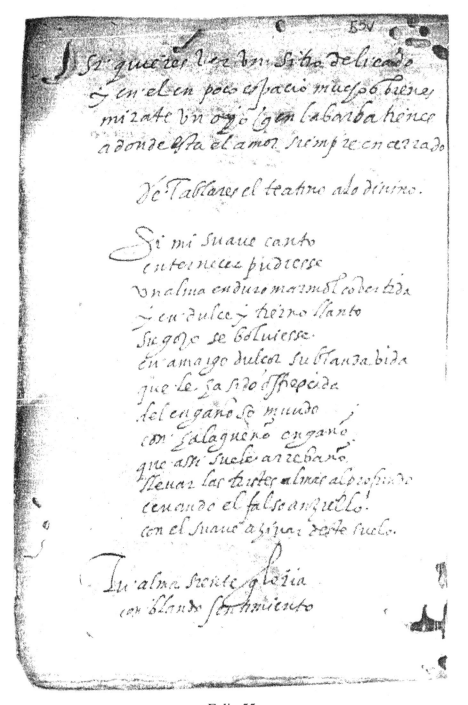

Folio 55v

pagandopor tie offensa
su caridad jmmensa
abierto el coraçon mas el costado
para en el recabirte
si quieres ya acabar de bolberte

Cancion ten tanta fuerça
que muestres el engaño
alalma que se esfuerça
a seguir su apetito en tan gran daño
y ambiale este oluido
en odio y pesar del buen sentido.

el mismo a Ruiz gomez da silua

fabor priuança ymperio y gran assiento
bien como espuma crece y se deshaze
lo baxo al coraçon no satisfaze
lo alto ha de caer por ser violento

Veis de Roma el alto fundamiento

Folio 59

cogida fue la estrella
en el amanecer al sol
para ser madre del sol.

Oro y la plata fina
el crisol sale sin doça
ansi en la mede de una
que la Virgen serena linda
do salió matizada
en el divinino arrebol
para ser madre del sol.

en fin de ntós enojos
que concebida la estrella
que puso en el sol sus ojos
el sol sus rayos en ella
ansi floreçio mas bella
e la flor del mi za sol
ra ser madre del sol.

Otras.
tan delgado y sutil
hilo que Andres hilo.
las ps se ntó Pio.

En la vida el pobre
que Andres te hilo tal
que con el puede ser
la tela es espiritual
la parte que ya no tal
de la suerte le a ve go ço
que nel ca p se se ntó Pio.

Rompio el hilo y no el amor
de la reed que hizo con el
pues por ser buen pescador
pade çio muerte cruel
el hilo fue por aquel
y aque po to ts mite
que nel a p se se eno Pio.

Otras
Donzella niña agraday
quando el toca en el alva
Sos morenay no sois fea
Sos castissima y a mas

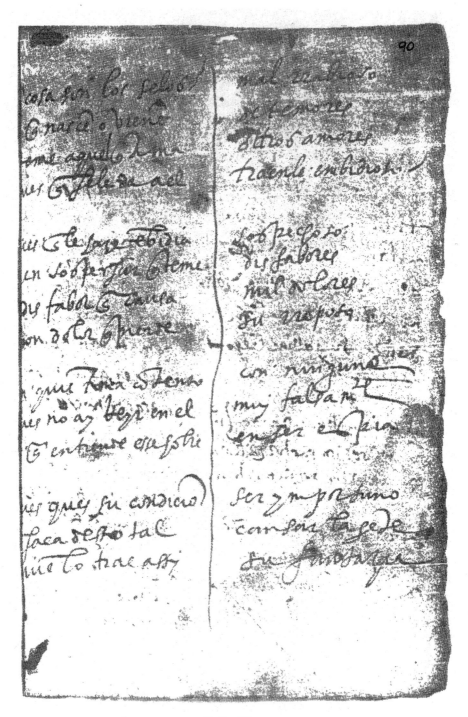

Folio 90

por Riscos ande perdido
fama entre en el poblado
biba muy entristecido
y muera desesperado
siempre baja su ganado
que un mal en otro peor
fino.

Sean grandes sus fatigas
su bonança triste y poca
y color se le enfrien las migas
de la mano a la boca
siempre este mudable y loca
la fortuna en su fauor
fino.

todo quanto pretendiere
le salga muy al reues
y si acaso se viere
...abra otro refues
quando pierda alguna vez
en presencia la mejor
fino.

quando menos se cature
nunca le falten enojos
y todo quanto mirare
se le conuierta en abrojos
tornese fuentes sus ojos
y sus lagrimas dolor
fino defiende el amor

Soneto

quan lexos esta la nesçesidad de...
quien cerca un mayadero...
y es pesado un torpe en abraçarse
y liuiano un simple de conoçerse
el uno es impossible conocerse
del otro no ay poder desengañarse
y assi no puede el nesçio librarse
que todo es para mas entorpeçerse
...
mas sufies y mas feliçes...
y aun el mas sabio dellos...
no ay nunca meterlos por camino
dexarlos porque fin es lo mas
fino.

Folio 98

Bibe leda sj podras
y no penes atendiendo
que segun peno parhé do
ya no es beras gyamas
te bere ni me beras

señora sjn ty con migo
donde yre (y voj) sin mj
que sin ty sera mi abrigo
quando de berme oblido
nadie me quera sin ty
tu sin mj berte deseas
Bo sin ty nunca jamas
pro por lo a lgue seas
quando tu sin mi te beas
bibe leda sj podras

Sj podras que facil cosa

H

oluidar el mal ageno
por lo no eres tan piadosa
que de la pena (y) pe no
jamas te senti penosa
Si deber me ya muriendo
en mi benida pensares
piensa lo (y voj) sintiendo
que me matan tus pesares
y no penes atendiendo
otras

puesto ya el pie nel estribo
con las ansias de la muerte
s aquesta de escribo
que partir no puedo bibo
quanto mas boluera berte

y en trame tan peligroso
parto de mi descuidado
de mi cuidado os cuidoso

Folio 112

LA EDICIÓN DE ESTE LIBRO SE TERMINÓ DE
IMPRIMIR EN PINELO TALLERES GRÁFICOS,
EL DÍA 5 DE NOVIEMBRE DE 2003,
SIENDO FESTIVIDAD
DE
SAN ZACARÍAS

CAMAS-SEVILLA